文
普
化
华

PUHUA BOOKS

我
们
一
起
解
决
问
题

工厂管理"书+课"系列图书

制造企业全面质量管理与质量零缺陷

视频讲解版

杨 华◎主编

人民邮电出版社

北 京

图书在版编目（ＣＩＰ）数据

制造企业全面质量管理与质量零缺陷：视频讲解版 /
杨华主编. -- 北京：人民邮电出版社，2022.4
　　（工厂管理"书+课"系列图书）
　　ISBN 978-7-115-58863-0

　　Ⅰ. ①制… Ⅱ. ①杨… Ⅲ. ①制造工业－工业企业管
理－全面质量管理 Ⅳ. ①F407.406.3

中国版本图书馆CIP数据核字(2022)第040931号

内 容 提 要

　　本书以全面质量管理为视角，对照全面质量管理的基本原理和方法，分析制造企业应
在质量管理实施中的侧重点，鼓励全员参与质量管理，并参考 ISO9000 质量管理体系，帮
助企业建立一个安全稳定的质量管理体系。本书通过指导企业把控产品设计质量、接单审
单质量、来料供应质量、生产制程质量、出货与服务质量等，来实现质量的持续改进，真
正逐步实现质量"零缺陷"。

　　本书适合制造企业的中高层管理者、质量管理部门负责人、生产现场的管理者和操作
人员，以及与产品质量相关的各岗位人员阅读。

◆ 主　　编　杨　华
　　责任编辑　唐可人
　　责任印制　彭志环
◆ 人民邮电出版社出版发行　　北京市丰台区成寿寺路 11 号
　　邮编　100164　电子邮件　315@ptpress.com.cn
　　网址　https://www.ptpress.com.cn
　　北京天宇星印刷厂印刷
◆ 开本：700×1000　1/16
　　印张：15.75　　　　　　　　　　2022 年 4 月第 1 版
　　字数：350 千字　　　　　　　2025 年 9 月北京第 17 次印刷

定　价：79.00 元

读者服务热线：(010) 81055656　印装质量热线：(010) 81055316
反盗版热线：(010) 81055315

前言
Preface

制造业是国民经济的主体，是立国之本、兴国之器、强国之基。党的十九大报告明确指出，加快建设制造强国，加快发展先进制造业。建设制造强国，需要继续做好信息化和工业化深度融合这篇大文章，推进智能制造，推动制造业加速向数字化、网络化、智能化发展。制造强国战略明确提出，"以加快新一代信息技术与制造业深度融合为主线，以推进智能制造为主攻方向""实现制造业由大变强的历史跨越"。

可以预见的是，国家大力扶持智能制造、制造转型，势必给众多产业带来新一轮的发展机遇。当前，"制造强国"进入全面部署、加快实施、深入推进的新阶段，企业对于实现智能转型的愿望迫切。

精益生产管理方式是目前公认的较适合我国国情的一种提升企业效益的有效手段，但目前企业的应用状况却不尽人意，其原因之一是企业管理者专业知识不够，或者是学习到的方法缺乏实战性，还有一个非常重要的原因是企业管理者缺乏精益生产推行的实用工具，掌握更多的是一些思想或理念。

基于此，"制造强国"工厂管理水平升级项目研发中心，邀请制造业实战专家，开发了工厂管理"书+课"系列图书，内容涵盖了生产一线管理的各个方面。其中，《制造企业全面质量管理与质量零缺陷（视频讲解版）》一书由全面质量管理，全面质量管理的基础，产品设计质量管理，接单审单质量管理，来料供应质量管理，生产制程质量管理，出货与退货、投诉处理，质量的持续改进等内容组成。

由于编者水平有限，书中难免存在疏漏与不妥之处，敬请读者批评指正。

编者

目录
Contents

　　全面质量管理是一种全企业、全过程的质量经营。全面质量管理的基础工作是企业建立起全员参与的质量管理体系，它是企业开展质量管理活动的立足点和依据，也是企业质量管理活动取得成效、质量体系有效运转的前提和保证。

1

第二章　产品设计质量管理 …………………………………63

　　产品质量是设计质量和制造质量的总和，以往我们对生产过程的质量控制已做了不少工作，但对设计的质量控制做得很少。其实，质量就是设计出来的：产品设计是决定产品质量的基石。产品质量首先是设计出来的，然后才是制造出来的，高质量的设计是提高产品质量的根本。

第三章 接单审单质量管理 99

质量的改进与提高应以客户的需要为开始，以客户的良好感受为结束，因此企业在接受客户订单的过程中，必须正确识别客户的意愿，并把这些意愿传达给相关部门，以便能为客户提供其需要的产品，并能保证正确而及时地交货。

第四章 来料供应质量管理 111

在制造行业中，对产品质量有直接影响的通常为设计、来料、制程、储运四大主项，一般来说设计占25%，来料占50%，制程占20%，储运占5%。可以看出，来料供应质量占产品质量的主导地位，所以企业要把来料质量控制提升到战略性地位来对待。

第五章　生产制程质量管理 169

　　生产制程的质量管理在产品质量控制中的地位至关重要。要保证产品质量，企业必须加强对生产过程质量的控制。质量控制是为了达到质量要求所采取的作业技术和活动，其目的是为了监视生产过程并排除生产过程中导致产品不合格的因素，以此来确保产品质量。

第六章　出货与退货、投诉处理 **211**

为了确保客户和企业自身的利益，制造企业还应对出货及出货以后可能面临的退货、投诉认真处理，这样才能确保客户满意，才是全过程质量管理的完美结束。

第七章　质量的持续改进................................227

持续改进的意义就是：利用一系列的改进活动使生产过程逐步走向完美（零缺陷，零浪费，利润最大化），这也是质量管理精益生产的宗旨。

全面质量管理

现在的消费者辨别不良品的能力越来越强，对企业产品质量的要求越来越高，也使得企业间的竞争越来越激烈，若出现了不良品被投诉的情况，严重的可能会影响企业的生存。所以质量管理的基本目标就是达到"投诉为零"和"不良为零"。要达到这一目标，就必须实施全面质量管理。

一、产品质量的实现过程

（一）朱兰螺旋曲线

产品的质量有一个从设计、生产到实现的过程。美国质量管理专家朱兰率先用一条螺旋式上升的曲线来表示该过程，称为"朱兰螺旋曲线"，如图1所示。

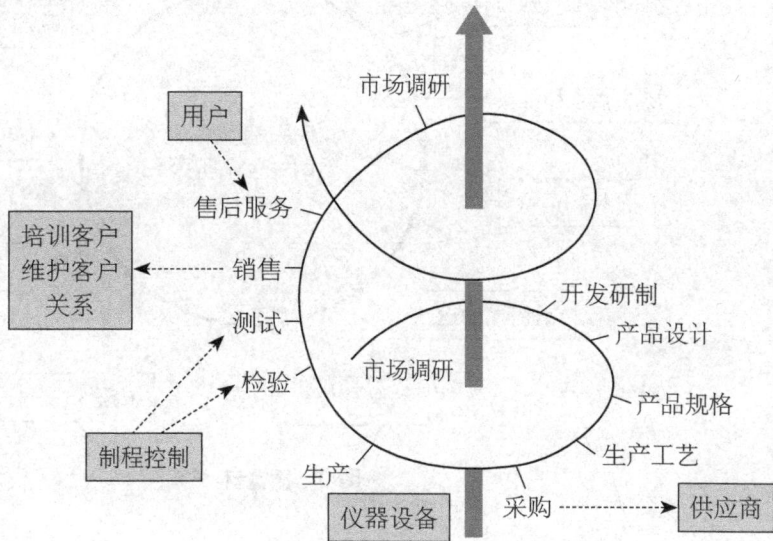

图1　朱兰螺旋曲线

在朱兰螺旋曲线所描述的产品质量从设计、生产到实现的螺旋式上升过程中，包括了一系列循序进行的工作或活动，即市场调研、开发研制、产品设计、产品规格、生产工艺、采购、生产、检验、测试、销售以及售后服务等环节。这些环节一环扣一环，相互制约，相互依存，相互促进，周而复始。每经过一次循环，就意味着产品质量的一次提升；不断循环，产品质量也就随之不断提升。

螺旋式上升过程中各项工作或活动的总和被称为质量管理的职能，它们对于保证和提高产品质量是必不可少的，必须落实到具体的部门和相关人员。

（二）质量环

与朱兰螺旋曲线相类似的还有质量环，如图2所示。

质量环是从认识市场需要到评定这些需要是否能得到满足的各个阶段中，影响质量的相互作用的各项活动的理论模式。也就是说，它是指从了解和掌握用户对产品质量的要求和期望开始，到质量要求实现的产品全生命周期。质量环可以作为指导企业建立质量体系的理论基础和基本依据。

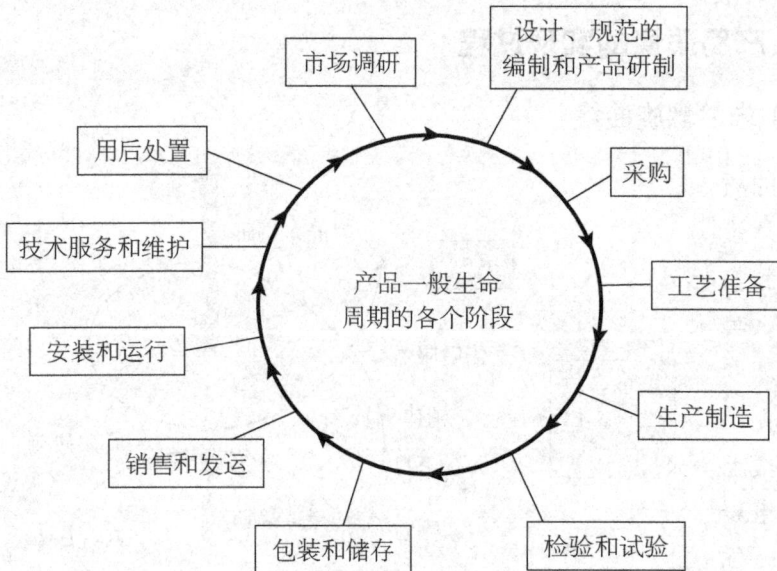

图2　质量环

二、何谓质量管理

（一）质量管理循环

质量管理是指设定质量计划并为完成此计划进行的一切活动。

如果将质量管理比喻为车轮，那么公司之外的市场调查也应当是质量管理的一环。这个车轮在"重视质量观念"及"对质量的责任感"的地面上不停地回转，不断地向前发展，这就是质量管理，如图3所示。

需要注意的是，将不良品检验出来加以修正改良并不是管理，修正导致不良发生的设计、作业标准、作业工序等，使不良的情形不再发生才是管理。管理是以"预防"为目的的"防止再发生"。

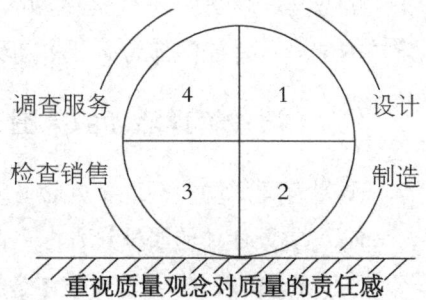

图 3　质量管理循环

（二）质量管理就是质量经营

以往的质量管理是以在工程内保证生产质量为主要目标。但是，在以 ISO9000 质量体系认证为中心的国际化标准下，对客户的质量保证已成为质量管理的重要工作。因此，质量管理已演化成由质量保证和质量管理共同组成的"质量经营"。

（三）质量管理的对象不仅是物和方法，还包括人

一说到质量管理许多人马上联想到工程的质量管理。以往的质量管理对象是质量的两大要素，即"设计的质量"和"做出来的质量"，后者更是质量管理的基本使命。而随着时代的发展，如今，质量管理对象被扩展到包括"产品""方法""人"等更广的范围，管理的最终结果是要令客户满意。

（四）质量管理不仅限于 QC 手法，IE 手法的应用也日益增多

一说到质量管理就使人想起质量控制（Quality Control，简称 QC）的七大手法，但是仅使用 QC 七大手法还远远不能满足当代质量管理的要求。

为实现"消灭浪费、提高品质、降低成本和提高生产率"的目的，也要在质量

管理活动中活用工业工程（Industrial Engineering，简称 IE）的七大手法，也就是要从工程分析的方面去着手。

（五）质量管理活动要全员参与

质量管理已升级为质量经营，其对象也由单一的对物的管理扩展到包括对方法和人的管理，因此质量管理活动已不是质量管理部门与质量保证部门的专任事项，公司内部的所有部门都有必要参与到质量经营当中来。

（六）质量管理活动的范围

质量管理活动包括以下内容。

（1）质量计划与质量设计：产品质量与规格的标准设定、修改和废止。

（2）材料的采购与保管：材料的采购管理和库存管理。

（3）管理活动的标准化。

（4）工程的解析与管理。

（5）质量确认与措施：检查、处理不合格产品，客户投诉的处理等。

（6）设备管理：设备的建设、预防保养和计测管理。

（7）劳务管理：人员的调配和绩效管理。

（8）外加工、购买品的质量管理。

（9）计测器的校正管理。

（10）诊断与检查：质量计划实施状况的诊断和质量相关业务的检查。

对以上这些事项，必须要有质、量、成本方面的管理，尤其要以产品的质量为中心。

三、质量管理的目标——零缺陷

"零缺陷"又称无缺点（Zero Defect，简称 ZD），"零缺陷"理论主张企业发挥人的主观能动性来进行经营管理，生产人员要努力使自己的产品、业务没有缺点，并向着高质量标准的目标奋斗。"零缺陷"要求生产人员从一开始就本着严肃认真的态度把工作做到准确无误，在生产中按照产品的质量、成本、交货期等的要求合理安排生产并保证质量，而不是依靠后期的检验来纠正出现的问题。"零缺陷"强调预防控制和过程控制，要求一次把事情做对并符合客户要求。开展"零缺陷"运动可以提高企业全员对产品质量和业务质量的责任感，从而达到保证产品质量和工作质量的目的。

"零缺陷"理论自 20 世纪 70 年代末创立至今，经过不断完善，已成为一整套质量管理的经典哲学，其核心是"第一次就把事情做对"，备受 IBM、GEA、摩托罗拉、施乐等世界级大公司的推崇。

"零缺陷"理论对质量管理的基本认识有以下几点。

（一）质量就是符合要求

"零缺陷"理论认为质量不可以用"好""美丽""漂亮"等词来形容，不应加入主观色彩，因为要求永远是客观存在的，符合要求的才是有质量的产品、服务或过程。

（二）质量是预防出来的，不是检验出来的

预防是从设计源头解决问题，而检验只能发现问题，更可能发现问题时在质量、成本及客户满意度等方面已经造成某些不可挽回的损失，这是因为检验时缺陷已经产生，且部分缺陷会在检验中被遗漏。预防才是防患于未然、更经济的做法。

（三）工作标准必须是"零缺陷"

工作标准必须是"零缺陷"的含义为，在每一时间段内的每一个作业都须满足工作过程的全部要求，而不是只在某些方面满足要求，这样才能真正实现"零缺陷"。

（四）质量标准的实现状况可用缺陷造成的损失来衡量

"零缺陷"理论认为用缺陷造成的损失来衡量质量标准的实现状况，比用不良数据来衡量更能引起高层重视，进而促使他们采取行动。

四、质量管理的手段——TQM

全面质量管理（Total Quality Management，简称 TQM）是一个组织以产品质量为中心，以全员参与为基础，建立起一套科学高效的质量管理体系，以满足客户需求的全部活动。

全面质量管理的基本方法可以概括为四句话、十八字，即"一个过程，四个阶段，八个步骤，数理统计方法"。

（一）一个过程

企业管理是一个过程。企业在不同时期，应完成不同的工作任务。企业的每项生产经营活动，都有一个设计、产生、实现和验证的过程。这一过程又可细分为产品的设计过程、制造过程、辅助生产过程和使用过程，如图4所示。"一个过程"的质量管理，就是指对上述各个分过程的质量进行的管理。

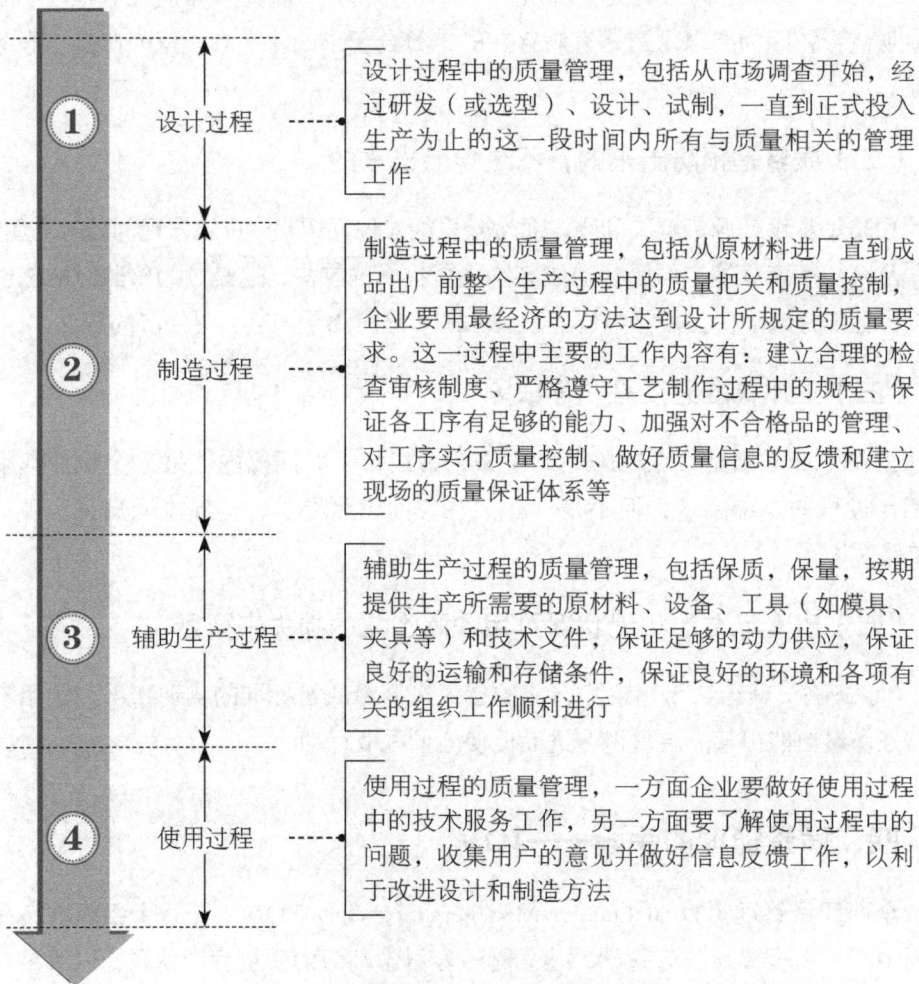

① 设计过程	设计过程中的质量管理，包括从市场调查开始，经过研发（或选型）、设计、试制，一直到正式投入生产为止的这一段时间内所有与质量相关的管理工作
② 制造过程	制造过程中的质量管理，包括从原材料进厂直到成品出厂前整个生产过程中的质量把关和质量控制，企业要用最经济的方法达到设计所规定的质量要求。这一过程中主要的工作内容有：建立合理的检查审核制度、严格遵守工艺制作过程中的规程、保证各工序有足够的能力、加强对不合格品的管理、对工序实行质量控制、做好质量信息的反馈和建立现场的质量保证体系等
③ 辅助生产过程	辅助生产过程的质量管理，包括保质，保量，按期提供生产所需要的原材料、设备、工具（如模具、夹具等）和技术文件，保证足够的动力供应，保证良好的运输和存储条件，保证良好的环境和各项有关的组织工作顺利进行
④ 使用过程	使用过程的质量管理，一方面企业要做好使用过程中的技术服务工作，另一方面要了解使用过程中的问题，收集用户的意见并做好信息反馈工作，以利于改进设计和制造方法

图4　质量管理"一个过程"的细分

（二）四个阶段

根据"管理是一个过程"的理论，美国的戴明博士把它运用到质量管理中来，总结出"计划（plan）—执行（do）—检查（check）—处理（act）"四阶段的循环方式，简称 PDCA 循环，又称"戴明环"，如图 5 所示。

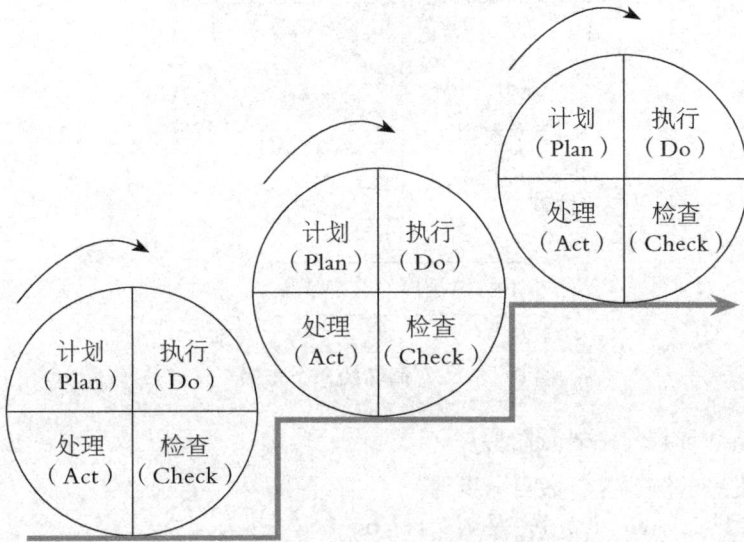

图 5　PDCA 循环的四个阶段

PDCA 循环的四个阶段顺序进行，组成一个大圈。PDCA 循环阶梯式上升，循环前进，不断根据当前的处理情况或利用新信息重新开始新一轮循环改进过程。

> 每个部门、小组都应有自己的 PDCA 循环，并都成为企业大循环中的小循环。任何提高质量和生产率的努力，要想成功都离不开员工的参与。

（三）八个步骤

为了解决和改进质量问题，PDCA 循环中的四个阶段还可以具体划分为八个步骤，如图 6 所示。

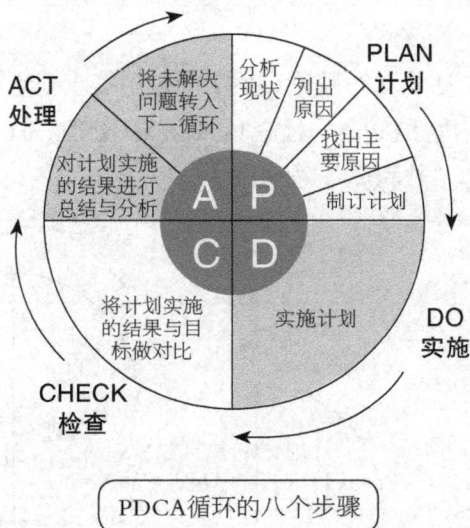

图 6　PDCA 循环的八个步骤

1.P（Plan）阶段——计划阶段

这个阶段的工作内容包括四个步骤。

第一步，分析现状，找出存在的质量问题。

第二步，列出原因，分析产生质量问题的各种影响因素。

第三步，找出主要原因——影响质量的主要因素（也称为主因或要因）。

第四步，制订计划，即针对影响质量的主要因素，制订改善计划。计划拟订前必须先明确以下几个问题。

（1）Why（为什么干），明确为什么要制订各项计划。

（2）Where（在哪里干），明确由哪个部门负责、在什么地点进行。

（3）What（干到什么程度），明确要达到的目标。

（4）Who（谁来干），明确计划的主要负责人。

（5）When（何时完成），明确完成计划的时间。

（6）How（怎样干），明确如何完成此计划。

以上六点，统称为"5W1H"分析法。

2.D（Do）阶段——实施阶段

这个阶段只有一个步骤。

第五步，实施计划，即按照计划认真地去执行。

3. C（Check）阶段——检查阶段

这个阶段只有一个步骤。

第六步，将计划实施的结果与目标做对比，即根据计划的要求，检查实施的结果是否达到了预期。

4. A（Act）阶段——处理阶段

这个阶段包括两个步骤。

第七步，对计划实施的结果进行总结与分析。即把成功的经验和失败的教训总结起来，优化有关的标准、规定和制度，指导今后的工作。

第八步，将未解决问题转入下个循环。即将这一循环尚未解决的问题，转入下一次循环继续分析解决。

　　　　在应用PDCA循环四个阶段、八个步骤来解决质量问题时，需要收集和整理大量的资料，并用科学的方法对资料进行系统的分析。最常用的七种方法是排列图、因果图、直方图、分层法、相关图、控制图及统计分析表。这七种常用方法是以数理统计为理论基础的，不仅科学可靠，而且比较直观。

五、TQM 须要全员参与

产品质量是企业活动的各个环节、各个部门全部工作的综合反映。企业活动中任何一个环节、任何一个员工的工作质量都会不同程度地、直接或间接地影响产品的最终质量。因此必须把企业所有员工的积极性和创造性充分调动起来，不断提高员工的素质，人人做好本职工作，才能生产出让客户满意的产品。这就是全员参与质量管理的意义。具体而言，全员参与质量管理可通过下面几个方面来实现。

（一）QC 小组

QC 小组的概念是由日本质量管理专家石川馨提出来的。QC 小组由一些基层管理人员及一般员工组成，目的是发现、分析并最终解决生产和质量问题。石川馨之所以提出 QC 小组的概念，是因为他发现许多员工如果被允许参与到他们所进行工作的改进活动中，那么他们往往会表现出更大的兴趣和获得更多成就感。一般来说，QC 小组的成员都是自愿加入的，且小组的人数比较少，一般在 6 ~ 10 人，这样便于所有成员相互交流。因此，一家公司内可能会有许多 QC 小组。QC 小组有多种形式，可以在一个班组内建立，也可以跨班组建立。同样，QC 小组的活动方式也可以多种多样，除了小组内的活动外，还可以组织车间、公司甚至全国范围的成果发表会、经验交流会、QC 小组代表大会等。

（二）全员把关

全员把关要求每个人都对产品质量负有责任，及时发现质量问题，并把问题解决于源头。也就是说，生产线上的每名员工均有责任及时发现质量问题并寻找其根源，不让任何有质量缺陷的加工件进入下一工序。

（三）质量教育

既然产品的质量由企业全体人员决定，那么要求全员参与质量管理，就必须不断地对全体人员进行质量教育，使他们在思想上高度重视质量管理，掌握质量管理的方法，并保证自己相应的技术水平。

在质量教育中，思想观念、管理方法和技术水平，这三者缺一不可。首先，应当给每个员工建立质量意识，让每个人都意识到，自己有责任及时发现质量问题，并单独或和其他人合作，及时解决质量问题，即使是一个临时工也应如此。其次，应该组织各级人员根据工作需要学习相应的质量管理方法，如在工人中普及 QC 七种方法的应用等。再次，要加强对员工的技术培训，这种培训能有效地提高生产率并减少不合格产品或服务的数量。

一些企业让每名员工了解与他们工作内容相关的其他环节（如一条生产线的不同工位之间）的工作内容，使每名员工都找到自己的"客户"。这里的"客户"不是指公司的产品或服务的消费者，而是指企业的"内部客户"。例如一条生产线上每一工序的工人都应把下一工序的工人看成自己的"客户"，每个人都应尽量满足自己"客户"的需求。另外，还应注意对员工保证和提高质量的行为进行激励，例如，可以将奖金和产品质量挂钩。

第一章

全面质量管理的基础

　　全面质量管理是一种全企业、全过程的质量经营。全面质量管理的基础工作是企业建立起全员参与的质量管理体系，它是企业开展质量管理活动的立足点和依据，也是企业质量管理活动取得成效、质量体系有效运转的前提和保证。

第一节 质量管理的规划

一、质量管理的职能

质量控制应该完成的所有工作，就是质量管理的中心任务，而质量管理又以防止不良品的发生为重点。因此，质量管理的职能主要表现在三个方面，如图 1-1 所示。

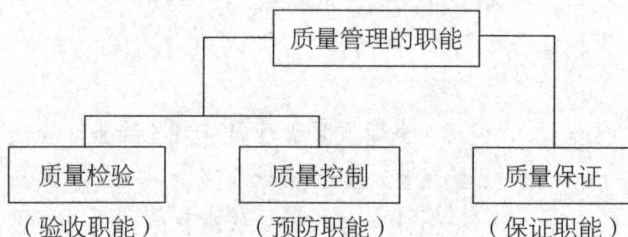

```
                质量管理的职能
        ┌───────────┼───────────┐
    质量检验        质量控制        质量保证
   （验收职能）    （预防职能）    （保证职能）
```

图 1-1 质量管理的职能

要保证质量不能光靠检验，还必须有合理的设计、正确的工序等质量控制，还要确保质量目标达成的质量保证环节的监督。质量保证就是监督质量管理业务是否实行得当，参与生产的各个部门是否确保了目标的质量。质量保证的工序如图 1-2 所示。

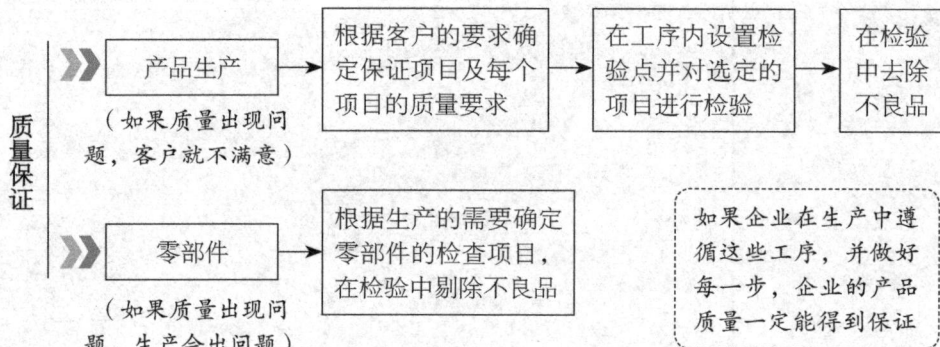

```
质量保证
  ▶ 产品生产 → 根据客户的要求确定保证项目及每个项目的质量要求 → 在工序内设置检验点并对选定的项目进行检验 → 在检验中去除不良品
    （如果质量出现问题，客户就不满意）

  ▶ 零部件 → 根据生产的需要确定零部件的检查项目，在检验中剔除不良品
    （如果质量出现问题，生产会出问题）

   如果企业在生产中遵循这些工序，并做好每一步，企业的产品质量一定能得到保证
```

图 1-2 质量保证的工序

二、建立质量保证体系

（一）质量保证活动的范围

质量保证活动不只是各部门内部的活动，它还包括部门与部门之间的活动，如图1-3所示。企业不仅要明确活动的管理方法，还要落实执行，同时还必须对质量控制，即质量计划、质量落实、质量确认严格把关。

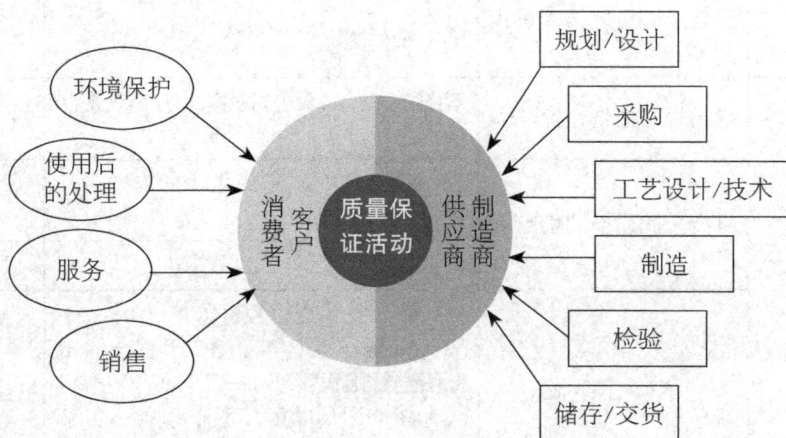

图1-3　质量保证活动涵盖各个部门

质量保证活动包括以下内容。

（1）质量保证的设计：产品质量与规格的标准制定、修正与废除。

（2）材料的采购与保管：材料的采购管理和库存管理。

（3）质量保证活动的标准化。

（4）工序的解析与管理。

（5）检验与不合格产品的处理。

（6）客户投诉的处理、产品的质量检查等。

（7）设备管理：设备的维修、预防保养、计测管理。

（8）劳务管理：职务分配与教育培训。

（9）外包、转包的质量管理。

（10）技术开发：新产品的开发、研究与技术管理。

（11）质量保证活动落实情况的检查。

某工厂生产质量保证活动一览，如表 1-1 所示。

表 1-1　质量保证活动一览

阶段		保证事项	实施事项	责任者
大	小			
生产准备	评价	评价目标质量、目标成本的控制情况	评价产品质量、目标成本的控制是否合格	厂长
		决定是否可以转入正式生产	确定生产制品是否合格	厂长
正式生产	生产检查	重新检查图纸、标准表	对图纸和标准表进行确认，并负责量产试做的评价	有关负责人
		维持采购质量的稳定	确保重要外购厂商的生产能力并对其进行培训指导	采购经理
			根据检验标准进行来料检验	质量经理
		维持生产质量的稳定	（1）对作业员进行教育培训 （2）根据作业标准、QC 工程表、管制图进行工程管理 （3）将问题反映到工程部以便进行解析，改善作业标准和图纸	生产经理
			（1）维持工程 （2）实施预防对策，处理异常工程 （3）实行对重要机能零件的重点管理	生产经理
			（1）重要问题的解析、推进 （2）正确的计测管理 （3）设计、工序、外购变更时的质量保证	质量经理
			进行适当的设备管理	技术经理
		生产质量的把控	（1）检查产品性能是否达标并完成检验 （2）检验工作的教育培训 （3）防止不良品混入	生产经理

（二）质量保证体系的建立

质量业务体系、质量评价体系和质量信息体系组成了完整的质量保证体系。

1. 质量业务体系

质量业务活动涉及各部门之间的质量管理活动。例如，就赔偿问题而言，营销部门负责受理赔偿；检验部门在确认产品的检验结果后，对生产工序加以调查，并监督设计部门对工作进行优化，改善其工作中不合理的地方，以防止类似情况再次发生。

部门内的活动可由上级下达任务、动员下属，但是部门之间的活动必须靠相互配合才能进行，而使部门之间相互配合的就是体系。

2. 质量业务体系建立的要点

在建立质量业务体系时应注意以下几点。

（1）质量业务体系图，如图1-4所示，各部门的责任必须加以明确。

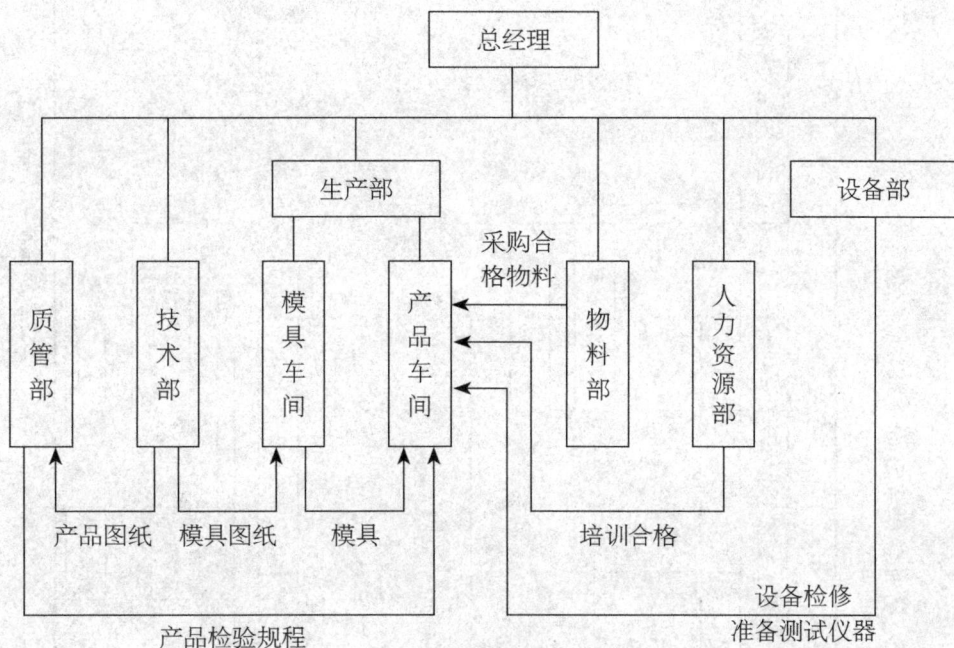

图1-4 质量业务体系图

（2）反馈的方法必须明确。

（3）运作的方法、工具（表单类）及规则必须明确。

（4）确定是否可以向下一阶段推进的评价项目与评价方法必须予以明确。

（5）通过体系运作的经验不断反省并修正体系。

案例

下图摘取了某企业质量业务体系图的一部分，仅供参考。

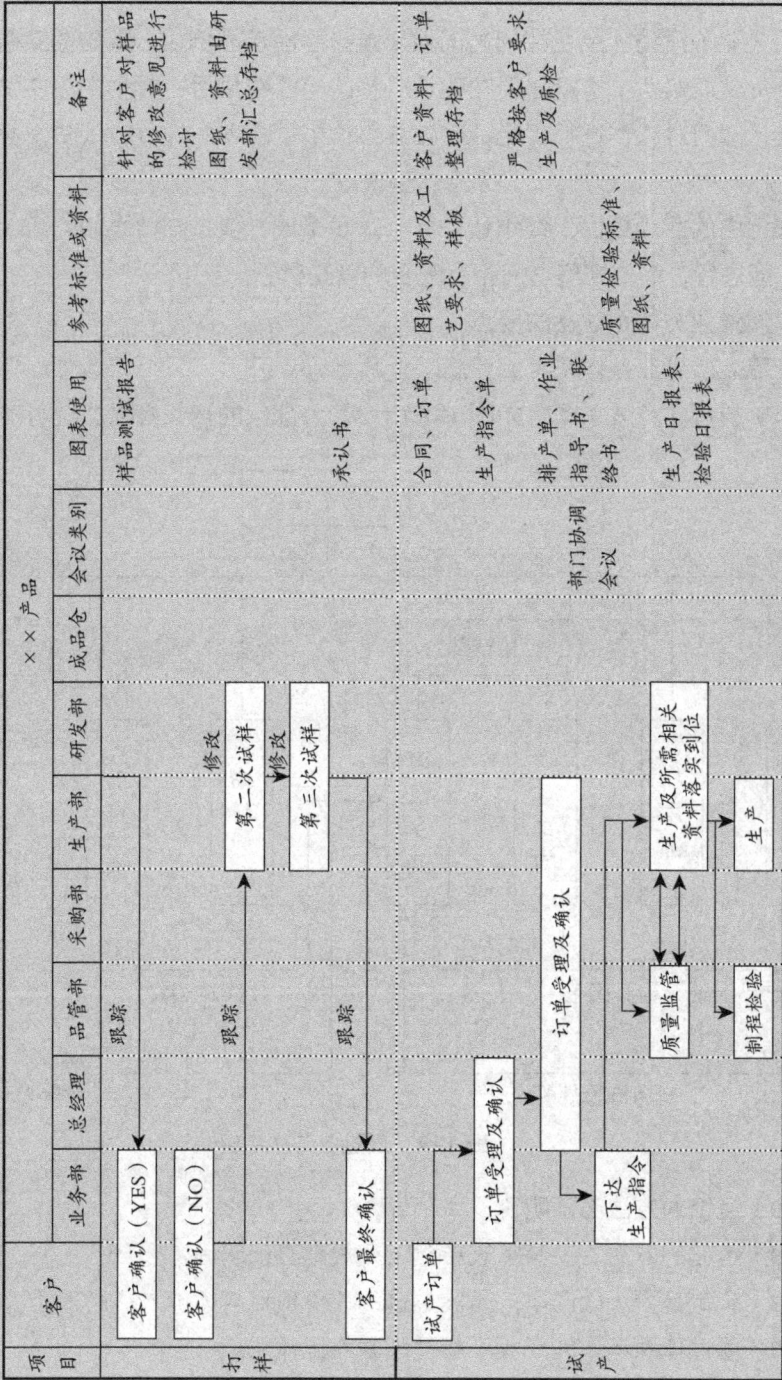

××产品

项目	客户	业务部	总经理	品管部	采购部	生产部	研发部	成品仓	会议类别	图表使用	参考标准或资料	备注
打样	客户确认（YES）		跟踪			第二次试样	修改			样品测试报告		针对客户对样品的修改意见进行检讨
	客户确认（NO）		跟踪			第三次试样	修改					
	客户最终确认		跟踪							承认书	图纸、资料及工艺要求、样板	图纸、资料汇总存档
试产	试产订单	订单受理及确认	订单受理及确认							合同、订单	客户资料、订单	客户资料、订单整理存档
	下达生产指令									生产指令单	排产单、作业指导书、联络单	
				质量监管 制程检验		生产及所需相关资料落实到位 生产			部门协调会议	生产日报表、检验日报表	质量检验标准、图纸、资料	严格按客户要求生产及质检

企业质量业务体系图

3. 质量评价体系建立的要点

质量评价体系建立的要点，如表 1-2 所示。

表 1-2　质量评价体系建立的要点

序号	项目	要点
1	质量评价的内容	（1）决定是否可以进入下一阶段 （2）掌握目前的质量水平以进行所需要的改善 （3）检查质量评价体系，参考检查结果改进评价体系
2	涵盖的各个阶段	（1）生产计划的评价 （2）新产品开发的评价 （3）新产品试验结果的评价 （4）试制品的评价 （5）量产试制品的评价 （6）决定是否可以转入正式生产 （7）检查正式生产的产品 （8）市场调查与评价（消费者满意度评价等） （9）体系的评价

4. 质量信息体系建立的要点

（1）质量信息的种类

质量信息并不只限于质量特性，与质量有关的成本、数量、交期等信息也都包括在内（见图 1-5）。为了能够活用质量信息，企业必须对其进行处理。信息处理包括信息的收集、加工（分类、整理、解析、判断）、保管、索引和传递等。

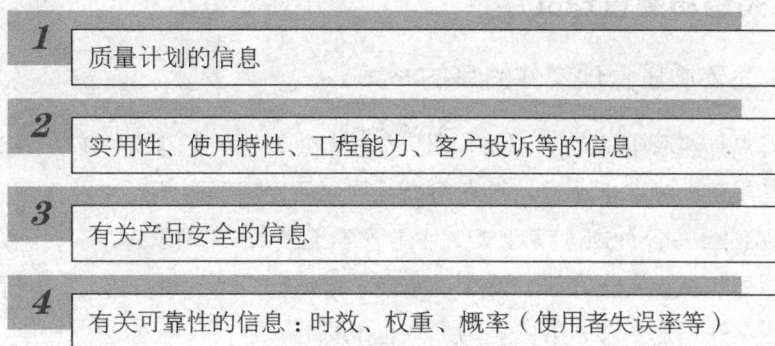

1 质量计划的信息

2 实用性、使用特性、工程能力、客户投诉等的信息

3 有关产品安全的信息

4 有关可靠性的信息：时效、权重、概率（使用者失误率等）

图 1-5　质量信息的种类

（2）质量信息体系建立的要点

为了建立质量信息体系并保障其运行，企业必须明确部门之间的联系与反馈活动。质量信息体系建立的方法如图1-6所示。

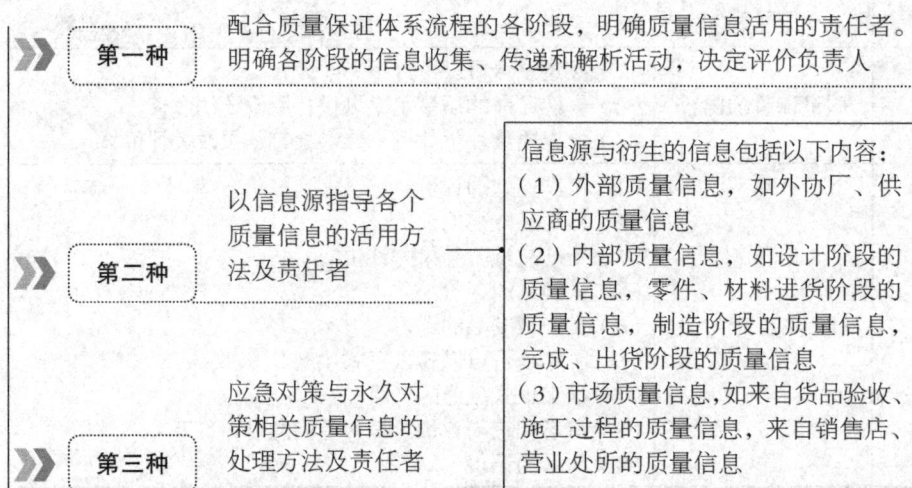

第一种 —— 配合质量保证体系流程的各阶段，明确质量信息活用的责任者。明确各阶段的信息收集、传递和解析活动，决定评价负责人

第二种 —— 以信息源指导各个质量信息的活用方法及责任者

信息源与衍生的信息包括以下内容：
（1）外部质量信息，如外协厂、供应商的质量信息
（2）内部质量信息，如设计阶段的质量信息，零件、材料进货阶段的质量信息，制造阶段的质量信息，完成、出货阶段的质量信息
（3）市场质量信息，如来自货品验收、施工过程的质量信息，来自销售店、营业处所的质量信息

第三种 —— 应急对策与永久对策相关质量信息的处理方法及责任者

图1-6　质量信息体系建立的方法

以上方法是否适用，要根据企业对质量信息的活用程度来决定。企业建立质量保证体系不只需要方法，还必须有明确的标准和规定。此外，各个业务的详细情形及质量信息传递、活用的工具也必须在活动过程中予以明确。

三、完善质量管理文件

（一）完善质量管理文件的目的

为了开展质量管理活动，企业必须建立完善的管理体系，制定相应的规定、标准，再依照这些规定和标准来执行，否则将很难收到质量管理的预期效果。

企业通常会将各种规定整理成文件（管理工具），并加以运用。一般来说，整理文件的用途包括报告、联络、请求、照会、申请许可、许可、通知、申请、回答、记录等，因文件用途不同，其内容与形式也不相同。

（二）质量管理文件的种类

质量管理文件的种类如表 1-3 所示。

表 1-3　质量管理文件的种类

序号	种类	说明
1	规格类	规格类的内容包括材料规格、零件规格、半成品规格、制品规格、使用机制装置的规格、使用工具的规格、使用量测器的规格、使用辅助材料的规格、制图规格等
2	标准类	标准类包括质量标准书、设计标准书、作业标准书、作业指导标准书、技术标准书、工程管理标准书、检查作业标准书等
3	规定类	规定类包括组织规定、质量会议规定、技术会议规定、质量管理委员会规定、新产品委员会规定等
4	手续类	手续类包括研究管理手续、不良品处理手续、客户投诉处理手续、质量信息处理手续等
5	记录、报告等文档类	记录、报告等文档类包括质量管理工程图、解析计划书、客户投诉受理单、客户投诉调查处理月报表等

以上文件企业未必要全具备，但应依照自身的规模，尽量以简单的形式制作。

第二节　让人人关心质量

一、产品的质量取决于"人的质量"

人的"质量"除了包括对从业人员的学历、学问、知识的要求以外，还应涵盖经验、技术、进取心、凝聚力、热心、公德心、尊重消费者等的要求。

国外的许多企业，特别是日本的企业十分重视员工的"质量"，他们会努力通过多种方式与途径加强对员工的培养与培训。

日本出光石油公司的创始人、杰出的企业管理家出光佐三认为，企业的关键是"人"。他重视员工的程度甚至超过了重视管理制度和知识的程度。在长期的企业经营活动中，出光佐三的体会是所有计划、问题都应以"人"为中心。自然，决定产品质量的也在于"人"。

二、质量与每个员工相关

众所周知，不论是全面质量管理 TQC，还是 ISO9000 质量管理体系，所有的质量保证体系均强调质量管理的全员参与。然而，许多企业尽管已经建立了质量管理体系，且企业管理者对质量保证工作很重视，但在实际的管理活动中，参与的仍旧只有少数质量管理人员，操作上做的还是老一套。

案例

某塑料制品厂生产的一批集装袋被发现有较严重的缝制缺陷，车间主任的解释是：由于生产任务紧，临时从编织袋车间抽调了几名工人缝制集装袋，而他们不太熟悉集装袋的缝制要求，造成了成品的缝制缺陷。厂长严厉批评了缝纫工和质检员，表示不能容忍这样的质量问题再发生，而缝纫工和质检员也表示以此为鉴，下不为例。

上面这个例子中的处理方式未免有些简单草率，管理者并没有找出问题产生的深层次原因。

质量体系标准为我们提供了分析质量问题产生原因的方法和途径，针对上述案例中的质量问题我们可以从更全面的视角去探究问题发生的原因，具体如下。

（1）问题工序是否对工人技能提出要求？

（2）产品质量要求是否及时传达给操作人员？

（3）生产通知单上对质量的要求是否明确？

（4）质量检验员能否达到工作要求？

通过上述问题，我们可以对该企业的质量管理体系加以分析，具体如下。

◆是否建立了相应的控制程序？

◆控制程序是否适用？

◆控制程序是否能充分覆盖质量管理活动的各个方面？

质量问题出现的原因往往是多方面的，问题溯源需要全员共同参与，不能根据某一表面现象就得出结论。全员质量管理做到从思想上重视容易，但要将其真正落到实处，还有很多工作要做，企业的高层管理者和普通员工都应为此付出努力。

三、开展培训、提升全员质量意识

质量意识是指人们在生产经营活动中，对质量（包括产品质量、工作质量）及质量管理活动的看法和态度，以及提高产品质量的愿望和决心。只有当员工的思想意识上升到一定的高度，再加上相应的工作技能，才能做出好的产品。

（一）质量意识培训的基本内容

良好的质量意识具体包括以下内容。

1. 质量是企业的命脉

企业要通过培训使所有员工形成这样的理念：产品的质量是企业的命脉，它不但影响产品的市场、企业的利润，甚至影响着员工的就业情况。即使企业目前产品市场良好，也要"居安思危"，要把产品质量做得更好。

案例

西北有一个地方盛产苹果梨，这种梨个大、肉脆、水分充足，具有苹果和梨的双重香味。有一年夏末，苹果梨大丰收，却在当地卖不出去，有人就把它们拿到外地去卖，结果卖了好价钱。第二年，苹果梨又大丰收，市场上购销两旺，还可以看到"老外"的身影。到了第三年，天公不作美，一场罕见的冰雹使苹果梨产量大减，一些果农无法按订货合同交货。但苹果梨的价格却大涨，卖到4元500克，而且供不应求。于是，有些人就采取了以下应对措施：

以次充好，降低质量来完成合同；

在每箱的上层装好的梨，下层则装不好的梨；

用沙梨充当苹果梨装到箱里；

到外地买些梨充当本地苹果梨出售。

结果到了第四年，苹果梨再次丰收，但500克只能卖1角钱。

到了第五年，果农们含泪操起大斧挥向果树……

2. 客户意识

企业一切以客户为中心，站在客户的角度想问题，每位员工使自己的工作达到客户的要求，这样产品的质量才会有保证；如果在工作中偷工减料，最终危害的将是企业自身的利益。

案例

20世纪90年代初，中国轻工业品进入俄罗斯市场，价廉物美的产品使俄罗斯人纷纷抢购中国货。

看到有利可图，一些不法商贩混入了中俄贸易的队伍，利用俄罗斯人对中国货刚刚产生的好印象，他们将一些在国内不被接受的次品货卖了出去，但他们的行为却让俄罗斯人彻底改变了对中国货的看法，也让中国货在俄罗斯失去了很大的市场。

3. 预防意识

"产品的质量是生产出来、设计出来的，不是检验出来的，要从第一步就把事情做好。"这句话很好地体现了企业对产品质量应有的预防意识，如果不从源头把关，企业对产品质量的控制活动将会事倍功半。

4. 规则意识

质量管理要贯穿生产的全过程，而各个过程之间、公司各部门之间的工作必须是有序的、有效的，这就要求全体质量管理人员、操作人员严格按规则做事，否则就会增加出错的概率，产品的质量也就无法得到保证。

案例

大战前夕，兵马库专用的马掌钉已用完，负责钉马掌的工匠用一颗比专用马掌钉长半寸的钉子给一匹军马钉了马掌。这颗偏长的马钉刺破了马掌，马腿因此感染，最后这匹马在战场上倒了下来，马上的勇士也因此被摔死。这位勇士正是全军的统帅，他的死亡使全军士气变得极为低落，最终导致了这场战争的失败，而他们的国家也因为这场战争的失利而灭亡了。

这个故事让我们知道了一个道理：在产品生产中，工序内的任何一个小失误，最终都有可能给消费者带来极大的麻烦。

5. 责任意识

美国质量管理专家朱兰博士认为，质量问题有 80% 出于管理层，而只有 20% 是因为员工。也就是说，管理者可控的缺陷约占 80%，操作者可控的缺陷一般小于 20%。因此，质量管理缺陷控制就是区分缺陷的责任，增强责任人的责任意识。区分缺陷责任人的方法如图 1-7 所示。

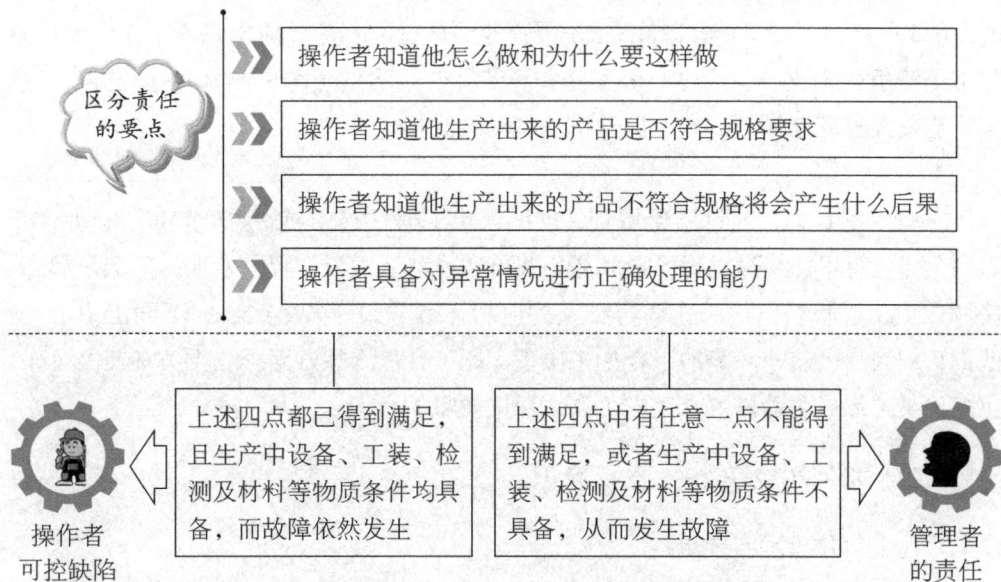

区分责任的要点

- 操作者知道他怎么做和为什么要这样做
- 操作者知道他生产出来的产品是否符合规格要求
- 操作者知道他生产出来的产品不符合规格将会产生什么后果
- 操作者具备对异常情况进行正确处理的能力

操作者可控缺陷 ← 上述四点都已得到满足，且生产中设备、工装、检测及材料等物质条件均具备，而故障依然发生

上述四点中有任意一点不能得到满足，或者生产中设备、工装、检测及材料等物质条件不具备，从而发生故障 → 管理者的责任

图 1-7 区分缺陷责任人的方法

6. 持续改善意识

质量没有最好，只有更好。质量改善是一个持续、循环、不断完善的过程，它遵循 PDCA 循环模式。PDCA 循环模式如图 1-8 所示。

其中，P（计划）是根据产品的要求制订计划，D（实施）是实施计划，C（检查）是根据产品要求对过程和产品进行检验，A（处理）是采取措施持续改进产品质量。

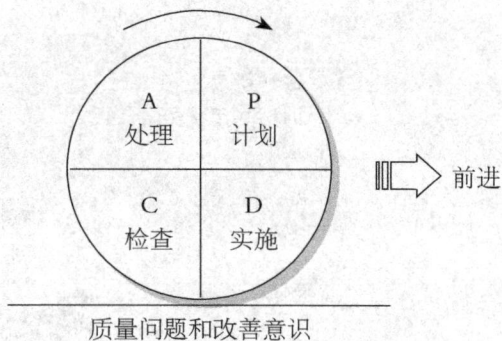

A 处理　P 计划
C 检查　D 实施

前进

质量问题和改善意识

图 1-8 PDCA 循环模式

只有这样，企业的产品质量才会不断上升，也只有这样不断地提高质量、进行创新，企业才能不断地在市场中取胜。

7. 成本意识（即质量标准意识）

追求利润是企业永远的目标，企业要发展，就必须关注生产成本，然而成本与质量息息相关，只有保证质量才可以控制好产品的成本。如果产品质量不好，经常遭到客户退货及投诉，那么企业的成本将会升高，甚至被逼入绝境。很多企业衰败的原因并不是没有客源与订单，而是因企业内部管理不善，成本降不下来，无法参与市场竞争。企业在生产中，各工序和环节都要严格按照客户要求的标准进行，这样才能最大限度地降低成本，提升市场竞争的优势。

8. 主动意识

一些专家认为，通过质量培训，能够让员工树立起较强的质量意识，让他们意识到，自己有责任及时发现质量问题，并单独或与他人合作解决发现的问题。另外，使每位员工了解与他们工作内容相关的前后环节（如一条生产线的不同工位），使他们认识到自己这一环节的工作如果出现问题，会在哪些方面影响相关环节的工作，也能使员工形成主动按要求完成工作、保证质量的意识。

（二）如何树立良好的质量意识

1. 企业高层管理者要重视

员工的质量意识会因领导层质量意识的影响而发生转变，因此一定要先提高领导层对质量管理的重视。

2. 扎扎实实做好培训工作

走好"三大步"是做好培训工作的方法，如图 1-9 所示。

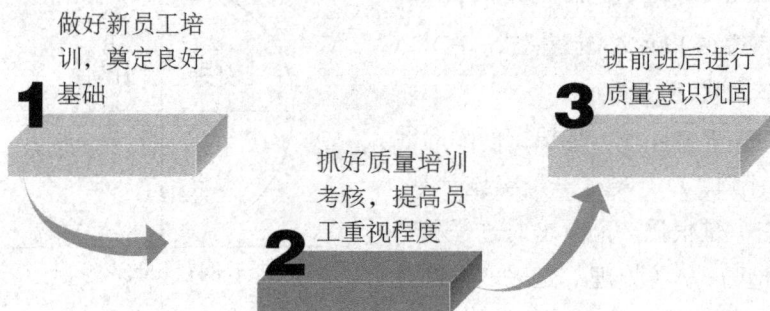

1 做好新员工培训，奠定良好基础

2 抓好质量培训考核，提高员工重视程度

3 班前班后进行质量意识巩固

图 1-9　员工培训"三大步"

（1）做好新员工培训，奠定良好基础

对于制造业而言，生产车间员工的流动性通常比较高，每年都会引进新员工，他们当中大部分是刚毕业的学生，没有实践经验。对新员工而言，培训至关重要。有句话总结得很好：培养一种良好的习惯比纠正一种坏习惯要轻松得多。因此，新员工培训应该把握好以下三个阶段的内容，如图1-10所示。

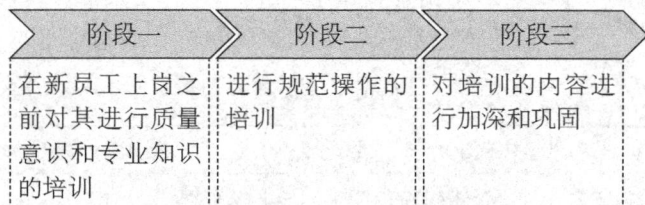

阶段一	阶段二	阶段三
在新员工上岗之前对其进行质量意识和专业知识的培训	进行规范操作的培训	对培训的内容进行加深和巩固

图 1-10　新员工培训的三个阶段

阶段 1：在新员工上岗之前对其进行质量意识和专业知识的培训。

有些新员工没有从事过相关工作，对产品加工的认知度较低，因此，企业在新员工上岗前须对他们进行相关知识的培训，如产品的基本知识、质量的重要性、产品的相关标准、相关法律法规等。

阶段 2：进行规范操作的培训。

进行规范操作的培训，是新员工培训中关键的一步。

操作培训可采取"师傅带徒弟"的模式，在该模式中，师傅的好坏直接影响到徒弟学习的质量和进度。所以，师傅应由岗位上操作技能最强、操作最规范的员工来担任，经过这样的培训，可使新员工从开始就养成良好的工作习惯。为了使师傅心甘情愿地带徒弟，并消除"带会徒弟炒师傅"的观念，企业最好制定一套奖罚制度与考核标准。

阶段 3：对培训的内容进行不断加深和巩固。

当新员工实习了一段时间，对产品加工有了一定的认识后，这时再结合生产实际进行理论培训，可以让新员工更容易理解。

（2）抓好质量培训考核，提高员工重视程度

许多企业开展的员工培训不少，但培训效果并不理想，对员工的触动较小，究其原因，主要是部分员工不重视学习，培训时聊天、睡觉的现象时有发生。企业可以通过培训考核，促使员工集中精力，认真听课，做好笔记。对考核不合格的员工

进行再培训，仍不合格者进行换岗。通过这种方式，可以提高员工对培训的重视程度。

考核的内容涉及观念、责任心、领悟能力、工作配合度、学习欲望、适应能力、遵纪守法、动手能力、问题意识等方面内容。

案例

下表为企业某员工的新员工考核表，仅供参考。

新员工考核表

姓名	王××	拟入部门	生产部	进厂日期	××年××月××日
实习时间	××月××日~××月××日			实习部门	××车间

序号	项目	考核	备注
1	观念	优秀（√） 良（ ） 及格（ ） 不及格（ ）	
2	责任心	优秀（ ） 良（√） 及格（ ） 不及格（ ）	
3	领悟能力	优秀（ ） 良（ ） 及格（√） 不及格（ ）	注意培养
4	工作配合度	优秀（ ） 良（√） 及格（ ） 不及格（ ）	
5	学习欲望	优秀（√） 良（ ） 及格（ ） 不及格（ ）	
6	适应能力	优秀（√） 良（ ） 及格（ ） 不及格（ ）	
7	遵纪守法	优秀（ ） 良（√） 及格（ ） 不及格（ ）	有一次迟到
8	动手能力	优秀（√） 良（ ） 及格（ ） 不及格（ ）	
9	问题意识	优秀（ ） 良（√） 及格（ ） 不及格（ ）	

实习部门评语：

王××在我部门实习期间，工作积极、乐于吃苦、团结工友、动手能力强、善于发现问题。

考核者：×××

人力资源部门评语：

王××在我企实习期间，深得各部好评，乐于吃苦、善于发现问题。我部认为可以让王××尝试××工作，以争取更大的进步。

评价人：×××

（3）班前班后进行质量意识巩固

班组长是生产车间最基层的管理人员，大部分时间在生产第一线，他们可以发现很多不规范的行为。将工作中发现的不规范行为在班前或班后进行通报，可以让员工及时理解此行为的危害性，防止类似行为再次发生。对于产品质量状况，企业也要及时告知员工，当出现不合格产品时，或许员工会提出许多管理人员想不到的原因分析与好建议。这有助于分析问题和采取相应的措施，同时也能增强员工参与质量管理的积极性。

四、建立质量激励机制

建立质量激励机制，加大质量考核力度和奖罚额度。对于工作质量高的员工，企业应该多给予奖励；对于工作质量低的员工，企业理所应当给予惩罚。如果干好干坏没有差别或者差距太小，就不能体现质量的重要性，无法得到员工的重视。对解决质量问题或对质量改进有好建议的员工，企业都应该给予物质激励和精神激励，以充分调动员工的积极性，真正做到全员参与质量管理。

质量管理贯穿市场、研发设计、采购、生产、销售等企业经营的全过程，应该是全员参与的。所以，质量奖罚制度的制定也应该涵盖企业生产经营的各个环节、各个部门，如图 1-11 所示。

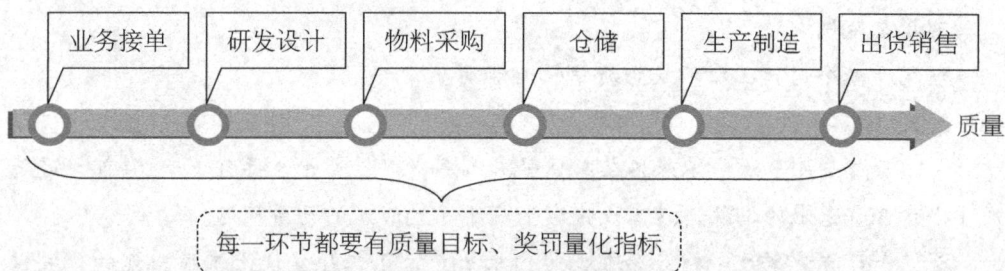

图 1-11　质量奖罚制度应贯穿经营生产的各个环节和部门

生产中的各个环节都应针对相应的质量控制关键点设定目标，且目标一定要量化，明确达到目标有什么奖励、达不到目标有什么处罚。例如，企业规定车间某种产品的直通率是 98%，如果该产品直通率达到 98%，车间主任奖励 500 元，每超过 1%，可另奖 100 元；如果直通率达不到 98%，则必须接受处罚，每差 1% 扣罚 100 元。

只有量化的目标，才能让员工心中有数。当然，目标的制定非常关键，如果定得太高，员工根本达不到，也不会去努力；总达不到目标而被罚款，甚至会造成员工流失，从而导致企业的产品质量更加不稳定。

另外，过度的奖惩只能起到暂时的效果，对质量体系的健康发展是不利的。有的企业实行质量事故重罚，一般性的质量事故罚款金额高达员工工资总额的十分之一。这种做法极易使员工对质量管理工作产生抵触情绪，使质量管理成为一种负担，反而伤害了员工的自觉性和积极性。

因此，奖惩应该适度，应结合企业的实际，以大多数员工能接受为原则并应力求奖惩公平。奖惩的形式不必一定是奖金和罚款，也可采取其他有效的激励方式。总之，奖惩的目的是促使员工生产出高质量产品，激励员工更积极地投入质量管理工作。

以下是某企业一份比较全面的质量奖罚制度，仅供参考。

·····【范本1】▶▶▶···

质量奖罚制度

1. 目的

为了降低产品成本，提高产品质量，鼓励优秀员工，减少人为损失及在交期内顺利完成交货任务，特制定本制度。

2. 适应范围

适用于本公司产品所涉及的质量管理活动。

3. 定义

3.1 轻微质量事故：指产品在本公司本工序，数量大于2件且小于20件，最大尺寸小于300毫米的工件，返工或报废金额小于100元的质量问题。

3.2 一般质量事故：指产品在公司内未出厂，下工序发现上工序出现的，并造成返工或报废的质量问题；不良率大于20%（返工数量大于50件且小于200件；报废损失金额大于100元且小于1 000元）的质量问题；在客户处发现不良被客户让步接收，未造成返工或退货的质量问题。

3.3 重大质量事故。

3.3.1 因质量问题被客户严重警告或罚款。

3.3.2 因质量问题批量退货或返修，数量大于50件。

3.3.3 因质量问题批量报废，报废金额大于1 000元。

3.3.4 违规操作造成设备损坏延误交期。

3.4 特大质量事故：因质量问题而被客户取消供应商资格。

4. 责任划分

4.1 各生产员工应对所加工、装配、包装的产品质量负责。

4.2 检验员应对经手检验（首检、巡检、终检、出货检验）的产品质量负责。

4.3 工程、工艺人员应对设计工艺文件、工装夹具的质量负责。

4.4 仓库人员应对仓储物料的质量负责。

4.5 副总经理对公司有质量监督权，部门管理人员对各部门负有质量监督的责任。

4.6 送检单位应确认产品为自检合格品后，才可送质管部检验。如质管部抽检不合格，送检单位承担80%责任，其他责任部门承担20%责任。质管部检验员检验合格放行的产品，于后工序或客户处发现不良，且不良率高于2%的，质管部承担80%责任，其他责任部门承担20%责任；如不良率低于2%，生产部门承担80%责任，其他部门承担20%责任。

4.7 如责任暂时无法划分，经质管部调查后开质量讨论会并报副总经理裁决。

5. 质量指标

5.1 制程：一次送检合格率≥98%。

5.2 来料：一次送检合格率≥99.5%。

5.3 出货：一次送检合格率≥98%。

5.4 一般客户投诉（外观）≤0.8%/8 000PPM；重大客户投诉（功能）≤0.3%/3 000PPM。

5.5 报废率（生产）≤0.5%/5 000PPM

（注：5.1至5.3以周为统计单位，5.4和5.5以月为统计单位）。

6. 质量处罚总则

6.1 多次送检不合格（连续三次），生产人员应负有自检不到位的责任，处罚款50元。

6.2 批量质量问题，每批次按总成本价值的50%处罚款，责任按4.6的规定划分。

6.3 非法加工：不报首检擅自加工的罚款50元，造成批量不良的，由加工者承担80%责任，班组长承担20%责任，每批次按材料价值的50%处罚款。

6.4 非法转序或出货：未经质管部检验人员确认，擅自把产品转入下道工序或出货的，对责任人处罚款100元；如造成后工序质量问题或客户投诉，追加罚款200元，工序接收者（如仓库人员）必须先确认产品是否检验合格，禁止接收不合格或状态不清楚的产品，违反此条对责任人处罚款200元。

6.5 在各工序加工的过程中，操作者废品数量超出规定的标准，由车间主管提报，按所有已产生的成本价格的 50% 处罚款。私自藏匿、销毁报废品的，一经查实，除按所有已产生的成本价格罚款外，另处罚款 200 元。

6.6 发生轻微质量事故，责任人由直接主管提报，一次性处罚款 10 ~ 30 元。

6.7 发生一般质量事故，责任人由直接主管提报，一次性处罚款 30 ~ 50 元，并通报批评。

6.8 发生重大质量事故，对责任人一次性处罚款 50 ~ 200 元，其直接主管负同等责任并罚款。

6.9 发生特大质量事故，根据客户的重要性对责任人处罚款 200 ~ 500 元；各责任部门主管、经理加倍处罚。

6.10 包装员包装时需对产品加以区分，防止混装；外观和螺纹按要求进行全检，封箱前认真清点数量，确认无误后通知成品检验员检验。OQC 对零件结构、外观和功能确认无误后盖 "QC PASSED" 印章。

6.11 装配车间产品成品为零缺陷接收。质管部抽检如发现 1PCS 不合格品，则由装配车间 100% 全检。全检后如仍有不良品，必须重新检验并对责任人处罚款 10 ~ 30 元。

6.12 质管部 OQC 抽检与仓库发现有混装、错数、标签写错或贴错的，对包装员处罚款 50 元 / 次。

6.13 仓库发现标签贴错，已盖 "QC PASSED" 印章的，对检验员处罚款 50 元；未盖 "QC PASSED" 印章的，对生产入库人员处罚款 50 元，包装人员处罚款 50 元。

6.14 客户处发现标签贴错，已盖 "QC PASSED" 印章的，对检验员处罚款 100 元，包装员处罚款 50 元；未盖 "QC PASSED" 印章的，对包装人员、入库人员及仓管员各处罚款 100 元；客户处发现错数的，整箱包装的（指入库后未拆过包装）对包装员处罚款 50 元；客户处发现质量异常，不良率大于 2% 的，对检验员处罚款 100 元，如不良属于严重外观问题或检验员已反应并要求挑选 / 返修的，包装员和加工单位责任人负同等责任。

6.15 对有故意将不良品混入良品中行为者，一次性处罚款 100 ~ 300 元，情节严重的予以辞退处理。

6.16 对在未征得检验人员同意的情况下，私自撕下或涂抹检验人员已粘的状态标识（如合格标签、PASS 印章、不合格标签等）的，处以罚款 100 元 / 次。

7. 质量处罚细则

7.1 质管部在以下情况应承担相应的责任。

7.1.1　因来料检验失误（无法检验的项目除外）造成批量材料不合格而生产出不合格品的，IQC 处罚款 50 元；半成品来料依行业通用抽样计划进行抽样检验，出现质量问题的参照 6.2 的规定处理。

7.1.2　首检判定失误的，每单处罚款 50 元，批量问题参照 6.2 的规定进行处理。

7.1.3　首检正确，却在生产过程中产生不良的，IPQC 要对巡检不力负责（一小时内生产完成的产品除外），处罚款 50 元，批量问题参照 6.2 的规定处理。

7.1.4　上一工序不良品流入下一工序，按行业通用抽样计划抽验不合格品超出可接收标准的，上一工序 QC 人员对过程控制不力负责，处罚款 50 元，批量问题参照 6.2 的规定处理。

7.1.5　产品质量引起客户向市场部书面投诉，但未退货及返修的，每单对 OQC 人员处罚款 30 元，经过前工序正常检验的，相关 QC 人员处罚款 30 元，未经检验的按非法加工或转序处理。

7.1.6　产品质量引起客户外检投诉或退货，每单对 OQC 人员处罚款 100 元，经过前工序正常检验的，相关 QC 处罚款 50 元，未经检验的按非法加工或转序处理。

7.2　工程部在以下情况应承担相应的责任。

7.2.1　图纸文件及相关技术规范是加工、检验的唯一参照依据，图纸的绘制人、规范的制定人以及相关文件的审核人必须对其正确性负责。如因图纸不完整、规范制定和审核错误而导致产品质量事故（客户原因、样品除外），被其他部门及时发现，造成经济损失 100 元以下的，责任工程师处罚款 20 元，审核工程师处罚款 10 元；100 元以上至 1 000 元以下的，责任工程师承担损失成本的 20%，审核工程师承担损失成本的 10%；1 000 元以上的，由质管部调查原因报总经办核准后处理。

7.2.2　对客户要求和本厂技术规范、图纸的更改，必须有工程部书面的设计变更通知单或经工程人员签字确认，文控中心应与规范使用部门确认新旧规范更换。如因文件更换不及时或不彻底而造成生产出不符合新规范的产品，对文控及相关责任人处罚款 100 元，对负有跟进责任的相关工程师处罚款 50 元，造成重大损失的由质管部调查原因后报副总经理处理。

7.2.3　对生产、检验过程中发现的图纸、工艺问题，工程部应以书面方式，最迟在一个工作日内解决或予以明确答复，超过时限未予回复的，对工程部相关工程师处罚款 20 元。

7.2.4　对返工或返修的不合格品，需工程技术处理的，相关工程师必须在相关报告上写明临时返工或返修的工艺方案，供加工和检验人员参照，如在半个工作日内未处理，对责任工程师处罚款 20 元。

7.2.5 为保证数冲产品质量，工程部必须保证展开图的一次正确率（样品除外），每错一单，对相关工程师处罚款 50 元，造成批量问题的按 6.2 的规定处理。

7.2.6 对外发电镀件及特殊保护的产品，工程人员应制定出有效的防护方案，包括生产过程的贴膜、隔垫、堆叠方式、转运、操作保护等均要明确规范（样品及非标物料除外），以便生产作业和质量检验人员控制，没有制定方案造成质量问题的，相关工程师处罚款 50 元，有方案但明显无效果的，相应项目工程师处罚款 30 元。

7.2.7 客户相关产品确认单临时更改，联络单等文件（以邮件、传真、书面确认等形式）在相关工程师接收后要进行归档受控，并通知文控中心即时发放相关部门，以满足生产、检验或其他工作的需要，因文件延迟或未传递到相关部门造成质量问题的，按 6.6 至 6.8 的规定处理，引起客户外检投诉的，处罚相关人员处罚款 200 元。

7.3 生产部在以下情况下应承担相应的责任。

7.3.1 为预防批量不良品发生，加工产品须报首检，如未报首检或首检不合格而擅自生产造成质量事故的，生产部门承担全部责任，并核查责任人处罚款 50 元。

7.3.2 加工者应自检后报首检，如未自检造成连续三次报首检不合格（打样和一次性生产除外）对责任人处罚款 20 元。

7.3.3 首检合格，而在生产过程中出现不良的，对生产者不自检的行为处罚款 50 元，QC 问题按 4.5 的规定处理，批量问题按 6.6 的规定处理。

7.3.4 QC 判定不合格，生产人员强行将不良品非法转入下一工序生产的，对执行者处罚款 100 元，并对决定转序责任人处罚款 200 元。

7.3.5 装配后报内检，QC 判定批量不合格时，对作业员的不自检行为处罚款 10 元 / 批次，班组长处罚款 20 元 / 批次。

7.3.6 任何产品在任何工序均需由 QC 检验并签字确认，如有不经检验的产品流出，对执行者处罚款 100 元，对决定责任人处罚款 200 元，重大质量事故按 6.8 的规定处理。

7.3.7 生产部无权对任何产品特别放行，特急产品需有物料重估小组（MRB）确认放行。小组至少有技术及质量部门人员参加，否则，对擅自决定放行责任人处罚款 200 元。

7.3.8 生产部未按工程部工艺加工，造成质量事故，由生产部相关主管负责，并对相关人员处罚款200元。

7.3.9　质管部（包括工程部、客户相关人员）判定产品与技术要求不一致的，生产部须对不良品及时返工返修，并重新报检，如未处理、未重新报检导致不良品流入下一工序的，对责任人处罚款100元。

7.3.10　电镀产品（包括外观要求较高的产品）加工过程（从剪板开始的所有工序）转序、外发前的包装、防锈、堆叠、摆放等其他防损要求符合技术或产品质量要求，并由检验人员签字确认，否则相关工序责任人处罚款50元。

7.3.11　首检合格，在生产过程中更换刀模、更改程序、更换加工人员（如换班、调岗）的，需重报首检确认，未经确认就进行加工造成质量事故的，按非法加工处理。

7.3.12　工序处罚细则（批量问题按6.2的规定处理）。

7.3.12.1　剪板。

下料错误：尺寸、材料类型、材料厚度出现错误，处罚20元；损失成本超过100元的，按6.2的规定处理。

7.3.12.2　数控冲压。

（1）数冲工序须去除产品的毛刺、边锐角，如未去除流入下一工序，每批次数冲工序相关机台人员处罚款30元，班组长处罚款50元。

（2）下料错误：同剪板处罚一致。

7.3.12.3　数控折弯。

（1）首件正确，批量生产过程中出现2%以上的不良品，操作员处罚款50元，班组长处罚款30元。

（2）折错、折反、角度不到位，操作员处罚款20元（首件试折或难度较大的试折除外）。

7.3.12.4　普通冲压。

（1）漏冲：操作人员处罚款20元。

（2）错冲（尺寸不良）：操作人员处罚款20元。

（3）冲偏、冲斜：操作人员处罚款20元。

（4）冲反、冲错位置：操作人员处罚款20元。

（5）模具不良或用错模具：造成产品质量达不到要求的，操作人员处罚款50元，班组长处罚款20元。

7.3.12.5　压铆。

（1）漏铆：操作人员处罚款20元。

（2）错铆：操作人员处罚款20元。

（3）铆反、铆错位置：操作人员处罚款20元。

（4）铆接牢固性不良、松脱、掉钉：操作人员处罚款20元，班组长处罚款20元。

7.3.12.6　钳工。

（1）漏攻牙／沉孔：操作人员处罚款20元。

（2）攻牙／沉孔不到位：操作人员处罚款20元。

7.3.12.7　焊接。

（1）错焊：操作人员处罚款20元。

（2）漏焊：操作人员处罚款20元。

（3）尺寸超差：操作人员处罚款20元。

（4）焊接方式错误：操作人员处罚款20元，班组长处罚款30元。

（5）焊接牢固性不良：假焊、虚焊、脱焊等，操作人员处罚款20元。

（6）焊接工艺不良：焊穿、咬边、焊缺等，操作人员处罚款30元，班组长处罚款30元。

7.3.12.8　打磨。

（1）飞溅、焊渣、焊瘤等打磨不干净，操作人员处罚款20元。

（2）打磨工艺不良：打磨量过大造成凹凸不平、工件损伤，关键表面不按要求纹理打磨等，操作人员处罚款50元，班组长处罚款20元。

（3）漏打磨：操作人员处罚款20元。

7.3.12.9　前处理、刮灰。

（1）前处理液未监测造成附着力不良的，操作人员处罚款50元，班组长处罚款30元。

（2）将没有经过检验人员确认的工件擅自进行前处理，按非法加工处理，操作人员处罚款50元，班组长处罚款30元。

（3）对平面度、外观要求较高的工件，前处理人员应轻取轻放，如造成严重碰撞伤，严重变形、划伤、凹凸坑，前处理人员处罚款50元。

7.3.12.10　喷涂。

（1）A级面不良：漏底、针孔、堆积、颗粒异物超过5%等，喷涂组处罚款100元／批次。

（2）不允许出现缺陷的表面存在钉头印、模痕、凹凸坑没完全覆盖的，喷涂组处罚款150元／次。

（3）色差：同种颜色有其他颜色飞溅、混杂、色差超过规定值，确定属操作责任时，喷手处罚款50元。

（4）操作失误造成厚度超标而导致返工的，喷手处罚款50元，造成重大损失的按重大质量事故的规定处理。

（5）粉体或油漆材料用错，喷手处罚款50元，班组长处罚款100元，造成重大损失的按重大质量事故的规定处理。

（6）附着力试验不合格，班组长处罚款50元，造成重大损失时按重大质量事故的规定处理。

7.3.12.11 丝印。

（1）网板、菲林需经工程人员确认，丝印首件需经检验人员确认。未经确认造成丝印错误的，丝印人员处罚款100元；经确认仍造成丝印错误的，工程师确认网板错误，工程师处罚款50元，检验人员检验错误，处罚款50元。

（2）丝印色差，丝印人员处罚款30元。

（3）丝印附着力不良，丝印人员处罚款30元。

（4）丝印抗化学溶剂性不良，丝印人员处罚款30元。

（5）丝印位置尺寸错误，丝印人员处罚款30元。

（6）丝印外观不良：明显断线、模糊、毛边、飞白、粗细不均等，丝印人员处罚款20元。

7.3.12.12 装配：详见装配质量处罚细则文件。

7.4 仓库在以下情况应承担相应的责任。

7.4.1 未有QC签字确认的半成品不允许入库，如违规入库，对负责办理入库的仓管员处罚款50元；因违规入库导致质量事故时，仓库负责人处罚款100元。

7.4.2 所有出厂发货的产品须经过检验，仓管员如违规出货均处罚款50元；因违规出库导致质量事故时，仓库负责人处罚款100元。

7.4.3 客户投诉引起库存品复检、来料检验的半成品或原材料等已判定为不良品或处理品的，仓库不得擅自出货或发料给生产车间使用，否则责任人处罚款50元，导致质量事故的，仓库负责人处罚款100元。

7.4.4 由于仓库出货错误导致客户投诉的，对责任人处罚款30元。

7.4.5 由于未先进先出或仓储保管不当引起质量事故的，查对后责任人处罚款30元；由于仓库错发物料影响生产及引起质量事故的，查对后责任人处罚款30元，仓库负责人处罚款30元。

7.4.6 由于搬运过程中对产品造成损伤、损坏的，责任人处罚款 50 元。

7.5 其他部门责任。

7.5.1 公司其他部门人员造成的质量问题，对应上述部门条款进行处理，如未能对应，则按总损失成本价值的 50% 进行处罚，批量性问题按总成本价值的 50% 处罚。

7.5.2 无法计算损失或无相应条款的，由质管部调查原因后书面报告给总经办，由公司酌情处理。

8. 奖励条款

8.1 员工投诉和制止各种质量事故的行为，经核实后一次性奖励 30 元。

8.2 员工发现对质量有重大影响或潜在影响的工艺或流程错误，奖励 50 元，如提出有效的改善方案按照提案改善作业的规定执行。

8.3 员工（质量检验人员除外）如发现上工序产品漏检、误检或质量缺陷，及时制止并汇报者，经核实后视情节奖励 10 ~ 100 元，如挽救损失的金额巨大，品管部上报总经办另行奖励。

8.4 同一工序或同一班组一个月内无批量性质量事故，奖励该班组集体奖 200 元，连续三个月保持无批量性质量事故者，奖励该班组集体奖 500 元。

8.5 质量检验人员一个月内无错检、漏检，无下一工序或客户投诉，奖励该检验员 100 元；连续三个月者，奖励 500 元。

8.6 当月达成质量目标的生产或质量班组，奖励班组集体奖 200 元，奖励组长 100 元。

8.7 员工（工艺人员除外）在生产前发现设计图纸、模具等存在设计缺陷，及时制止并汇报者，经核实后奖励 10 ~ 100 元。

8.8 设立质量奖项。

8.8.1 质量贡献奖：每月评选 2 名对质量控制、质量改善、质量隐患提出合理化建议，且经评估是可操作性方案的有贡献员工进行奖励，每人奖励 100 元。由各部门提出，质管部核实后提报总经理批准。

8.8.2 质量先进奖：每月评估 5 名在产品实现进程中无任何质量异常、具有很强质量意识或组织、带领其他员工增强质量意识的员工，奖励 50 元，由各部门提出，质管部核实后报副总经理批准。

8.8.3 质量团队奖：当月无任何质量不良记录且达成质量目标的班组，奖励该团队 200 元。由质管部提名，公司管理例会评估后批准。

9. 附加说明

9.1 各责任部门依据质管部发出的"质量异常处理单""不合格品处理单""客户退货处理单",在规定的时间内完成筛选及返工,并分析不合格产生的原因(责任不清晰或有争议时开质量会讨论后报副总裁定),提出和制定纠正与预防措施,质管部须收到回复并确认措施有效;没有在规定的时间完成筛选及返工,且未提前以书面形式说明原因的对责任主管处罚款 100 元/次;没有原因分析、未提出和制定纠正与预防措施的,对责任主管处罚款 20 ~ 50 元/次。

9.2 第一个统计单位未达到质量目标,责任部门须提出有效的改进方案,保证第二个统计单位达标;连续三个统计单位未达标,对责任部门主管处罚款 100 ~ 500 元。

9.3 违反公司文件规定(包括会议决定),造成质量事故或流程不顺者,视情节严重性,处罚责任人 50 ~ 100 元。

9.4 不能查到责任人的,直接管理者承担 50% 的责任,部门整体承担 50% 的责任;同一质量问题一个月累计出现 3 次及以上的,对直接管理者处罚款 100 ~ 200 元。

9.5 奖罚金额最低为 10 元(不足 10 元的按 10 元计算)。

9.6 如处罚方式有冲突,按情形严重的条例处理。

9.7 质管部保留《质量奖罚制度》的解释权。

9.8 公司授权质管部开具"质量处罚单"和"质量奖励单"。

第三节 确保设备正常运行

设备是指在生产中所使用的设备及工具等辅助生产用具。生产中,设备能否正常运作、工具质量的好坏都会影响生产进度、产品质量。好的设备是提升生产效率、改善质量的另一有力途径。

一、配备设备

设备是现代工业生产活动不可或缺的用具,在生产现场使用的设备通常有以下几种。

（1）直接生产设备，如碎料机、车床、流水线装置等。

（2）辅助生产设备，如吹塑胶件发白使用的吹风机、打螺丝的电批刀等。

（3）间接生产设备，如发电机、照明电器、空压机等。

（4）检测设备，如度量尺寸的卡尺、塞规、投影仪和测试产品强度用的拉力磅、扭力磅等。

（5）运输设备，如电梯、叉车、手推车等。

企业要对生产设备进行有效管理，就必须建立设备管理台账，并经常进行盘点。只有对设备状况有充分的了解，才能实施有效的管理。以下是某工厂对其现场设备的统计表（见表1-4），这个统计表清楚地列明了设备的类别、名称、技术指标、参数要求和数量，但如果能对各设备的使用地（位置）、保养作业做出要求则会更好。

表1-4　生产设备统计表

序号	设备种类	设备名称	技术指标、参数要求	数量
1	工具类	拆卸器	可以方便地进行小型机电等的机械部件拆装	4
2		手动压接钳	线径：240平方毫米以下	4
3	仪表类	接地电阻测试仪	AC-8型，规格：1～10～100欧	4
4		三相功率表	10安	10
5		速度表	数字式激光转速表，转速范围：2.9～99 999转/分	6
6	排故设备	M7475B磨床电气控制电路实训考核设备	（1）设备必须符合国家职业资格标准中维修电工技师的培训及技能鉴定要求，并获得有关国家职业技能鉴定机构的认可 （2）实训操作方便，有专设的故障箱，考评方便 （3）接近实际，能模拟磨床的主要运行工作情况	8
7	装接调试设备	电气线路装接调试训练装置	（1）单面双位网孔板式 （2）带装接必需的仪表和电源 （3）通电调试安全方便，实训开合监控方便	15（30个工位）
8	电动机	三相异步电动机	380伏，60瓦	15
9		三相双速异步电动机	380伏，120瓦，带速度继电器	15
10		普通支流电机	0.6千瓦	4

（续表）

序号	设备种类	设备名称	技术指标、参数要求	数量
11	器件	交流接触器：4 断路器：1 熔断器套件：6 时间继电器：1 热继电器：1 中间继电器：1 三联按钮：1 接线端子：2 转换开关：1 指示灯：1 导轨：1米 线槽：4米	（1）常规器件，线圈电压380伏 （2）能很方便地在网孔板式的装接设备上安装	21

鉴于上表不够完善，在此提供一个空白表格，供读者参考（见表1-5），大家在使用该表时可根据本厂的需要作适当的增加或删减。

表1-5　现场机器设备一览表

序号	设备名称	规格	编号	放置地	负责人	购进日期	供应厂家	机身编号	精度要求	技术指标、参数要求	保养周期	备注

二、设备要经常维护保养

（一）设备维护保养的重要性

生产现场的设备需要经常保养。保养可使设备故障降低、停工事件减少、安全事故率降低、修理费用降低、产品质量可靠稳定，也能使现场工作气氛和谐、生产效率提升、设备的使用寿命延长。如果不对设备进行保养则可能会造成一些不良后果，如停工、设备寿命缩短、生产计划完不成、产品质量降低，甚至会影响员工的工作情绪，导致安全事故频发等。所以，在现场要把"事后维修与保养"调整为"事前及生产中的预防保养"，要改变设备使用中一些不正确的观念，如认为设备维护只是设备部门的事。

（二）设备维护保养的方式

设备维修保养应分类进行，企业一般采用日常保养和定期保养两种方式。

1. 日常维修保养

日常维修保养是指企业在使用过程中每天对生产设备所做的基本清洁、维护工作，其实施要点如下：

（1）电器设备必须在关掉电源的情况下才能进行保养；

（2）每天下班前应将设备表面清理干净；

（3）设备的塑胶表面不能用化学溶剂清洁；

（4）设备齿轮位应保持有润滑剂；

（5）保养时发现设备有故障，应及时维修并形成记录。

以下是某企业的设备日常保养记录表，仅供参考。

·····【范本 2 】▶▶▶ ···

设备日常保养记录

设备编号：TR-08		使用部门：铆焊		设备名称：交流电焊机		保养时间段：	
保养项目	保养频率	1	2	3	4	5	6	······	31
电器连接线是否可靠牢固	天								
三相插座是否连接地线	天								
气路有无漏气	天								
清理焊嘴	天								
焊机接地是否良好	天								
焊丝输送状况是否均匀	天								
异常情况记录：									
注：没问题打√，有问题打×，并在"异常情况记录"栏中记录异常情况									

2. 定期维修保养

定期维修保养是指企业按照一定时间间隔对生产设备进行的检查、清洁或维修工作，其实施要点如下：

（1）停止设备运行，保养过程中应挂标示牌；

（2）非专业技术人员不可参与；

（3）必须按照设备作业指导或使用说明书的要求进行保养；

（4）必要时应请设备供应商参与保养；

（5）有些设备（如压力容器、电梯等）需请国家相关机构进行维修保养；

（6）保养时发现设备有故障，应及时维修并应形成记录；

（7）定期保养应有记录。

设备维护保养的记录，可参考表1-6、表1-7。

表1-6 设备定期保养记录

设备名称：　　　　　　　　设备编号：　　　　　　　　保养日期：

序号	保养级别	保养频率	保养项目	保养记录	保养人签字
	一级保养	每周			
	二级保养	每个月			
	三级保养	每年			

制表：　　　　　　　　　　　　　　审核：

表1-7 设备保养记录卡

机器名称：　　　　　　　　设备编号：　　　　　　　　保养日期：

项　目　＼　日　期		1	2	3	4	5	6	7	8	9	10	…	30	31
日常保养	设备工作前检查其运作是否正常													
	每日工作完毕外观是否清洁													
	需加润滑油点是否加润滑油													
	安全防护装置是否完好													
	有防尘要求的是否加盖防尘罩													

（续表）

项 目 \ 日 期		1	2	3	4	5	6	7	8	9	10	…	30	31
定期保养	每周六是否对设备进行彻底清洁													
	对加油点是否进行加油													
	全面检查转动部分是否正常工作													
	检查有无漏电现象													
	检查螺丝是否有松动													
本月份设备异常情况：														
保养人														

审核人：　　　　　　日期：　　　　　　负责人：　　　　　　监督人：

注：1. 日常保养由组长监督设备操作者完成，周保养由设备操作者协助设备技术人员完成，负责保养的人员应在相应时间内完成保养工作，不能弄虚作假，一经发现将给予相应处分。

2. "V"表示保养，"H"表示暂停使用，"T"表示有故障。

（三）设备维护保养计划

设备维护保养应有计划地进行，管理者应制订设备的维护计划，确定设备维护保养的频率、时间的分配、责任人员的安排等。

案例

以下是某企业的设备维护保养计划，仅供参考。

设备维护保养计划

设备名称 \ 保养周期		维修保养内容				备注
		例行保养	一级保养	二级保养	三级保养	
1	顶接机	每天	每3个月	每3个月	每3个月	
2	梳齿机	每天	每3个月	每3个月	每3个月	
3	四面刨	每天	每3个月	每3个月	每3个月	
4	冷压机	每天	每3个月	每3个月	每3个月	

（续表）

设备名称 \ 保养周期	维修保养内容				备注
	例行保养	一级保养	二级保养	三级保养	
5 单片锯	每天	每3个月	每3个月	每3个月	
6 布袋吸尘机	每天	每3个月	每3个月	每3个月	
7 大单面压刨机	每天	每3个月	每3个月	每3个月	
8 小单面压刨机	每天	每3个月	每3个月	每3个月	
……					

注：1. 日常维护保养。班前班后由操作工认真检查设备，擦拭各个部位和加注润滑油，使设备经常保持整齐、清洁、润滑、安全。班中设备发生故障，由操作工及时给予排除，并认真做好交接班记录。

2. 一级保养。以操作工为主，维修工辅导，按计划对设备进行局部拆卸和检查、清洗规定的部位，疏通油路、管道，更换或清洗油线、油毡、滤油器，调整设备各部位配合间隙，紧固设备各个部位。

3. 二级保养。以维修工为主，列入设备的检修计划，对设备进行部分解体检查和修理，更换或修复磨损件，清洗、换油，检查修理电气部分，局部恢复精度，满足加工零件的最低要求。

三、设备的精度校准

（一）校准级别的划分

生产现场使用的仪器很多，但根据其性能、测试的产品、使用频度、使用要求等可以施以不同级别的校准。校准级别通常划分为四级，具体如图1-12所示。

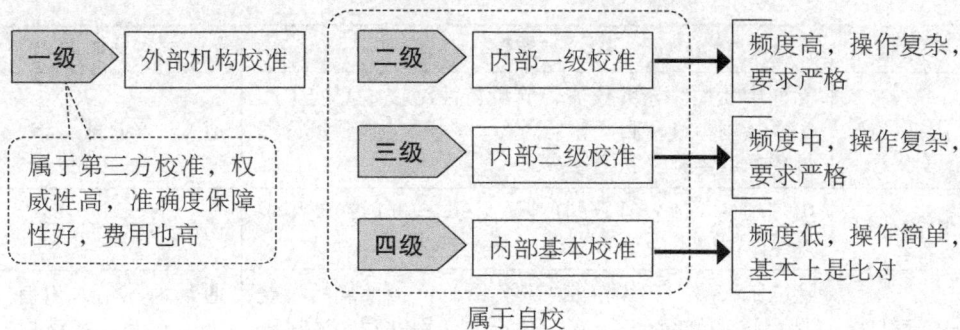

图1-12 校准的级别

（二）校准的方式

校准方式通常有三种：外部专业机构校准（简称外校）、工厂内部校准（简称内校）和原生产厂家校准（简称厂校）。

1. 外校

企业的设备需要外校时应选择那些有一定知名度的校验机构。外校所花的费用都差不多，但知名机构的校准会让客户更安心，另外，知名机构的后续服务也相对好一些。一般适合外部校准的仪器主要有以下几种，具体如图1-13所示。

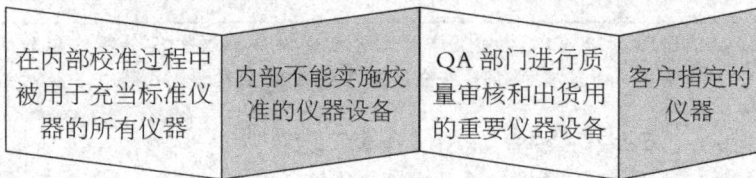

| 在内部校准过程中被用于充当标准仪器的所有仪器 | 内部不能实施校准的仪器设备 | QA部门进行质量审核和出货用的重要仪器设备 | 客户指定的仪器 |

图1-13　适合外部校准的仪器

外校周期一般是一年，校准方式通常有两种：一种是工厂把需要校准的仪器送至校准机构校准，完成后连同校准证书一起取回；另一种是请校准机构的人员来工厂现场实施校准。具体选择哪种方式，一般由工厂依据实际需要和预算费用与校准机构商定。

2. 内校

内校虽然是在工厂内部进行的，但在校准方式和管理方法上需要向外校看齐，以便确保内校质量。三级内校的具体进行方式如表1-8所示。

表1-8　三级内校的具体进行方式

级别	校准仪器	校准周期
内部一级	制程中使用频繁的仪器，测量特性比较重要的（如属于特别特性项目）仪器设备，PQC实施质量管理使用的重要的仪器设备	通常为半年或一年
内部二级	生产中使用比较频繁的仪器，基本校准后在使用中发生两次以上失准的仪器	通常为一年或一年半
内部基本	除内部一级、二级校准之外需要内部校准的所有仪器设备。比如游标卡尺、生产中使用的对比性风压表、直卷尺、温/湿度计、修理工位使用的仪器等	通常为一年，也有一年半、两年或者以上的情况，但比较少见

（三）现场主管的职责

校准过程是一种保证手段，确认校准结果是对自己工作负责的表现。现场主管要确保在校准方面尽到以下职责：

（1）不使用未经校准和已经失效的仪器设备；

（2）保护校准标签，执行标签上的标示内容；

（3）配合仪器管理者做好校准工作，提供力所能及的支持；

（4）如发现校准结果有异常，及时通过上级向仪器管理者反馈、报告。

四、预防设备故障

设备中某一结构、机械或零件的尺寸、形状或材料发生改变而不能满意地执行预定的功能，称为设备故障（失效）。设备产生故障后，轻则影响生产效率、产品质量等，重则可能造成停产、环境污染、安全事故及人身伤害等大事故，还可能会降低设备的使用精度和寿命。因此，现场管理者应重视设备故障的预防。

（一）设备故障产生的原因

设备（零件）故障产生的主要原因有许多方面，如图 1-14 所示。

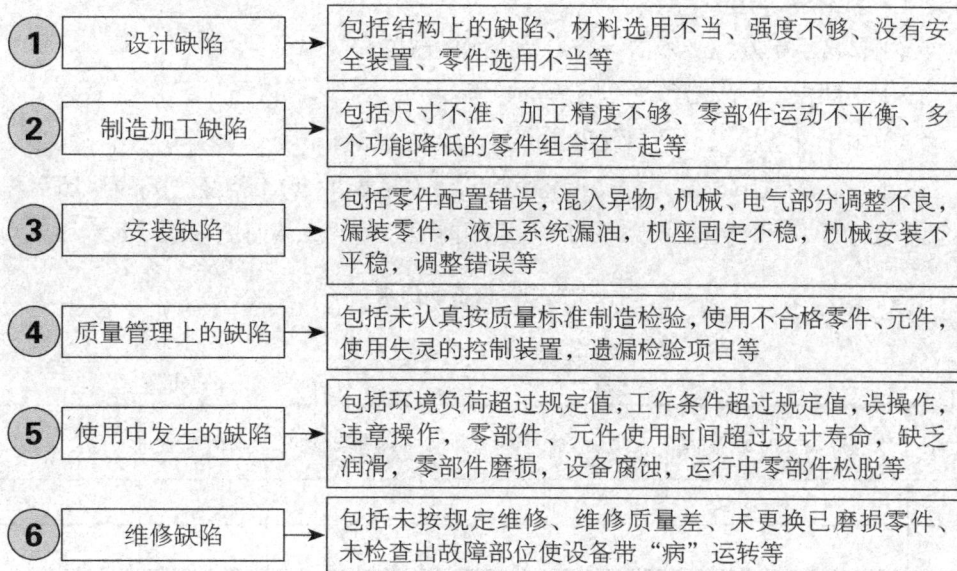

1	设计缺陷	包括结构上的缺陷、材料选用不当、强度不够、没有安全装置、零件选用不当等
2	制造加工缺陷	包括尺寸不准、加工精度不够、零部件运动不平衡、多个功能降低的零件组合在一起等
3	安装缺陷	包括零件配置错误，混入异物，机械、电气部分调整不良，漏装零件，液压系统漏油，机座固定不稳，机械安装不平稳，调整错误等
4	质量管理上的缺陷	包括未认真按质量标准制造检验，使用不合格零件、元件，使用失灵的控制装置，遗漏检验项目等
5	使用中发生的缺陷	包括环境负荷超过规定值，工作条件超过规定值，误操作，违章操作，零部件、元件使用时间超过设计寿命，缺乏润滑，零部件磨损，设备腐蚀，运行中零部件松脱等
6	维修缺陷	包括未按规定维修、维修质量差、未更换已磨损零件、未检查出故障部位使设备带"病"运转等

图 1-14　设备（零件）故障产生的主要原因

（二）生产现场在设备故障预防上的要领

生产现场在设备故障预防上的要领如图 1-15 所示。

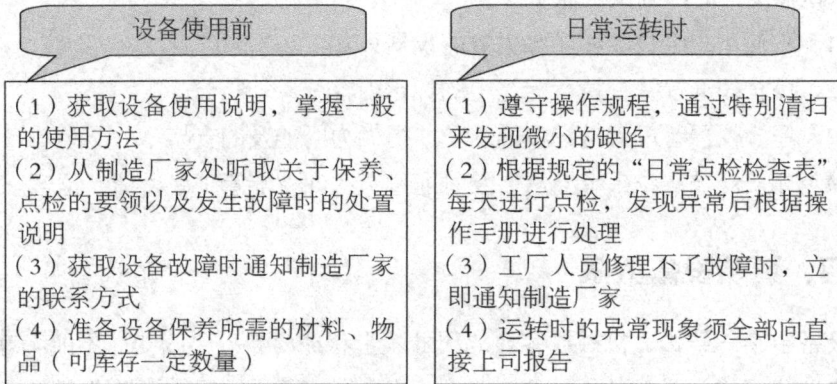

设备使用前	日常运转时
（1）获取设备使用说明，掌握一般的使用方法 （2）从制造厂家处听取关于保养、点检的要领以及发生故障时的处置说明 （3）获取设备故障时通知制造厂家的联系方式 （4）准备设备保养所需的材料、物品（可库存一定数量）	（1）遵守操作规程，通过特别清扫来发现微小的缺陷 （2）根据规定的"日常点检检查表"每天进行点检，发现异常后根据操作手册进行处理 （3）工厂人员修理不了故障时，立即通知制造厂家 （4）运转时的异常现象须全部向直接上司报告

图 1-15　生产现场在设备故障上预防的要领

（三）故障修理

设备使用部门遇有下列情况时，须填写"修理委托书"或"维修报告书"，向设备维修部门提出修理要求：

（1）发生突然事故；

（2）日常点检发现必须由维修人员排除的缺陷和故障；

（3）定期检查发现必须立即修理的故障；

（4）由于设备状况不好导致废品产生。

对于设备的故障，应建立"设备病历卡"（见表 1-9），就像医院的病历一样，有了设备病历，下次机器出现问题时可追溯前面的情况，从而更容易"对症下药"。

表 1-9　设备病历卡

设备名称：　　　　　　　　制造/维修商：　　　　　　　　出厂日期：

设备编号：　　　　　　　　资产价值：　　　　　　　　　保修期限：

日期	故障内容	更换零件	人工费用	零件费用	零件报修期	值班经理	备注 （维修人员）

第四节　提供一个保证质量的环境

一、环境对质量的影响

工作场所脏乱，直接造成的后果是生产效率下降、产品质量不稳定及种种浪费。在车间现场工作的人都知道，如果工作没有规则，就无法生产高质量的产品；工作场所的脏乱，就是工作不遵守规则的最显著表现。下面我们就来分析一下这些不良现象对质量有什么影响。

（1）如果机器设备布满灰尘、保养马虎，工作人员必然对产品的质量也不讲究；而且，设备缺乏保养，就会影响机器的使用寿命和机器的精度。

杂乱的工作台无法保证不用错料，影响产品质量。

整洁的作业场所一定会有好的质量，客户看了也愿意下单。

（2）原料、半成品、成品、报废品、返工品存放位置未合理规划，容易混料，造成质量问题；而花费大量时间寻找所需的材料，也必然导致生产效率低下。

（3）物品运送通道规划不合理、工具随意放置造成工作场所阻塞，增加搬运时间和寻找时间。

（4）工作人员仪容不整、姿势不当易产生疲劳，降低工作效率，影响生产质量。

二、生产作业环境的布置

（一）作业环境布置的一般要求

生产现场作业环境布置的一般要求如图 1-16 所示。

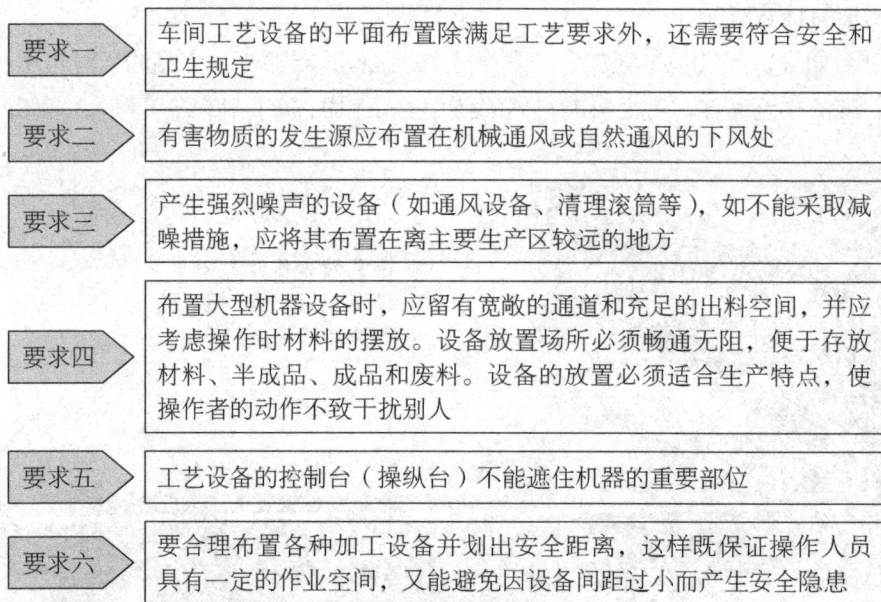

要求一	车间工艺设备的平面布置除满足工艺要求外，还需要符合安全和卫生规定
要求二	有害物质的发生源应布置在机械通风或自然通风的下风处
要求三	产生强烈噪声的设备（如通风设备、清理滚筒等），如不能采取减噪措施，应将其布置在离主要生产区较远的地方
要求四	布置大型机器设备时，应留有宽敞的通道和充足的出料空间，并应考虑操作时材料的摆放。设备放置场所必须畅通无阻，便于存放材料、半成品、成品和废料。设备的放置必须适合生产特点，使操作者的动作不致干扰别人
要求五	工艺设备的控制台（操纵台）不能遮住机器的重要部位
要求六	要合理布置各种加工设备并划出安全距离，这样既保证操作人员具有一定的作业空间，又能避免因设备间距过小而产生安全隐患

图 1-16　生产现场作业环境布置的一般要求

（二）确定光照度

光照度表示发光面的明亮程度，是发光表面在指定方向的发光强度与垂直且指定方向的发光面的面积之比（坎德拉／平方米）。对于一个漫散射面，尽管各个方向的光强和光通量不同，但各个方向的亮度都是相等的。电视机的荧光屏就是近似这样的漫散射面，所以从各个方向上观看影像，都有相同的亮度感。

光照度可用照度计直接测量。光照度的单位是勒克斯，是英文 lux 的音译，也可写为 lx。被光均匀照射的物体，在 1 平方米面积上得到的光通量是 1 流明时，它的照度是 1 勒克斯。在生产作业场所的光照度要求如下。

（1）车间工作空间应有良好的光照度，一般工作面光照度不应低于 50 勒克斯。

（2）采用天然光照明时，不允许太阳光直接照射工作空间。

（3）采用人工照明时，不得干扰光电保护装置，并应防止产生频闪效应。除安全灯和指示灯外，不应采用有色光源照明。

（4）在室内照度不足的情况下，应采用局部照明，具体要求如下。

①局部照明光源的色调，应与整体光源相一致。

②局部照明的均匀度：工作点最大为 1∶5，工作地最大为 1∶3。工作地是指工作位置及其周围的场地，泛指车间地面。

③局部照明的亮度对比：冲压件（冲模工作面）与压力机底部的比为 3∶1，压力机与周围环境的比为 10∶1，灯光与周围环境的比为 20∶1。

（5）与采光照明无关的发光体（如电弧焊、气焊光及燃烧火焰等）不得直接或经反射进入操作者的视野。

（6）需要在机械基础内工作（如检修等）时，应装设照明装置。

（7）局部照明应使用 36V 的安全电压。

（8）照明器必须经常擦洗和保持清洁。

（三）改善工作地面

工作地面是指作业场所的地面，对工作地面的要求如下。

（1）车间各部分工作地面（包括通道）必须平整，并保持整洁。地面必须坚固，能承受规定的荷重。

（2）工作附近的地面上，不允许存放与生产无关的障碍物，不允许有黄油、油液和水积存。经常有液体的地面，不应渗水，应设置排水系统。

（3）机械基础应有液体储存器，以收集由管路泄漏的液体。储存器可以专门制作，也可以与基础底部连成一体，形成坑或槽。储存器底部应有一定坡度，以便排除废液。

（4）车间工作地面必须防滑。机械基础或地坑的盖板必须是花纹钢板，或在平地板上焊防滑筋。

（四）符合人机工程学

人机工程学研究"人—机—环境"系统中人、机、环境三大要素之间的关系，为解决该系统中人的效能和健康问题提供理论与方法。

设计人机系统时，要把人和机器作为一个整体来考虑，合理或最优地分配人和机器的功能，保证系统在环境变动下能达到要求的目标。在生产现场的人机工程具体要求如下。

（1）工位结构和各部分组成应符合人机工程学、生理学的要求和工作的特点。

（2）工厂应使操作人员舒适地坐、立，或坐立交替在机械设备旁进行操作，但不允许剪切机操作者坐着工作。

（3）操作人员坐着工作时，一般应符合以下要求。

①工作座椅结构必须牢固，坐下时双脚能着地，座椅的高度为 400 ～ 430 毫米，高度可调并具有止动装置。

②机械工作台下面应有放脚空间，其高度不小于 600 毫米，深度不小于 400 毫米，宽度不小于 500 毫米。

机械工作台下面一定要有放脚空间。

③机械的操纵按钮离地高度应为 700 ～ 1 100 毫米，如操作者位置离工作台边缘只有 300 毫米时，按钮高度可为 500 毫米。

④机械工作面的高度应为 700 ～ 750 毫米，当工作面高度超过这一数值而又不可调整时，应加脚踏板。脚踏板应能根据高度调整，其宽度不应小于 300 毫米，长度不应小于 400 毫米，表面应能防滑，前缘应有高出脚踏板平面 10 毫米的挡板。

（4）操作人员站立工作时，应符合以下要求：

①机械的操纵按钮离地高度为 800 ~ 1 500 毫米，距离操作者的位置最远为 600 毫米。

②为了便于操作者尽可能靠近工作台，机械下部应有深度不小于 150 毫米、高度为 150 毫米、宽度不小于 530 毫米的放脚空间。

③机械工作面的高度应为 930 ~ 980 毫米。

总之，为了保证员工作业安全，企业应为操作人员提供良好、安全的作业环境，并且结合人机工程学的知识，使操作人员既高效地作业又能减少疲劳。

三、打造 5S 环境

5S 是指对生产现场各生产要素（主要是物的要素）所处状态不断进行整理（Seiri）、整顿（Seiton）、清扫（Seiso）、清洁（Seiketsu）和提高素养（Shitsuke）的活动，简称 5S 活动。5S 是企业打造洁净亮丽、整齐舒适、安全高效的工作环境的法宝，具体如图 1-17 所示。

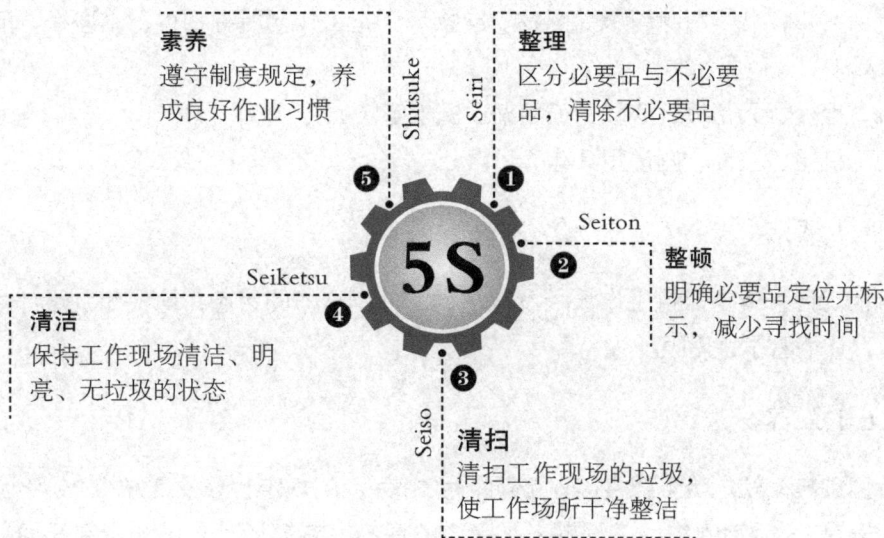

素养
遵守制度规定，养成良好作业习惯
Shitsuke

整理
Seiri
区分必要品与不必要品，清除不必要品

⑤

①

Seiton

② 整顿
明确必要品定位并标示，减少寻找时间

Seiketsu

④ 清洁
保持工作现场清洁、明亮、无垃圾的状态

③

Seiso

清扫
清扫工作现场的垃圾，使工作场所干净整洁

5S

图 1-17　5S 的定义

（一）整理

所谓整理，就是将混乱的状态收拾成井然有序的状态。工厂的整理包括以下步骤。

（1）区分哪些是必要品，哪些是不必要品。

（2）抛弃不必要品。

（3）将必要品收拾得井然有序。

（二）整顿

所谓整顿，就是整理散乱的东西，使其处于整齐的状态，目的是在必要的时候能迅速取到必需品。整顿比整理更深入一步，其要求如下。

（1）能迅速取出。

（2）能立即使用。

（3）最大程度节约时间。

（三）清扫

所谓清扫，就是清除垃圾、污物、异物等，把工作场所打扫得干干净净，清扫的对象如下。

（1）地板、天花板、墙壁、工具架、橱柜等。

（2）机器、工具、测量用具等。

（四）清洁

所谓清洁，就是保持工作场所没有污物、处于干净的状态，地板和机器都能干干净净，让人看了之后眼前一亮。

（五）素养

所谓素养，就是员工严格遵守企业推行5S活动的规定，养成良好的5S习惯。

素养是5S活动的核心，没有人员素质的提高，各项活动就不能顺利开展，即便开展了也无法坚持。

四、必须根治污染源

即使每天进行清扫，油渍、灰尘和碎屑还是无法杜绝，要彻底解决问题，还须查明污垢的发生源，从根本上解决问题。

（一）污染、泄漏产生的原因

工厂污染源产生的原因，大致有以下几个方面，如图1-18所示。

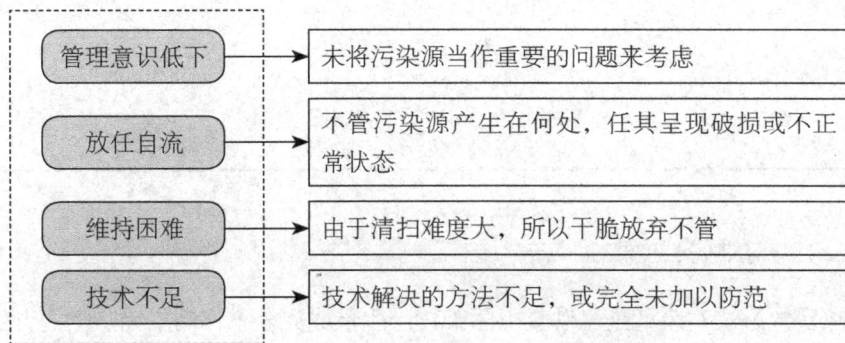

图1-18　工厂污染发生源产生的原因

（二）污染源调查

现场管理者在进行污染源调查之前，须先确认污染物是什么。由于污染物的种类、形态、严重度、产生量的不同，进行大扫除和调查的方法及对策也会完全不一样。企业必须追查污染物为什么会产生及确定污染物如何处置，并以认真的态度及有效的方法追根究底。

通过对污染源的调查，填写"污染源调查表"，并在具体的发生部位挂上标示牌。调查表的内容包括：污染源发生部位、状态、发生量（数字明确标示量化程度）、测定方法、防范方法（防止对策或回收方法），具体如表1-10所示。

表1-10　污染源调查表

发生部位：
状态：

（续表）

发生量（数字明确标示量化程度）：
测定方法：
防范方法（防止对策或回收方法）：

（三）寻求解决对策

污染源的解决对策就是思考减少污染物产生量或完全不让污染物产生的办法，具体可从以下几方面入手。

（1）研讨技术，在容易产生粉尘、喷雾、飞屑的部位，装上挡板、覆盖等改善装置，将污染源的范围局部化，以保障作业安全及利于废料收集，达到减少污染的目的。

（2）在设备更换、移位时，将破损处修复。

（3）在日常维护中对有黏性的废物，如胶纸、不干胶、发泡液等，通过收集装置加以收集，以免弄脏地面。

（4）机器擦洗干净后，要仔细地检查给油、油管、油泵、阀门、开关等部位，观察油槽周围有无容易进入灰尘的间隙或缺口，检查排气装置、过滤网、开关是否有磨损、泄漏等现象。

（5）确保机器控制系统开关、紧固件、指示灯、轴承等部位完好。

（6）思考高效率收集污物或去除污染物的方法。因为由生产产生的污染源，在工厂里是不可回避的。

一旦提出污染源的解决对策之后就要对其进行评估，然后再实施。污染源对策如表1-11所示。

表 1-11　污染源对策

想法		具体的处理方法	改善重点
解决发生源的对策	（1）不使其发生 （2）减少其发生量	（1）防止滴漏：密封式、封垫式 （2）防止飞散：加门、加护盖 （3）松弛、破损的修理 （4）制程设计：无粉尘、密封轴承（无油化）、无研磨 （5）防止堵塞、积存	（1）去除 （2）擦拭 （3）修理 （4）止住 （5）停止 （6）减低 （7）集中 （8）不积尘 （9）不发散 （10）不携带 （11）切削
清扫困难处的对策	（1）收集方法 （2）去除方法	（1）集尘能力、方法的提高与修正 （2）讨论去除、回收的方法 （3）扫除道具，收集导板，承油盘形状、大小的改善 （4）洗净的方法 （5）根据切削粉的形状、大小、飞散方向，设备本体或基座的形状，来改善收集或去除的方法	

第五节　实现标准化

企业以高质量的产品回报客户，才能实现长远的生存和发展，而确保产品的高质量就离不开标准化。如果说质量是企业的生命，那么标准化就是企业的灵魂，两者相互依存，才能支撑企业的发展。

一、标准化的定义

将企业里各种规程、规定、规则、标准、要领等进行文字化表述而形成的规范统称为标准（或称标准书）。企业制定标准且依标准付诸行动，则称为标准化。

推行标准化可为企业带来许多好处，如图 1-19 所示。

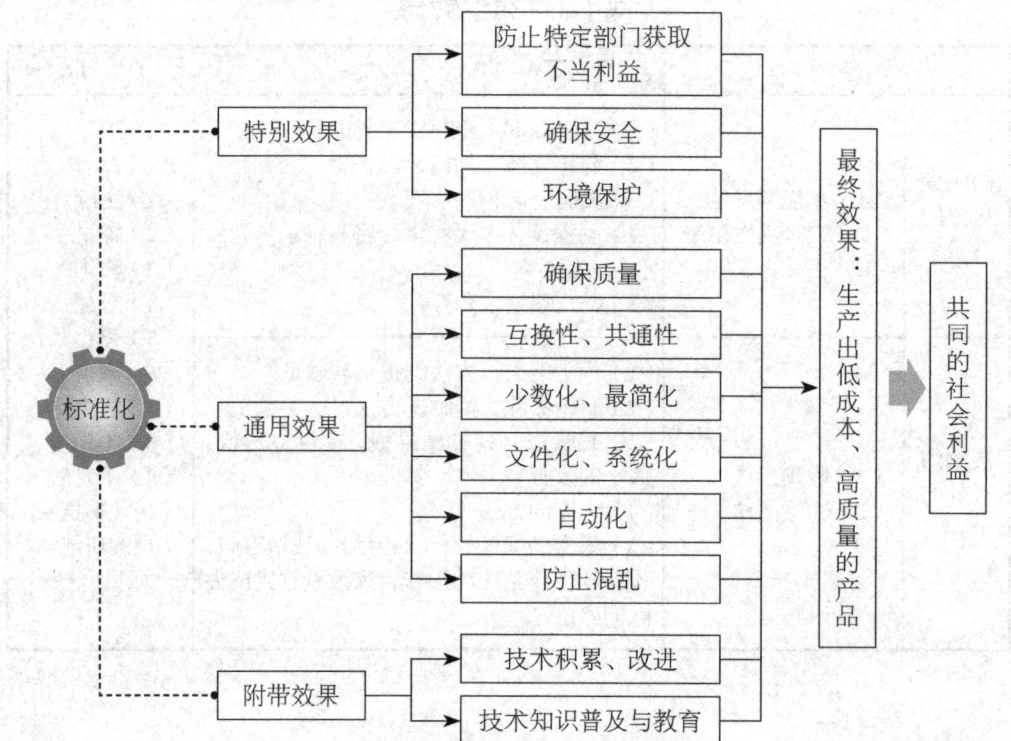

图 1-19　标准化的好处

二、标准化的目的

在工厂里，所谓"制造"就是以规定的成本、规定的工时生产出质量稳定、符合规格要求的产品。如果制造现场的作业流程随意变更，或作业方法、作业条件可以随意改变，一定无法生产出符合企业标准的产品。因此，企业必须对作业流程、作业方法、作业条件的标准加以规定并贯彻执行，使作业标准化。标准化有以下五大目的。

（一）降低成本

标准是企业在生产中多年智慧和经验的结晶，代表了当前最好、最容易、最安全的作业方法。这些标准的有效执行必然能提高生产效率、降低生产中的损耗、减少浪费，也就等于间接地降低了生产成本。而产品设计中的标准化推行则能直接地降低企业的生产成本。

如在考虑用螺丝把两个东西固定起来时，任何人都会选用一个标准件螺丝，而不是重新设计一个，因为重新设计的螺丝永远不会比标准件螺丝便宜。

（二）减少变化

变化是工厂管理的大敌，推行标准化可以通过规范员工的工作方法来减少结果的变化。

案例

深圳一家日资厂的厂长有一件事一直弄不明白：20世纪90年代初，他们的一位员工因为暂住证丢失而被阻挡在了关口外。知道这一情况后，他在公司里开了证明并带一位翻译亲自赶到关口，但不管怎么解释，关口的执勤人员就是不同意让他们的员工进关。当他沮丧地准备返回时，翻译向他建议："马上就要换岗了，换完岗后我们再试一下吧。"在换完岗之后，他就把刚才的话一模一样地对刚上岗的执勤人员又说了一遍。结果，换岗后的执勤人员同意了这位没有证件的员工进关。同样的一番话却有两个截然不同的结果，实在让这位厂长想不明白。

造成这种情况发生的原因是没有彻底贯彻标准化。因为两位执勤人员所把握的标准尺度不一样，所以出现了两种结果。

（三）提高便利性和兼容性

关于便利性和兼容性，我们先来看一个故事。

案例

古时候有一个人的鞋子坏了，决定去城里再买一双。走到路上突然想起未量尺码，赶紧跑回去量了量旧鞋，折草为码，高高兴兴拿着草码又上路了。到了城里，鞋店伙计问他要多大的鞋，他一看手上：草码掉了！于是二话不说又回去找了。

这虽然是一个笑话，但是，古时的鞋、衣、帽没有统一的尺码，本人不去就很难买到合适的衣服，当然也没法大批量制作。

现在标准化为各行各业提供了极大的便利性和兼容性，大批量生产也使商品更加物美价廉。

（四）积累技术

标准化的作用主要是把企业内成员所积累的技术、经验，整理后通过文件的方式加以保存，个人知道多少，组织就知道多少，也就是将个人的经验转化为企业的财富；因为有了标准化，每一项工作即使换了不同的人来操作，也不会因为人员不同而在效率与质量上出现太大的差异。

如果没有标准化，老员工离职时，他将问题的对应方法、作业技巧等宝贵经验装在脑子里带走了，新员工可能在重复发生以前的问题时仍不知如何处理；没有标准化，不同的师傅会带出完全不同的徒弟，这样很难保证工作结果的一致性。

案例

一家家用电器制造厂的生产技术二部主要负责解析生产中出现不良的机器的问题。该部的部长常为这样一件事头痛：他们技术人员的流动率很高而新人完全上手则要近一年的时间，工作起来很被动。

在我们的建议下，他们开始制作一本技术手册——每解决一个问题后，把详细的不良现象、解析的步骤、不良的发生原因、采取的对策记入手册中。半年之后，这位部长告诉我：根据技术手册，即使新人也很快能解决生产中的大部分问题了。最令他开心的是设计部利用了很多技术手册上的资料改进了工艺，不良机器的数量也大幅度降低了。

"无机可修了，我也该失业了！"这位部长耸耸肩，笑得很开心。

如果一个员工在工作实践中找到了做某项工作的最佳方法，却没有拿出来与他人共享，那么这个方法将随着这位员工的离去而流失。推进标准化，就可以让这些好方法留在企业里。

（五）明确责任

明确问题责任是企业采取针对性对策的关键，标准化的推行能让企业更简单地确定问题的责任。

在推行了标准化的企业里，如果一项不标准的操作导致出现了问题，企业可以通过让操作人员按照作业指导书重复这项操作来确定问题的责任——是主管制定的作业指导书不好，还是操作人员没有完全按作业指导书操作。明确了责任之后，企业才有可能对今后的工作进行改进。

如果同样的问题出现在没有推行标准化的企业里，企业就没有办法确定问题的责任。因为没有标准，企业无法确定操作人员现在采用的方法是否就是组长当时教给他的方法，也就没有办法确定是组长的教学存在问题，还是操作人员的执行出了问题，下一步的改进也就无从着手。

三、标准化的推行

（一）确定标准化的对象

企业中，多次重复出现和使用的现象和对象，以及正在制定标准的具体产品，各种定额、规划、要求、方法、概念等，都是标准化的对象。如采购的程序、合同，对原材料的要求，员工的绩效考核，生产中的每个操作，工件的流转、摆放、搬运的工具和方式，成品入库，成本核算，文件档案管理，设计文件管理以及新产品开发等，事无巨细，包罗万象，都可以实施标准化。

标准化的实施必定会使企业的工作得到改进，但企业在推进标准化时也必须认识到以下两点。

（1）不可能也没有必要针对工厂里的所有任务进行标准化，在对某项任务进行标准化前需要确定这项标准化是不是必要的。

（2）对没有标准化就会产生混乱的任务，必须进行标准化；反之，则不必。

（二）制定良好的标准

1. 标准的构成项目

选定了要进行标准化的任务，下一步就是制定标准。标准一般由以下几个项目构成，具体如图1-20所示。

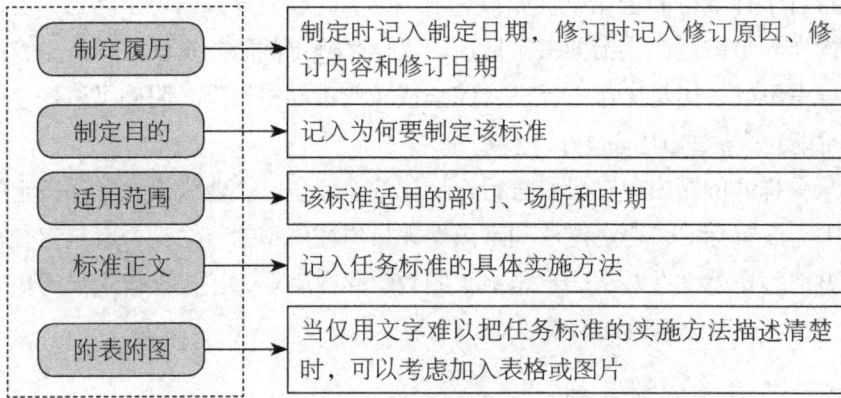

制定履历	→	制定时记入制定日期，修订时记入修订原因、修订内容和修订日期
制定目的	→	记入为何要制定该标准
适用范围	→	该标准适用的部门、场所和时期
标准正文	→	记入任务标准的具体实施方法
附表附图	→	当仅用文字难以把任务标准的实施方法描述清楚时，可以考虑加入表格或图片

图 1-20　标准的构成项目

2. 不同形式的标准

在不同的情况下，标准可能有不同的形式（见图 1-21），但它们的目的都是相同的，即为了更规范地执行任务。

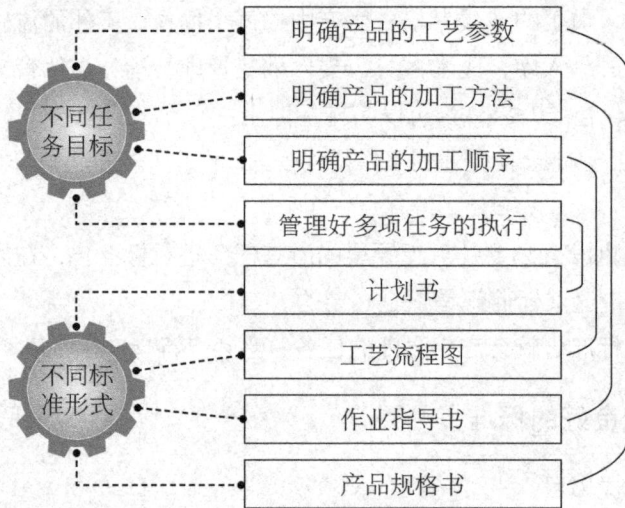

不同任务目标
- 明确产品的工艺参数
- 明确产品的加工方法
- 明确产品的加工顺序
- 管理好多项任务的执行

不同标准形式
- 计划书
- 工艺流程图
- 作业指导书
- 产品规格书

图 1-21　标准的不同形式

3. 标准的制定要求

许多企业都有这样或那样的标准，但仔细分析会发现许多标准存在操作性差、不明确等问题，例如，要求"冷却水流量适中"，但什么是流量适中；要求"小心地插入"，但怎样是"小心"……其实，一个有效的标准的制定是有要求的，通常应满足五点，如图 1-22 所示。

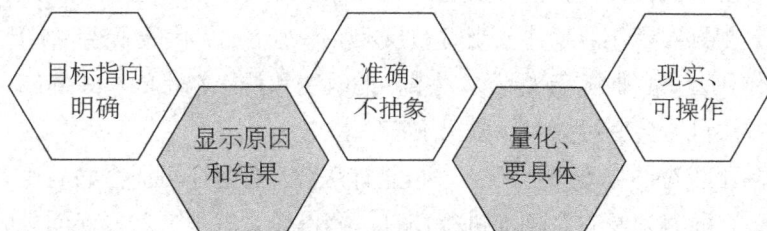

图 1-22　有效标准的五大要素

（1）目标指向明确

标准必须是面向目标的，即遵循标准总是能保证生产出相同质量的产品。因此，不要出现与目标无关的内容。

（2）显示原因和结果

如"安全地上紧螺丝"，这是一个结果，应该描述的是如何上紧螺丝；又如"焊接厚度应是 3 毫米"，这是一个结果，应该描述为"焊接工用 300A 电流焊接 20 秒来获得 3 毫米的厚度"。

（3）准确、不抽象

"上紧螺丝时要小心"，什么是"要小心"，这样模糊的词语是不宜出现的。

（4）量化、要具体

每个阅读标准的人都必须以相同的方式解释标准。为了达到这一点，标准中应该使用一个更量化的表达方式，如使用"离心机 A 以 100+/-50rpm 转动 5 ~ 6 分钟的材料脱水"来代替"材料脱水"的表达。

（5）现实、可操作

标准必须是现实的、可操作的，这一点非常重要。

（三）标准的执行

1. 正确彻底地执行标准

如果没有付诸实施，再完美的标准也不会对企业有所帮助。为了使已制定的标准切实有效地贯彻下去，企业首先需要让员工建立"作业指导书是操作时最高指示"的思想。另外，要切实地贯彻标准，管理人员的表率作用也很重要。

2. 抱着发现问题的心态执行标准

除了要正确执行标准，抱着发现问题的心态去执行标准也至关重要。

标准是根据实际作业条件及当时的技术水平制定的，代表了当时最好、最容易、最安全的作业方法。但随着实际作业条件的改变和技术水平的不断提高，标准中规定的作业方法可能会变得与实际情况不符。

与实际不相符的标准不但不会对企业有帮助，有时还可能会妨碍生产的正常进行。因此，企业必须及时对标准进行修订，操作人员应当抱着发现问题的心态执行标准，在永不间断的"发现问题—修订标准"的循环中完善标准。

3. 发现标准有问题时的做法

如果员工发现现行的标准存在问题或者找到了更好的操作方法，企业应要求员工不要自作主张地改变现有的做法（因为员工认为的好方法有可能考虑不全面），而应当按下面的步骤去做。

（1）将想法报告上级。

（2）企业确定员工的提议为更优方案后，对现行标准进行修订。

（3）执行修订后的标准，改变全体员工现行的操作方法。

（四）标准的修订

标准在需要时必须修订。在优秀的企业里，工作是按标准进行的。因此，标准必须是最新的，是当时正确操作的反映。请记住，永远不会有一劳永逸的标准。在图1-23所示的这些情况下企业应对标准进行修订。

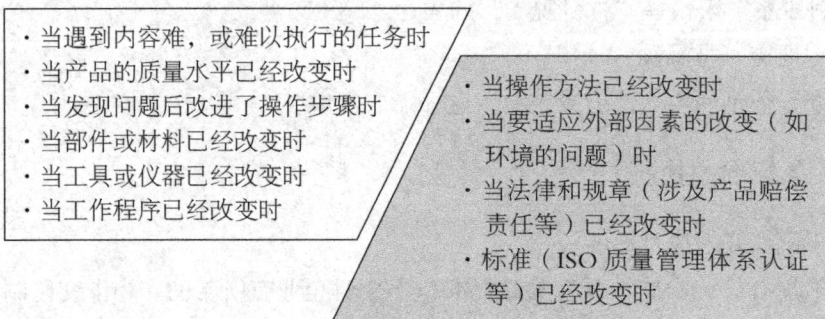

- ·当遇到内容难，或难以执行的任务时
- ·当产品的质量水平已经改变时
- ·当发现问题后改进了操作步骤时
- ·当部件或材料已经改变时
- ·当工具或仪器已经改变时
- ·当工作程序已经改变时

- ·当操作方法已经改变时
- ·当要适应外部因素的改变（如环境的问题）时
- ·当法律和规章（涉及产品赔偿责任等）已经改变时
- ·标准（ISO质量管理体系认证等）已经改变时

图1-23　应修订标准的情形

第二章

产品设计质量管理

　　产品质量是设计质量和制造质量的总和，以往我们对生产过程的质量控制已做了不少工作，但对设计的质量控制做得很少。其实，质量就是设计出来的：产品设计是决定产品质量的基石。产品质量首先是设计出来的，然后才是制造出来的，高质量的设计是提高产品质量的根本。

第一节　产品设计质量控制

高质量的产品源于设计开发的质量，如果设计存在缺陷，即使后续工作不出现任何纰漏，也制造不出高质量的产品，甚至还会给后续工作（备料、加工、检验、装配、调试）带来误导，危害更大。因此，企业应十分重视产品设计和开发的质量。

一、开发与生产能力不可脱节

在制造型企业中，有些技术开发人员喜欢坐在电脑前构思图纸，尽管他们设计的产品外观精美、功能齐全，但往往会忽略一个至关重要的问题，即企业的生产能力与生产设备的精度是否可以达到设计要求。有的企业为了紧跟市场潮流，看见市场需要什么样的产品便立即命令技术部门设计什么样的产品。但由于企业生产技术能力的滞后，往往会生产出一大批不合格产品。

案例

一家五金水龙头厂，在 2019 年年初发展得红红火火。由于厂家制造的是普通水龙头，产品技术要求不高，老板一直采取薄利多销的经营方式，该企业也因此家喻户晓，企业销售业绩呈直线上升。但在当年年末的时候，一家外商找到该厂要求订货，答应给予原来水龙头 3 倍的单价，但前提是必须按外商的理念设计产品。技术开发人员在接到任务后，很快将图纸画出，并信誓旦旦地表示，这种产品与我们以前的产品差不多，只不过有几个尺寸数据变了，难度很小。

技术图纸画出以后，企业老板找到厂内几个资深的老员工进行样品试做工作。几位老员工为了不辜负老板的信任，拿出所有的手艺，一个月后，终于有一个产品达到了技术要求。技术经理与老板看到后，满怀信心地拿着样品对外商说："没有问题。"

外商马上答应下单。企业接单后立即投产，当交期临近的时候，生产经理在例会上大声谴责技术经理："技术部大笔一挥，可苦了生产线的员工，他们根本不知道你们设计的是什么东西。"由于产品精度难以达到，结果造成80%的产品达不到要求，更别提利润了。

由于企业忙于对该产品返工，失去了在国内市场的大好形势，企业发展也因此停滞不前。老板这时才对开发人员说："以后的技术开发必须与生产能力相符合，否则就别开发了。"

二、设计开发中的质量控制环节

为了实现产品的高质量，企业加强对设计开发中的质量控制无疑是最重要的工作。设计开发中的质量控制环节如图2-1所示。

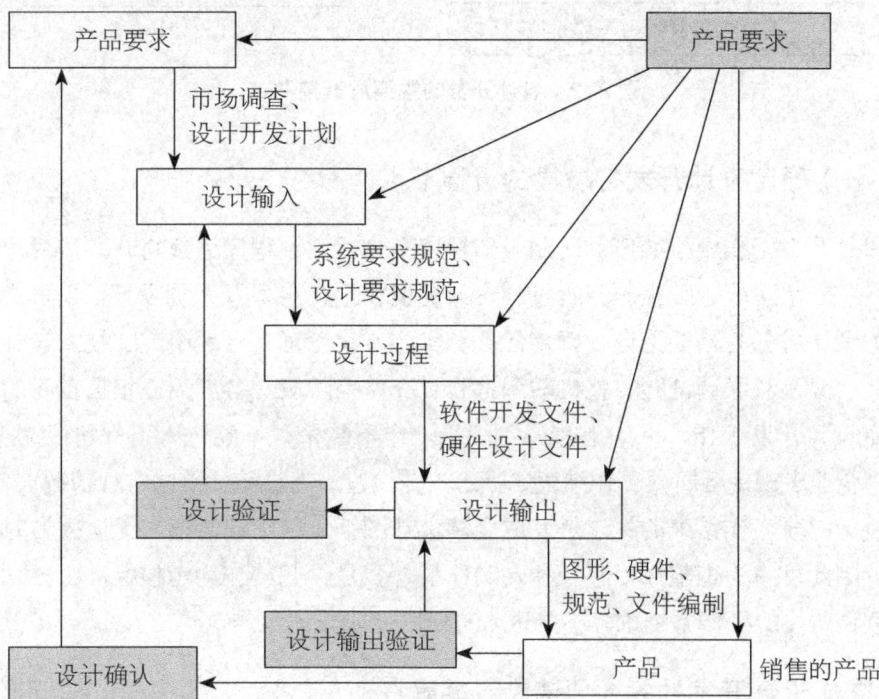

图 2-1　设计开发中的质量控制环节

三、设计开发的质量控制点

设计开发的质量控制点表现在多个方面：对设计开发进行策划，控制设计开发的输入和输出，开展设计评审、设计验证、设计确认工作，对设计开发的更改加以控制，对新产品试制进行控制等。这些主要的质量控制点还可以扩展为更多的质量控制小点。设计开发的主要质量控制点如图2-2所示。

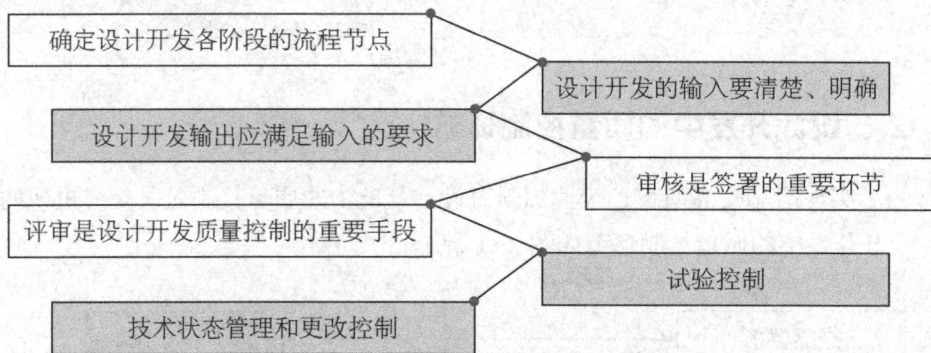

图2-2 设计开发的主要质量控制点

（一）确定设计开发各阶段的流程节点

设计开发工作应按照产品研制工作程序来进行，该程序大致将开发过程分为论证阶段、方案阶段、工程研制阶段、设计定型和生产定型五大阶段。如果再进一步细分的话，可分为初期论证、确定任务、实施方案论证、专题研究、技术设计、生产制造、分系统联调试验、整机联调试验、交付等阶段。各产品应根据自身的特点来确定设计开发工作，原则上前一阶段的工作不结束，不能进入下一阶段的工作。为此，企业应规定各阶段工作结束的标志，并检查、考核该标准的实现情况。例如，技术设计阶段工作结束的标志是完成全套设计图纸，但考核时通常无法去核对每张图纸，因此可将检查整件汇总表和外购件汇总表是否归档作为考核标准；再如，分系统联调阶段的工作不结束，不能进入整机联调阶段的工作。

（二）设计开发的输入要清楚、明确

设计开发的输入是开展设计开发工作的依据，对于产品来说，可以是合同、技术协议等；对于产品的下属分系统来说，可以是产品总体方案、总体向分系统提出的

任务书等。没有正式的书面设计输入，就不能正式开展设计工作，只能做一些设想、收集一些资料等。

设计开发输入的要求应与设计开发人员沟通后制定，以使这些要求真正有意义。有的设计输入不尽合理，设计开发人员会提出不同意见，这些意见可以通过沟通得到统一；统一不了的意见，要通过上级来决定；上级一时决定不了的，可提出相应的解决措施，如通过一段时间的工作或通过调研、试验后再确定。以上每一步工作都应在任务书中留下记录，设计开发人员不得以含糊不清的输入来盲目开展设计开发工作。

（三）设计开发的输出应满足输入的要求

设计开发的输出应满足输入的要求，这一要点看似容易，但在实践中却经常做不到。有些设计开发人员在设计开发过程中不把输入要求当回事，自作主张地修改输入要求，结果导致成品不符合原有的输入要求，影响产品的最后验收。

（四）审核是签署的重要环节

设计开发输出文件要经过拟制、审核、工艺会签、质量会签、标准化检查、批准等六道关口。每位签署人员都有规定的职责和权限，只有每人都认真履行了职责，才能确保文件质量。但在这些签署环节中，最重要的环节当属"审核"，审核人员应履行以下职责。

（1）审查设计方案的先进性、合理性。

（2）审查设计文件的完整性、编制方法的正确性，以及表格、文字表述的准确性。

（3）审查设计图纸的全部尺寸、公差和接口关系的正确性，审查机械结构和电路设计的先进性、合理性、安全性和继承性。

（4）校核分析理论、作用原理、计算方法及计算结果。

（5）审查设计文件贯彻各级技术标准及有关规范的情况。

（6）审查设计文件的工艺性。

（7）审查设计文件中选用的元器件标准的现行有效性及配套情况。

（8）协助设计开发文件的拟制人员（设计师）认真总结经验，共同提高设计水平。

（9）按规定履行签署。

文件拟制人员可能是刚走出校门的毕业生，他们年轻、精力旺盛、积极性高、出图速度快，但同时他们缺乏经验、考虑问题不周，会给设计留下缺陷。审核人员一般是具有一定工作经验的设计开发人员，他们既有设计经验，又有工程实践经验，由审核人员职责去审查，才能确保图纸质量。审核的责任是相当重大的，可以说审核是签署的重要环节。

（五）评审是设计开发质量控制的重要手段

设计评审就是运用早期报警原理，发挥集体智慧，在产品设计过程的关键阶段或关键节点，由比较权威的各方面专家代表，对产品的设计做出正式、全面的检查，并将检查结果形成文件。评审有利于及早发现设计中存在的问题和不足，提出纠正方案和完善建议，避免在设计执行的过程中出现大的反复，以确保设计任务按时完成。

设计评审要有据可依，没有了评审输入就失去了评价的准则，无法进行评价，也就做不出结论。设计报告是在评审中被审查的最重要的文件，是设计输出成果的概括和总结，它是该项目内容的全面反映。设计报告要论点鲜明、论据充分、让人信服。评审专家的选聘也是评审质量高低的关键所在。企业必须选聘专业相符、责任感强、有学识、有经验、尊重事实、勇于表达自己意见的专家。为了提高评审质量，最好预先把评审资料（包括输入、输出的资料）送到评审专家手中，这种预评审的方法既可以缩短评审会议的时间，又可以获取专家深入的意见。评审组长要按议程主持评审会议，必须明确会议的目的和要求，会议得出的结论应全面、完整、详细并具有可操作性。最后，评审会议的组织者还应逐项跟踪落实专家提出的意见。

（六）试验控制

试验控制的目的是保证试验结果的真实性、有效性。对复杂产品的整机确认试验和验收试验均应进行控制，因此，在试验前进行准备状态检查是试验控制的基础，至关重要。准备状态检查的主要内容如下。

（1）试验大纲是否经过签署，是否有效。

（2）受试项目状态如何。

（3）试验组织的建立情况。

（4）试验人员的责任是否明确。

（5）试验使用设备的有效性。

（6）试验环境是否满足试验要求的条件（温度、湿度、场地）。

（7）为试验配置必要的工具。

（8）试验场地的用水、用电、用气条件。

（9）故障应急处理人员的落实情况等。

只有当上述条件均得到满足时才能开展试验，试验结果应如实记录，并由试验人员手写签名。

除了复杂产品的重要试验外，一般试验前各试验人员应自行做好试验前的准备工作，如写出试验步骤，准备好有效的测试设备等。

（七）技术状态管理和更改控制

技术状态管理就是在技术状态项目寿命周期内，运用技术和管理手段，识别确定技术状态项目的功能特性和物理特性并形成文件；控制技术状态项目及相关文件的更改；准确如实地记录、报告技术状态管理信息，包括更改建议及已批准的更改的执行情况；审核技术状态项目，检查其是否符合规范、标准、文件（图纸）及合同要求。

科学技术的高速发展，使产品的复杂程度越来越高，对产品质量的要求也越来越严，这也对产品技术状态管理提出了更高要求。对于研发部门来说，实行技术状态管理是必需的，标识的唯一性、状态的记录、状态的审核和控制都应做好，特别是对设计更改的控制。

由于产品种类的增加、更改的频繁，加上对更改的控制不力，会导致一些批量生产产品的技术状态模糊不清，使本来就复杂的产品生产过程变得更加复杂。所以，设计文件完成后应及时归档，需投产加工的图纸要单独备份；生产中图纸有改动时，必须先办理更改（审批）手续并交予档案室，由档案室更改后将新图纸换发。样机生产图纸应妥善保存，以便样机交付时配发给客户，不能随意将样机图纸更改为生产图纸；必须更改的，应考虑到互换性，同时保存原图，绘制新图，办理审批手续后再更改。

四、产品生产可行性分析

在产品技术设计的各个控制点中，对产品生产可行性的分析是关系产品质量的重要节点。

（一）产品生产可行性分析的内容

产品生产可行性分析应该包括以下内容。

（1）员工能力是否满足生产要求。

（2）现有的技术设备能否满足产品质量的要求。

（3）产品的制造成本能否保证企业的利润空间。

（4）目前市场条件下，企业设计的产品是否还有销售市场。

（二）产品生产可行性分析的方法

企业目前采用的产品生产可行性分析的方法有以下两种。

（1）目标成本法。通过设定目标成本来控制产品设计的成本。

（2）预设法。通过预设情况来了解与实际情况的差距。

预设法的分析思路如图 2-3 所示。

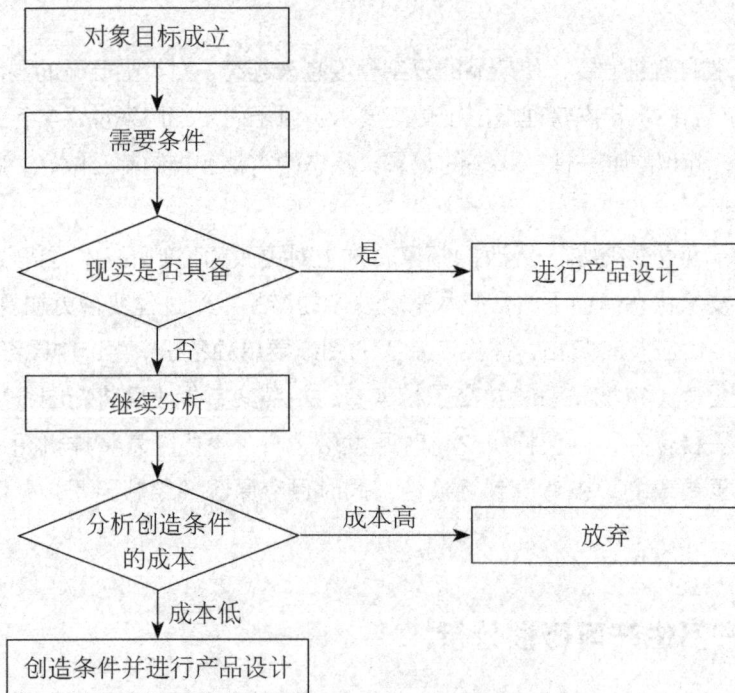

图 2-3　预设法的分析思路

（三）产品生产可行性分析的步骤

因为企业最常用的产品生产可行性分析方法是预设法，下面我们就以预设法为例对产品的生产可行性分析步骤进行介绍。

预设法的分析步骤如图2-4所示。

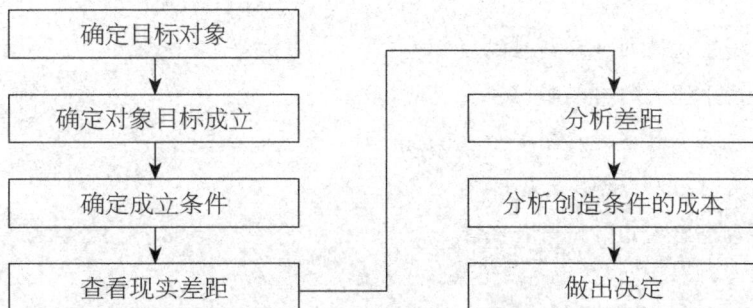

```
确定目标对象
    ↓
确定对象目标成立        分析差距
    ↓                    ↓
确定成立条件        分析创造条件的成本
    ↓                    ↓
查看现实差距            做出决定
```

图2-4 预设法的分析步骤

案例

产品生产可行性案例分析

某水暖企业决定新开发一批水龙头（A产品）。在开发设计前，企业对该产品进行了产品生产可行性分析。

该水龙头的加工与装配技术参数要求如下。

（1）铸件不得有缩孔、裂纹和气孔等缺陷，内腔所附有的芯砂应清除干净。

（2）螺纹表面不得有凹痕、断牙等明显缺陷。

（3）表面粗糙度：$Ra \leq 3.0 \mu m$。

（4）冷热水标志应清晰，蓝色为冷水、红色为热水，且应连接牢固。

（5）装配好的手柄应平稳、轻便、无卡阻，手柄与阀杆连接牢固，不得松动。

（6）手柄的控制力矩：0.12 ~ 0.50Nm。

分析步骤

1.确定目标对象

目标对象为A产品。

2. 确定对象目标成立

确定 A 产品需要的加工与装配参数要求（见上）。

3. 确定成立条件

根据 A 产品需要的加工与装配的技术参数，企业设备、技术等需要满足以下条件。

（1）用于铸造的低压铸造机。

（2）用于螺纹的自动数控机。

（3）产品表面粗糙度不超过 3.0μm。

（4）装配工人训练有素。

4. 查看现实差距

现实条件如下。

（1）没有低压铸造机，只有一台重力制造设备。

（2）目前采用单头钻，没有自动数控机。

（3）打磨工水平达不到 3.0μm，仅有 3.2μm。

（4）装配工人训练有素，没有问题。

5. 分析差距

如果要生产 A 产品，需要购买设备与引进水平达标的打磨员工。

6. 分析创造条件的成本

如果购买设备需要花费 1 000 万元，根据 A 产品设计时的市场预估与利润预估，A 产品需要连续出售 50 万个方可挽回成本。

7. 做出决定

如果生产 A 产品，花费巨额投入的同时也将失去生产其他产品的机会。所以该厂最终决定放弃 A 产品的开发。

五、关注重大质量特性部件的控制

重大质量特性部件必须进行首件鉴定，不经首件鉴定的不准使用。这样规定的目的是降低产品设计开发的风险和成本，争取一次性成功。根据帕累托二八原理，在一个设计开发项目中，重大质量特性部件不宜定得太多，但也不能有所疏漏。

（一）产品质量特性分级

设计人员在设计开发产品时，要对产品进行特性分析，并出具分析报告。

特性分析的目的是让生产部门了解设计意图，利于分清质量控制中的主次和重点。

1. 质量特性重要性分级的定义

质量特性重要性的分级及定义如表 2-1 所示。

表 2-1　质量特性重要性的分级及定义

特性分级	分级定义
1 级特性（关键特性）	如果不符合规定的特性值要求，将直接影响产品的安全性或导致产品整机功能丧失
2 级特性（重要特性）	如果不符合规定的特性值要求，将造成产品部分功能丧失
3 级特性（次要特性）	如果不符合规定的特性值要求，将会出现产品功能逐渐丧失的问题

2. 检验用产品质量缺陷严重性分级的原则

检验用产品质量缺陷严重性分级的原则如表 2-2 所示。

表 2-2　检验用产品质量缺陷严重性分级的原则

涉及的方面 缺陷级别	安全性	运转或运行	寿命	可靠性	装配	使用安装	外观	下道工序	处理权限	检验严格性
致命缺陷（A）	影响安全的所有缺陷	会引起难以纠正的非正常情况	会影响产品的寿命	必然会造成产品故障	不能装配	会造成产品安装困难	一般外观缺陷不会构成致命缺陷	肯定造成下道工序的混乱	质量经理	100%严格检验，加强检验
严重缺陷（B）	不涉及	可能引起可以纠正的异常情况	可能影响产品寿命	可能会引起可以修复的故障	肯定会造成装配困难	可能会影响产品的顺利安装	使产品外观难以接受	给下道工序造成较大困难	检验部门主管	严格检验，正常检验

（续表）

涉及的方面 缺陷级别	安全性	运转或运行	寿命	可靠性	装配	使用安装	外观	下道工序	处理权限	检验严格性
一般缺陷（C）	不涉及	不会影响运转或运行	不影响	不会成为故障的起因	可能影响产品的顺利装配	不涉及	对产品外观影响较大	对下道工序影响较大	检验工程师	正常检验，抽样检验
轻微缺陷（D）	不涉及	不涉及	不涉及	不涉及	不涉及	不涉及	对产品外观有影响	可能对下道工序产生影响	检验组长	抽样检验，放宽检验

（二）重大质量特性的标注

图纸及设计文件中应标出与产品安全和产品主要功能关系重大的质量特性，以便在生产和使用中重点控制并采取验证措施。例如，可以对使用说明书中的重要条款采用粗黑字体做特别标记。

企业应在产品图纸、工艺文件、检验文件上对重要的质量特性做出明确标示。质量特性重要性的分级标志如表 2-3 所示。

表 2-3　质量特性重要性的分级标志

特性分级级别	特性分级标志形式					
	第一种形式	第二种形式	第三种形式	第四种形式	第五种形式	第六种形式
关键特性	⊽或 [1]	⊕	●	▽	[G]	[A]
重要特性	[2]	⊖	◑	▽	[Z]	[B]
次要特性	[3]	○	○	无标志	无标志	[C]

注：第六种标志形式很少使用。

质量特性重要性分级标志的示例如表 2-4 所示。

表 2-4 质量特性重要性分级标志示例

示 例	说 明
30 +0.02[3] 　 0 　[2]	上偏差为三级特性 下偏差为二级特性
3.2 ⟍ 　[3]	表面粗糙度为三级特性
表面硬度 62～64HRC[Z]	表面硬度值为重要特性
静态抗扭强度[1]： 最小为200N·m 30s内无永久变形	本技术条件为一级特性

（三）编制产品用料明细表

产品用料明细表是确定产品组成部分内容和数量的基本文件。

企业在编制产品用料明细表时，应根据产品的装配图、接线图等的明细栏，以及直接装入或通过部件装入本产品的部件装配图、接线图的明细栏进行，然后在明细表中填写直接组成该产品的部件、零件、标准件、外购件和材料。

产品用料明细表中尤其要注明重大质量特性部件，该明细表须经技术、质量管理部门会签，由总工程师批准，并以文件的形式发布实施。产品用料明细表如表 2-5 所示。

表 2-5 产品用料明细表

产品名称		简图						
产品型号								
开发日期								
序号	材料名称	规格	计量单位	标准用量	损耗率	材料来源	单价	备注

确认：　　　　　　　　　审核：　　　　　　　　　制定：

（四）重大质量特性部件的控制

1. 重大质量特性部件的外购质量控制

重大质量特性部件外购质量的控制要点如图2-5所示。

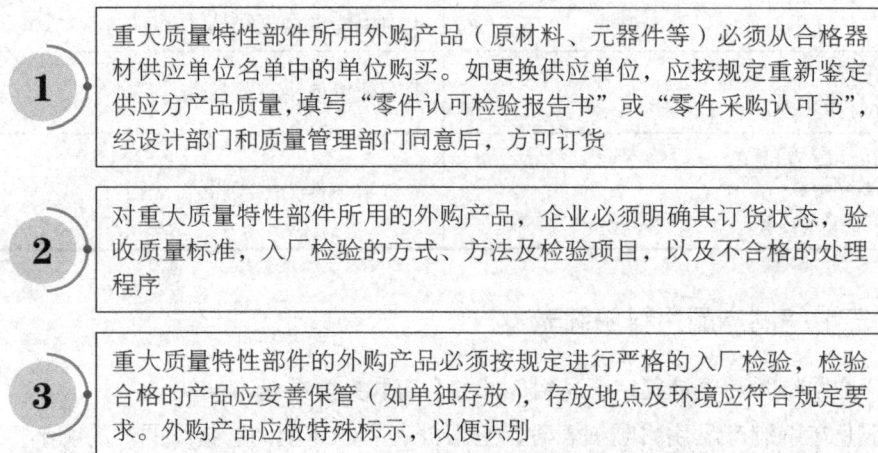

① 重大质量特性部件所用外购产品（原材料、元器件等）必须从合格器材供应单位名单中的单位购买。如更换供应单位，应按规定重新鉴定供应方产品质量，填写"零件认可检验报告书"或"零件采购认可书"，经设计部门和质量管理部门同意后，方可订货

② 对重大质量特性部件所用的外购产品，企业必须明确其订货状态，验收质量标准，入厂检验的方式、方法及检验项目，以及不合格的处理程序

③ 重大质量特性部件的外购产品必须按规定进行严格的入厂检验，检验合格的产品应妥善保管（如单独存放），存放地点及环境应符合规定要求。外购产品应做特殊标示，以便识别

图2-5 重大质量特性部件外购质量的控制要点

要注意的是，外购产品入厂检验、试验的验证记录和试验报告均应归档。

零件认可检验报告书如表2-6所示。

表2-6 零件认可检验报告书

发文编号：　　　　　　　　　　　　　　　　发文日期：　　年　月　日

厂商名称		送验次数	第　次送验	送验日期	年　月　日		
样品厂		附件	□检验报告　　份	□承认书或规格书　　份			
认可目的	□新机种材料	□工程变更材料	□开发第三供应商	□代用材料			
料号		品名规格		使用机种			
使用仪器							
测试条件							

（续表）

项次	测试项目	规格	No.1	No.2	No.3	No.4	No.5	平均值	判定
1									
2									
3									
4									
5									
6									
7									
8									
结论	□准予认可　　□不予认可　　□有条件认可 是否必须再送样品：□是　　□否								
认可		核准			承办			备注	

零件采购认可书如表 2-7 所示。

表 2-7　零件采购认可书

发文编号：　　　　　　　　　　　　　　　　发文日期：　　年　月　日

厂商名称		检讨报告文号	
品名规格		图纸号码	
材料号码		使用机种	
检查规格：			
进料检验规定：			
建议事项：			
认可		核准		承办		发文单位	
						受文单位	

2.重大质量特性部件在生产过程中的质量控制

重大质量特性部件在生产过程中的质量控制要点如图 2-6 所示。

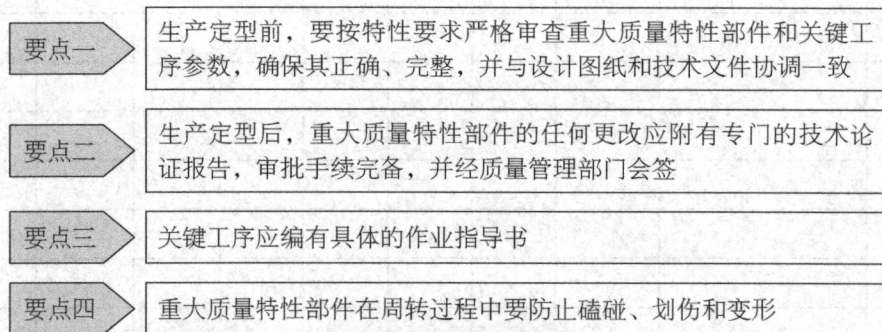

要点一	生产定型前，要按特性要求严格审查重大质量特性部件和关键工序参数，确保其正确、完整，并与设计图纸和技术文件协调一致
要点二	生产定型后，重大质量特性部件的任何更改应附有专门的技术论证报告，审批手续完备，并经质量管理部门会签
要点三	关键工序应编有具体的作业指导书
要点四	重大质量特性部件在周转过程中要防止磕碰、划伤和变形

图 2-6　重大质量特性部件在生产过程中的质量控制要点

（五）重大质量特性部件的标示管理与记录管理

1.标示管理

关键特性、重要特性、关键件、重要件、关键工序，以及关键件、重要件的工艺文件，均要特别标示。例如，在文件上标记字样，对无法标记字样的文件，应采取有效的追溯方法。

每个关键件除正常标记外，还必须有专门的序号，序号不得遗漏，不得重复。

2.记录管理

从关键件所用外购产品的入厂检验开始，入厂检验员、操作工人和过程检验员所做的质量检验均应认真记录并签章。记录单出现缺页、不符合要求的情况时，下道工序有权拒收。

关键件、重要件的质量记录要归档，保存年限由企业自定。

第二节　产品试制投产质量控制

产品试制的目的是通过产品的试制与试验，验证产品图纸、设计文件、工艺文件和工装图纸的正确性，以及验证产品的适用性和可靠性，进而完成产品鉴定。产品试制包括样机（样品）试制和小批量试制。产品试制投产的程序如图 2-7 所示。

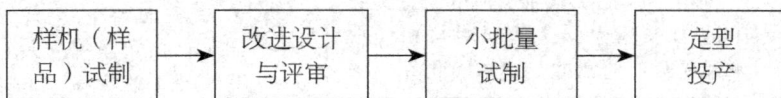

图 2-7 产品试制投产的程序

一、样机（样品）试制

样机（样品）试制的目的主要是验证产品设计的质量，考核产品结构、性能及主要工艺，验证和修正设计图纸，同时也要验证产品结构的工艺性，审查主要工艺是否有问题。

样机（样品）试制的工作流程如图 2-8 所示。

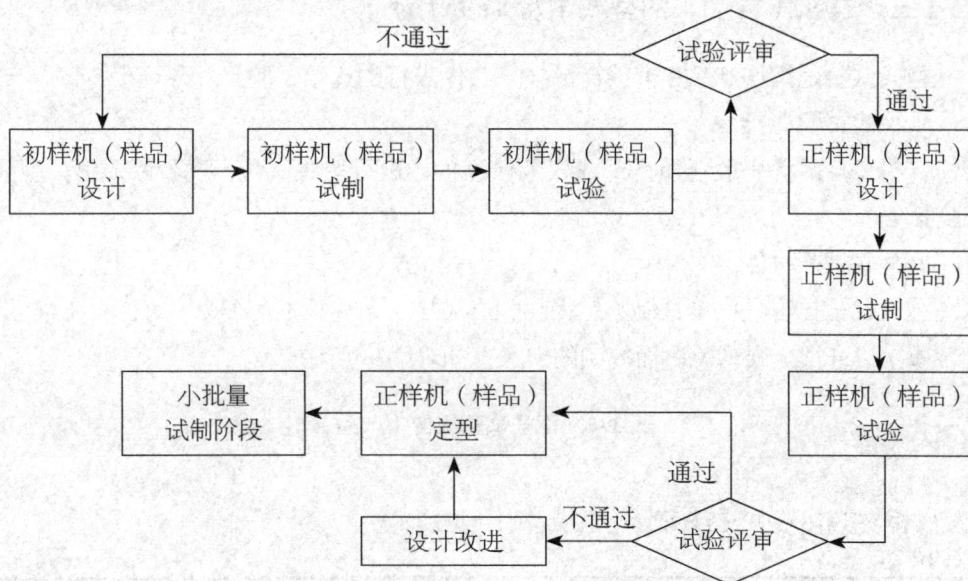

图 2-8 样机（样品）试制的工作流程

（一）样机（样品）试制的要求

样机（样品）试制的要求如图 2-9 所示。

可在试制车间进行，不必上生产线

样机（样品）试制阶段的工艺准备应力求简化，一般只对样机（样品）生产必需的工艺进行准备

例如，关键零件的工艺准备与样机（样品）试制质量有重大关系的工装准备、工艺文件准备

要做好样机（样品）试制、试验的详细记录

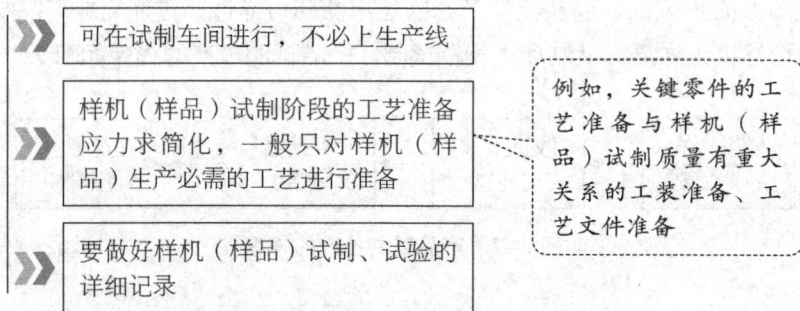

图2-9 样机（样品）试制的要求

（二）试制数量的确定

样机（样品）的试制不限于一台设备，也不限于试制一次，试制数量要根据试验考核项目的数量、试验方式、产品性质和生产类型等多种因素决定。

（三）样机（样品）的型式试验（设计验证）

型式试验是指按产品标准或产品技术条件进行的逐项试验。

1. 型式试验的机构

样机（样品）一般送质量部或权威检测机构进行型式试验，试验后须出具型式试验报告。

2. 型式试验报告

型式试验报告是根据试制鉴定大纲和产品技术条件标准的要求，对样机（样品）的各项指标进行全面试验后而编制的文件，如表2-8所示。

表2-8 型式试验报告（产品）

编号：

试验次数：□第1次　　　□第2次　　　□第3次　　　□第4次
室温24℃

抄报部门	□生产部　□采购部　□技术开发部　□工程部　□品管部 □客户：　　　　　　　　　　　　　　□其他：				
抄送人员					
试验人员		审核		批准	
供应商名称		接样日期	测试日期	抽样方式	新品

规格／型号		接样人员		完成日期		样品数量	台
实验目的	对新产品进行型式试验，验证产品质量的符合性						
实验要求	主要按型式试验规范及技术规格书要求对重点的性能项目进行试验验证						
检验依据	样机在型式实验与检验时应根据以下国家及国际标准的要求进行试验与检验测试，并依据标准试验结果进行判定：						
试验项目及试验结果							
序号	检测项目	检测技术标准要求		检测结果描述		单项判定	
1	安全性能						
2	显示检查						
3	频率测定						
4	噪声检测						
5	湿热实验						
6	防水实验						
7	防潮实验						
8	非正常试验						
9	机械强度						
10	老化试验						
不合格项							
检验结果判定	依据上述型式试验与试验项目的最终检测结果，对此样机本次型式试验的最终试验结果判定为：　　　　　　□合格　　　□不合格						
备注							

　　型式试验报告一般应由企业质量检验部门提供，对不具备试验条件的项目可委托有资质的专业试验机构进行试验；计量产品的型式试验报告必须由计量管理部门或专业试验机构提供。

　　型式试验报告的内容及编写流程如图 2-10 所示。

```
┌─────────────────────────┐
│   填写试验台数及产品编号   │
└─────────────────────────┘
            │
            ▼
┌─────────────────────────┐     ┌──────────────────────────────────────┐
│      填写试验依据        │─────│ 型式试验所进行的试验项目和方法以产品技术 │
└─────────────────────────┘     │ 准试验程序为依据，试验步骤和记录表格以试制 │
            │                    │ 鉴定大纲为依据                          │
            ▼                    └──────────────────────────────────────┘
┌─────────────────────────┐     ┌──────────────────────────────────────┐
│      填写试验记录        │─────│ 根据产品技术标准及试制鉴定大纲对产品性能的 │
└─────────────────────────┘     │ 要求，按规定及表格要求逐项进行试验并做记录 │
            │                    └──────────────────────────────────────┘
            ▼                    ┌──────────────────────────────────────┐
┌─────────────────────────┐     │ 根据试验结果，对产品质量做出评价，一般包括 │
│      进行质量分析        │─────│ 是否合格、主要技术指标的水平如何，以及对不 │
└─────────────────────────┘     │ 合格项目的初步分析意见等                  │
                                 └──────────────────────────────────────┘
```

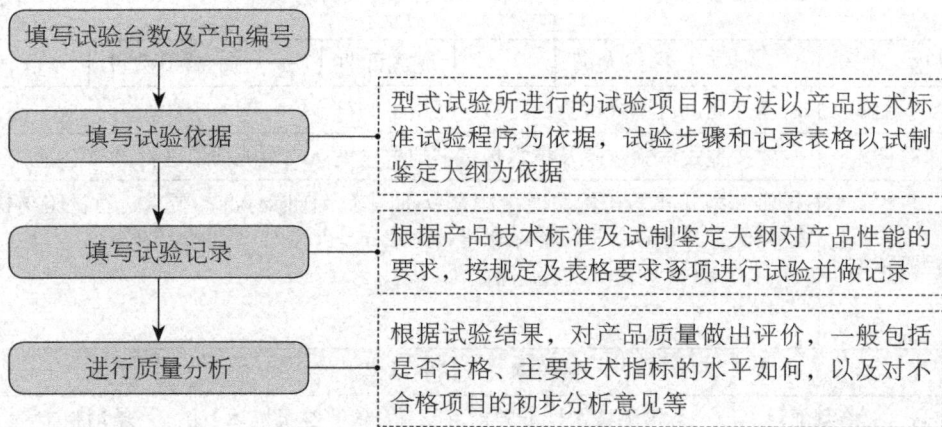

图 2-10　型式试验报告的内容及编写流程

（四）样机（样品）技术鉴定

样机（样品）技术鉴定，是在样机（样品）设计、试制阶段任务完成后，对少量试制品做出全面评价，确定其可否转入生产试制的一种技术性审查活动。

1. 样机（样品）鉴定的权责人员

样机（样品）鉴定权责归属开发部、质量部，其具体职责如下：

（1）开发部自行审核设计图纸的合理性、工艺性；

（2）质量部依据检验规范鉴定样品的合格性，同时审查新产品设计结构的合理性；

（3）开发部、质量部明确样品应改进的事项，并评价是否可投入小批量试制；

（4）技术副总经理（或总工程师）对最后的鉴定结论做批示。

2. 样机（样品）鉴定的内容

样机（样品）鉴定的内容如图 2-11 所示。

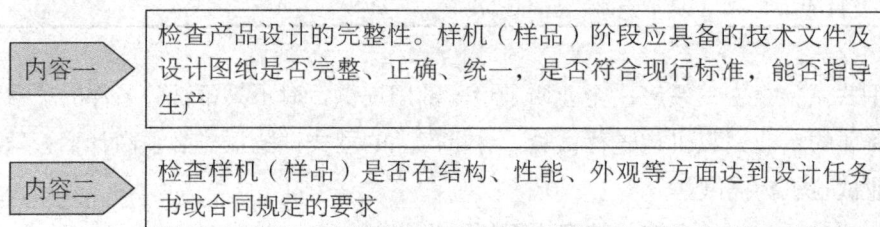

```
┌────────┐  ┌──────────────────────────────────────────┐
│  内容一  │──│ 检查产品设计的完整性。样机（样品）阶段应具备的技术文件及 │
└────────┘  │ 设计图纸是否完整、正确、统一，是否符合现行标准，能否指导 │
            │ 生产                                        │
            └──────────────────────────────────────────┘

┌────────┐  ┌──────────────────────────────────────────┐
│  内容二  │──│ 检查样机（样品）是否在结构、性能、外观等方面达到设计任务 │
└────────┘  │ 书或合同规定的要求                            │
            └──────────────────────────────────────────┘
```

图 2-11　样机（样品）鉴定的内容

| 内容三 | 样机（样品）的标准化水平、结构、工艺性水平、使用适用性、维修便利性、制造及使用成本的概算，以及安全、环境保护、节约能源等技术要求是否符合标准规定 |

| 内容四 | 明确产品优缺点，做出可否转入生产性试制（小批量试制）的结论意见 |

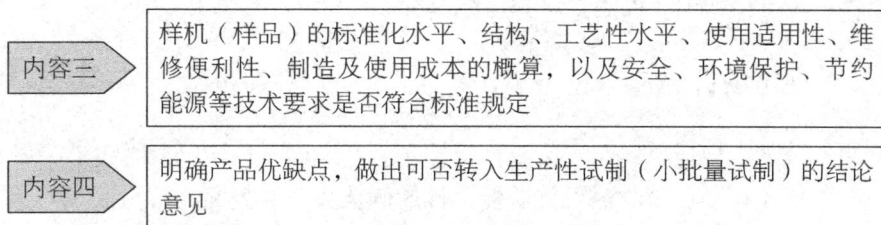

图 2-11 样机（样品）鉴定的内容（续图）

3. 样机（样品）鉴定的条件

样机（样品）鉴定需具备四大条件，如图 2-12 所示。

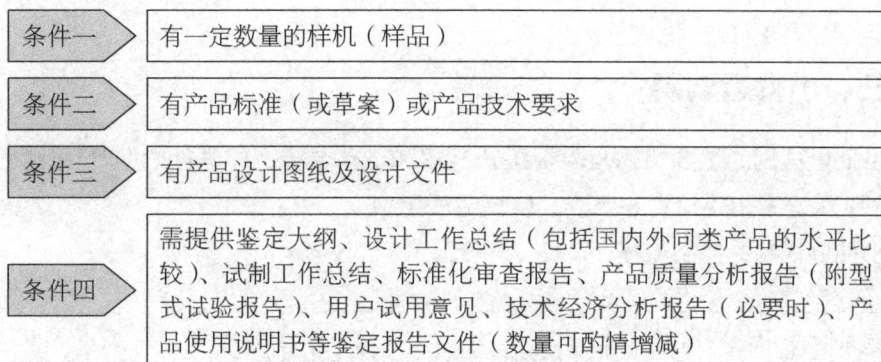

| 条件一 | 有一定数量的样机（样品） |

| 条件二 | 有产品标准（或草案）或产品技术要求 |

| 条件三 | 有产品设计图纸及设计文件 |

| 条件四 | 需提供鉴定大纲、设计工作总结（包括国内外同类产品的水平比较）、试制工作总结、标准化审查报告、产品质量分析报告（附型式试验报告）、用户试用意见、技术经济分析报告（必要时）、产品使用说明书等鉴定报告文件（数量可酌情增减） |

图 2-12 样机（样品）鉴定的条件

4. 样机（样品）鉴定的结论

经过技术鉴定后，鉴定组应形成结论，其内容包括审查样机（样品）试制结果，设计结构和图纸的合理性、工艺性，以及特种材料解决的可能性等。鉴定结论应明确样机（样品）要改进的事项，做出试制评价。

二、改进设计与评审

开发部针对样机（样品）试制、试验、鉴定过程中发现的产品设计问题或缺陷，对产品设计进行修改，改进完成后，企业应对改进设计的结果再次进行评审。

（一）评审的条件

已经完成样机（样品）试制、试验、鉴定，汇集了各部门提出的设计改进建议，编制了设计改进建议书，即满足了评审的条件。

（二）评审项目

评审包括如下项目。

（1）样机（样品）试验对设计质量目标的确认和证实情况。

（2）改进设计内容的完整性和正确性。

（3）改进部分的工艺。

（4）产品的标准化程度。

（5）故障分析和采取的措施。

（6）工艺上必须采取的措施。

三、小批量试制

小批量试制的主要目的是验证工艺规程和工艺装备，即进行生产验证，以及对产品图纸做进一步的检查和修改，以便最后定型。

小批量试制的控制流程如图 2-13 所示。

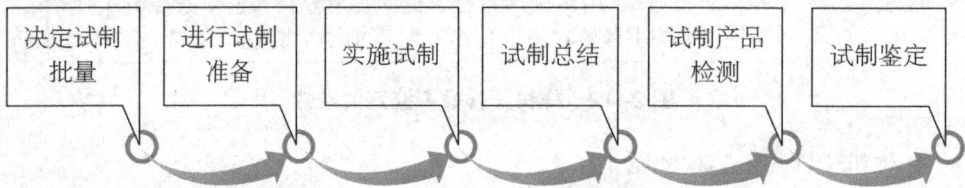

图 2-13　小批量试制的控制流程

（一）决定试制批量

小批量试制的实际批量因产品复杂程度及投产量的不同而不同，各企业可以自行决定，少则可几台，多则可上千台。

（二）小批量试制的准备

小批量试制要在正式生产线上进行，要使用设计所要求的工装，采用正常的生产组织和劳动组织。

小批量试制前，企业要做好充分的准备工作，包括进行工艺设计，制订制造质量控制计划和工序质量控制计划，编制批量生产的工艺文件和工序质量控制点文件，完成工装设计与制造。

（三）小批量试制的实施

在试制过程中，各有关部门要密切配合，及时解决试制中的问题，试制后要编写工艺验证报告，具体如表2-9所示。

表2-9 工艺验证报告

20××年11月1日至20××年11月5日首台车装配完成，其工艺验证跟踪结果如下。

序号	验证项目	具体内容	实际完成情况
1	工艺操作规程	指导员工按工艺标准操作，保证装配质量	
2	工序卡	工序卡中注明的工序内容，所用零部件名称、数量，技术要求及加工所需的全部工艺装备名称、数量等是否符合要求	
3	工序质量管理文件	是否能够达到管理文件中规定的质量标准	
4	工位物料清单	是否符合工艺安排的品种、型号、数量等	
5	工位辅料明细表	是否符合工艺安排的品种、型号、数量等	
6	工艺工时定额	工时定额要相对合理，必须保证工作能够完成	
7	工具、量具	要适应产能、质量和生产节奏，选择比较长久和稳定可靠的工具、量具	
8	工位器具	是否满足工艺节奏的要求和对零配件的防护要求	
9	检验指导书	是否能够指导工位检验符合质量要求	
10	设备	是否满足生产工艺要求的产能节奏	

（四）小批量试制的总结

试制后，要做好小批量试制总结，编写小批量试制总结报告。小批量试制总结报告一般包含以下几种：小批量试制总结报告（设计部门）、小批量试制总结报告（工艺部门）、标准化审查报告、用户使用报告（中小型产品）。小批量试制总结报告具体如表2-10所示。

表 2-10　小批量试制总结报告

客户：　　　　　　项目：　　　　　　试制单号：　　　　　　编号：

产品名称		规格描述		试制时间	
产品编号				试制数量	
规格型号				合格数量	
项目负责人				直通率	
评审内容					
序号	试制评审内容			试制结果总结	
1	设计图纸是否合理、正确				
2	电气性能指标是否达到预定要求				
3	可靠性验证是否达到预定要求				
4	结构装配工艺合理性是否达到预定要求，资料是否完整				
5	产品质量控制点的设置是否合理				
6	工装治具的完备与可靠性				
7	程序的可靠性				
8	设备的合理性与可靠性				
9	产品检验标准是否合理				
10	产品安全性能是否得到保证				
11	原物料采购与质量是否得到保证				
12	生产设备是否完好				
13	标准工时是否合理				
工程部意见					
试制问题汇总与跟踪情况 详见附件"试制问题跟踪表"					
试制结论： □试制通过。 □有条件通过，条件是：＿＿＿＿＿＿＿＿＿＿＿＿＿。 □试制不通过，原因是：＿＿＿＿＿＿＿＿＿＿＿＿＿。 　再次试制安排：＿＿＿＿＿＿＿＿＿＿＿＿＿＿。				副总审批：

（五）试制产品的检验（设计验证）

企业须对所有试制的产品进行常规检验，并抽 1 ~ 3 台（视具体情况可增多）进行型式试验。

（六）小批量试制鉴定

1. 鉴定内容

（1）新产品的各项质量指标是否达到设计任务书和技术标准的要求。

（2）新产品技术经济指标是否先进、合理。

（3）是否具备批量生产条件。

企业应结合生产性质、生产规模及产品类型，对批量生产条件进行审查，具体内容如图 2-14 所示。

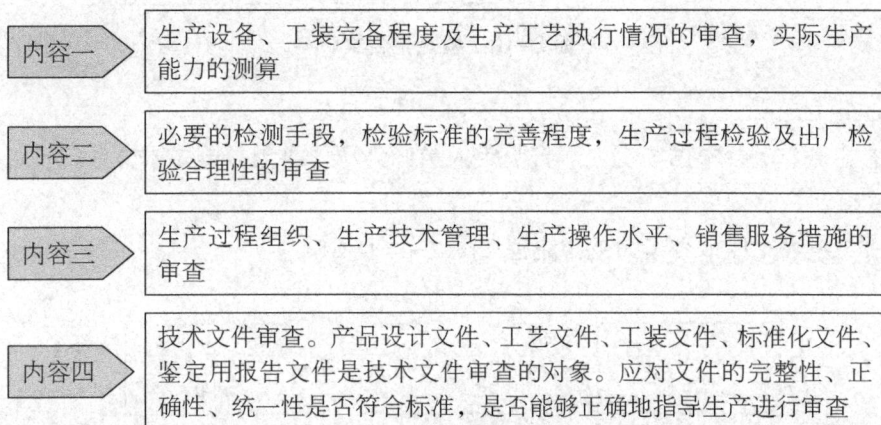

内容一	生产设备、工装完备程度及生产工艺执行情况的审查，实际生产能力的测算
内容二	必要的检测手段，检验标准的完善程度，生产过程检验及出厂检验合理性的审查
内容三	生产过程组织、生产技术管理、生产操作水平、销售服务措施的审查
内容四	技术文件审查。产品设计文件、工艺文件、工装文件、标准化文件、鉴定用报告文件是技术文件审查的对象。应对文件的完整性、正确性、统一性是否符合标准，是否能够正确地指导生产进行审查

图 2-14　批量生产条件的审查内容

2. 鉴定条件

小批量试制鉴定要具备三大条件，如图 2-15 所示。

小批量试制鉴定要具备的三大条件	有一定数量的小批量试制样品（样机）	有产品标准（正式标准）或产品技术要求	有产品设计文件、工艺文件、工装文件

图 2-15　小批量试制鉴定要具备的三大条件

3. 鉴定结果

小批量试制鉴定后要出具鉴定报告（鉴定书），企业按鉴定大纲规定的要求对试制产品的优缺点做出评价，提出改进意见。对要批量生产的产品，应提出是否可以转入批量生产的意见，具体应提供的鉴定报告文件如图 2-16 所示（数量可酌情增减）。

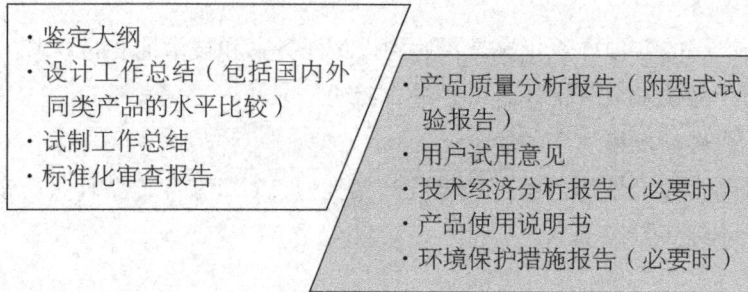

- 鉴定大纲
- 设计工作总结（包括国内外同类产品的水平比较）
- 试制工作总结
- 标准化审查报告

- 产品质量分析报告（附型式试验报告）
- 用户试用意见
- 技术经济分析报告（必要时）
- 产品使用说明书
- 环境保护措施报告（必要时）

图 2-16　鉴定报告文件

4. 鉴定程序

由鉴定委员会根据鉴定大纲将鉴定人员分为两个小组，即技术文件审查组和现场测试组。

（1）技术文件审查组的工作流程如图 2-17 所示。

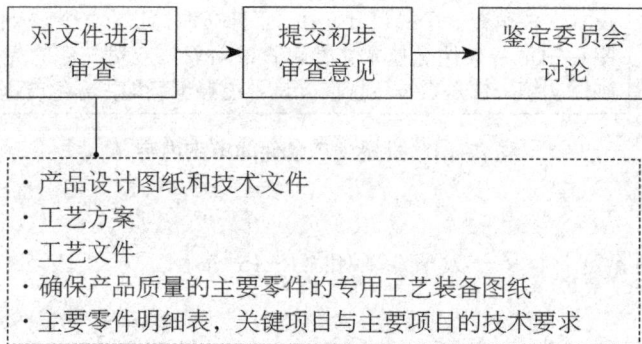

对文件进行审查 → 提交初步审查意见 → 鉴定委员会讨论

- 产品设计图纸和技术文件
- 工艺方案
- 工艺文件
- 确保产品质量的主要零件的专用工艺装备图纸
- 主要零件明细表，关键项目与主要项目的技术要求

图 2-17　技术文件审查组的工作流程

（2）现场测试组的工作流程如图 2-18 所示。

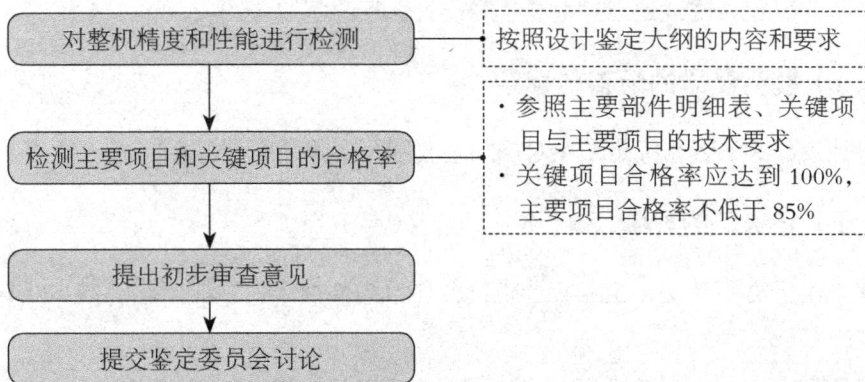

图 2-18　现场测试组的工作流程

四、定型投产

企业根据定型鉴定的意见，对设计进行修改完善后，就可以使产品正式进入定型投产、批量生产阶段。有些产品经鉴定后，还需经过一定范围和一定时间的试用考验（试销）以广泛听取用户的意见，进一步发现产品设计缺陷并加以改进，然后才能得出全面定型结论，投入正式生产。

（一）定型图纸和工艺文件

定型图纸和工艺文件须满足以下要求。

（1）必须是经过批试生产后的图纸，图纸的幅面、格式等必须符合有关标准，并有严格的图纸更改管理制度。

（2）图纸应有总装图、部装图和零件图等。

（3）底图和蓝图必须齐全、统一。

（二）工艺装备定型

工艺装备定型是指对工艺装备，如刀具、夹具、模具、量具、检具、辅具、工位器具等的必要改进与定型。

（三）设备的配置与调试

设备的配置与调试是指对主要生产设备进行的配置与调试。

（四）检测仪器的配置与标定

检测仪器的配置与标定是指对产品主要检测仪器的配置与标定。

（五）外协厂的设置

如果生产需要外协，企业应选定符合要求的外协厂，并制定相应措施对其质量予以控制。

五、试产过程质量控制

（一）试产过程中的盲区

在制造型企业中，尽管每个企业都非常重视试产的工艺跟踪，但在具体操作时却总有差错发生。有些企业非常重视新产品试产的过程，会挑选最好的技术人员、最好的设备、最先进的仪器进行试产。由于各种条件优越，产品的合格率大大提高，但这种产品生产却脱离了一线操作实际。

一线操作是指由一线最普通的员工，使用最常用的设，在最常规的环境下进行的产品制造。在最优状态下的产品试产虽然获得了成功，但是当产品进行一线操作（不是最优状态）时，合格率将会大打折扣。

案例

某企业曾接到了德国一家大型机械企业的订单，德方要求我方企业提供的产品螺纹必须达到"通规通止规止（机械术语）"。在产品试产过程中，几位资深工艺人员运用自动 CNC 设备重复几遍后，终于使产品达到了要求，并认为试产成功，可以投入生产了。

结果在投产过程中，大部分生产员工不具备几位试产工艺人员的操作水平；同时由于 CNC 设备有限，生产员工只能使用单头钻来进行产品加工，结果生产出来的产品大部分达不到"通规通止规止"的要求，出现了批量不合格的现象，导致产品成批报废。

（二）试产涉及的部门及职责

试产涉及的部门及职责如表 2-11 所示。

表 2-11　试产涉及的部门及职责

序号	部门	职责
1	开发部	负责新产品的开发、相关技术资料的制定、组织样品鉴定会、设计问题的改进、试产推进；同时，处理试产中的异常状况，主导产前会议和试产报告会议的召开
2	项目工程师	负责新产品作业指导书的制作，标准工时的制订，与生产部门协同安排工艺流程；负责试产过程中问题的总结
3	质检部	负责记录并监控试产中的质量状况，负责收集、分析试产记录及相关资料
4	采购部	负责试产产品物料的采购，安排有关的技术支援，负责外协加工件的收发及追踪
5	生产部	负责试产安排并通知各生产车间，负责试产执行和试产情况的记录，负责监管产品进度计划

（三）试产流程中的控制环节

要想用一线方法对产品进行试产，首先必须找到试产过程中的控制点，这就要求企业了解产品的试产程序。

1. 产品的试产程序

产品的试产程序如图 2-19 所示。

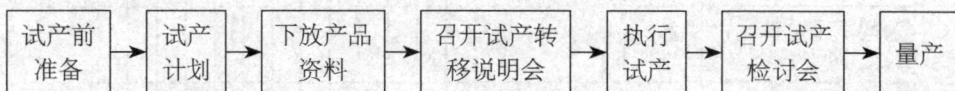

試产前准备 → 試产计划 → 下放产品资料 → 召开试产转移说明会 → 执行试产 → 召开试产检讨会 → 量产

图 2-19　产品的试产程序

（1）试产前准备

企业对产品生产可行性进行审查，审查合格后即可进入试产准备阶段，该阶段主要包括物料、人员的准备。

试产前，由开发部组织质检、生产管理、采购、货仓等部门相关人员召开新产品试产会议，会议内容主要包括对产品结构、产品工艺流程、重要作业方法及检测方法等的介绍，会议结果要列入会议记录中，会议所记录的各个事项由项目工程师跟进。

（2）试产计划

试产前的准备工作就绪后，企业应尽快拟订试产计划。试产计划一般由主导批量试产的工程师负责。

试产计划应按要求的基准时间排程。例如，23天内物料采购要到位，24天内物料检验要完成，第26天应上线试产，第29天召开试产检讨会……如生产中有特殊工艺物料，则需在审查会上明确列出物料采购周期，按采购周期最长的物料来确定试产周期并列明具体时间。新产品试产/转产计划进度表如表2-12所示。

表2-12　新产品试产/转产计划进度表

试产机型：　　　　　　　　R5□　R6□　　　　　版本：
试产数量：　　　　　　　　启动时间：　　　　　　计划结束时间：

试制流程		责任单位	责任人	计划完成时间	第1周							第2周							……
阶段	项目				1	2	3	4	5	6	7	8	9	10	11	12	13	14	……
准备阶段1	市场部提出需求计划																		
	资料归档发行（BOM清单、工艺文件、测试软件、PCB资料等）																		
	登记ERP系统																		
	计划部跑欠料，下请购单																		
	采购下采购单，物料交期回复																		
	物控部反馈瓶颈物料清单																		
准备阶段2	样机提供（2台）																		
	工艺工装清单确认																		
	测试工装、老化工装清单确认																		
	工艺工装、测试工装、老化工装报价																		

（续表）

试制流程		责任单位	责任人	计划完成时间	第1周							第2周							……
阶段	项目				1	2	3	4	5	6	7	8	9	10	11	12	13	14	……
准备阶段2	工艺工装、测试工装、老化工装下单、制作及回厂																		
	工艺文件制作																		
	整机报价																		
	物料齐套状况跟踪确认																		
	试产前研讨会（确保物料齐套，生产工艺文件齐全，测试设备、测试程序、员工培训完成等）																		
试产阶段	仓库备料、发料																		
	SMT																		
	器件整形准备（预加工）																		
	插件																		
	波峰焊接、补焊																		
	ICT测试																		
	单板测试（FT）																		
	喷三防漆																		
	组装																		
	老化前测试																		
	老化																		
	老化后测试																		
	包装																		
	OQC																		
	发货																		

（续表）

试制流程		责任单位	责任人	计划完成时间	第1周							第2周							……
阶段	项目				1	2	3	4	5	6	7	8	9	10	11	12	13	14	……
试产总结	生产问题的汇总与改进措施																		
试产评审	试产问题沟通及改善跟进																		
试产结束	转入量产																		

制作：　　　　　　　　　　审核：　　　　　　　　　　批准：

（3）下放产品资料

试产计划制订完毕后，企业需要将产品的图纸、产品设计说明书、产品配件说明书、试产计划书下放到各产品试产的参与部门。资料发放时间一般为试产转移说明会召开的前3天。

（4）召开试产转移说明会

试产转移说明会的内容如图2-20所示。

1　结构工程师对可行性设计结果进行通报

2　对产品特点、试产重点及相关要求加以说明

3　检验开发工程师的量具、治具及相关辅助设备（试水台）的完成状况

4　说明"包材"完成时间及目前的订单状况

5　决定新产品是否进行批量试产，以及批量试产的颜色、数量、时间

图2-20　试产转移说明会的内容

试产转移说明会的跟踪流程如图2-21所示。

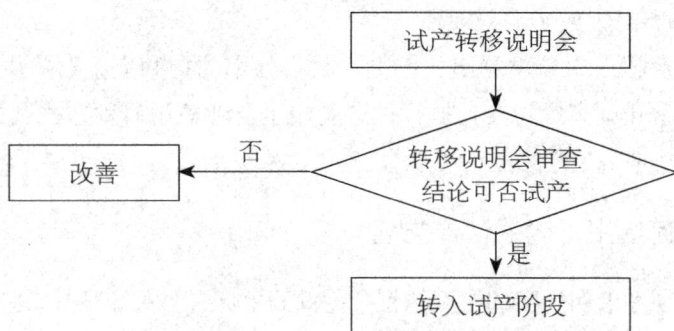

图2-21 试产转移说明会的跟踪流程

（5）执行试产

执行试产是产品设计最重要的阶段，要求各个部门各尽其职，具体要求如下。

①生产部根据"BOM物料清单""作业指导书"进行试产产品制作，由项目工程师、生产主管在生产现场督导作业，对所发现问题进行记录。

②质检员（QC、IPQC、QA）根据所提供的技术资料（"BOM物料清单""检验标准"等）、试产用签样等标准进行检验，记录检验结果，汇总后报至质检主管。

③质检部、生产部、开发部将试产中出现的问题记录于"试产报告书"的部门记录栏中，由开发部汇总并负责分析原因、拟定改善措施。

④试产中，如有异常问题，由开发部主导解决，相关部门协助处理，能现场解决的问题尽量在现场解决，如因重大质量问题而导致无法作业的，试产必须立即停止。

（6）召开试产总结会

召开试产总结会的目的主要是对试产产品进行总结，并考虑该产品是否可以进行量产。

试产完毕后，由开发部以"试产报告书"的形式通知质检部、生产部、采购部、仓库等相关人员，并召开试产总结会议。

各部门围绕"试产报告书"内容进行总结，参加会议的人员确认试产情况并提出意见，试产结果于会议讨论后记录于"试产报告书"。

试产鉴定通过后，试产的合格品由质检部贴"QA PASSED（绿色）"标签和试产标签，在"成品验货报告"中注明为试产；由生产部开具"入库单"入库。

试产鉴定为"未通过"（即试产合格率低于80%或有重大不良缺陷）时，由开发部组织问题发生部门进行改进，改进后由生产部重新安排试产，试产中的不合格品，由生产部进行分类处理。

2. 试产过程中的控制点

从以上试产程序中可以看出，影响产品合格率的控制点主要集中在两个工序，即执行试产与召开试产检讨会。执行试产阶段主要考虑用何种方式试产，召开试产检讨会的目的则是决定产品是否可以量产。

（四）如何选用正确的试产方法

试产中必须考虑到现实的生产情况，因此企业必须做好以下工作。

1. 试产的准备工作

试产准备前企业应主要做好以下工作，具体如图 2-22 所示。

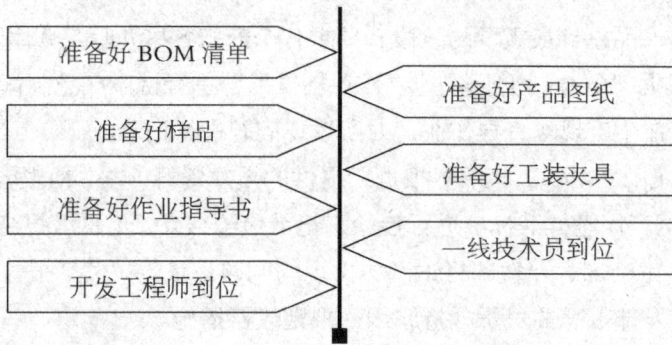

准备好 BOM 清单

准备好产品图纸

准备好样品

准备好工装夹具

准备好作业指导书

一线技术员到位

开发工程师到位

图 2-22　试产前的准备工作

2. 试产工作的进行

在试产进行中要注意以下事项，具体如图 2-23 所示。

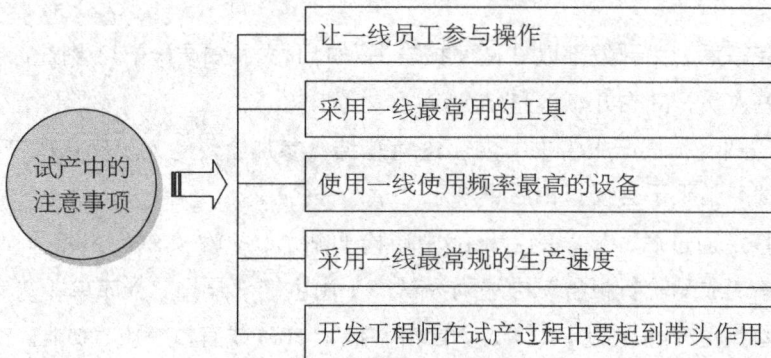

试产中的注意事项

让一线员工参与操作

采用一线最常用的工具

使用一线使用频率最高的设备

采用一线最常规的生产速度

开发工程师在试产过程中要起到带头作用

图 2-23　试产中的注意事项

案例

×× 企业的新产品试产跟踪情况，如下表所示。

×× 企业的新产品试产跟踪情况

编号：×××－×××

产品名称	水龙头（16321）	技术设计者	王技术员
试产工序	安装	工艺跟踪者	张工程师
试产时间	2020－11－6	耗用时间	3 小时
试产准备	1.水龙头（16321）的BOM清单 2.水龙头（16321）的包扎图 3.工具：××扭力、××夹具 4.作业指导书 5.物料到位情况		
试产人员安排	1.王技术员、张工程师必须到场（负责讲解） 2.车间技术员李×××（负责检验） 3.一线工人×××（负责安装） 4.一线工人×××（负责安装） 5.A组组长×××（负责安装）		
试产工序安排	（工艺装配流程图）（略）		

记录：王技术员　　　　　　　　　　　　　审核：张工程师

（五）判断试产是否达标

1.试产达标率

企业可以通过试产总数量求出试产达标率，其计算公式如下。

$$试产达标率＝\frac{计划时间内量试合格的机型件数}{计划时间内完成量试的机型件数}×100\%$$

2.达标的判定原则

试产的结果分为三类，具体如下。

A 类：70% ≤ 一次性组装良品率 ＜ 80%

B 类：80% ≤一次性组装良品率＜ 90%

C 类：90% ≤一次性组装良品率

试产结果为 A 类的不达标，试产结果为 B 类的可考虑重新试产，试产结果为 C 类的即为达标。

案例

×××企业的新产品试产达标判定情况，如下表所示。

新产品试产达标判定表

编号：×××-×××

产品名称		水龙头（16321）	图纸编号		××-××
技术设计者		×××	工艺跟踪者		×××
试产投入数量		20 个	最终合格数量		10 个
各工序试产情况	铸造	投入数量：20 个 合格数量：19 个	不合格描述： 水咀处坯锋太大，导致无法打磨		
	机加	投入数量：19 个 合格数量：18 个	不合格描述： 外壳太薄，导致主体被钻穿		
	磨抛	投入数量：18 个 合格数量：15 个	不合格描述： 砂眼太多		
	电镀	投入数量：15 个 合格数量：11 个	不合格描述： 砂眼太多，导致电镀出现疤质		
	装配	投入数量：11 个 合格数量：10 个	不合格描述： 外壳处有砂眼，导致漏水		

评判：
由于该产品在第一轮的试产中，合格率仅为 50%，因而判定该批产品需要重新设计，同时需要对其铸造工艺进行改进。

技术总监（×××）

记录：技术员（×××）　　　　　审核：技术总监（×××）

第三章

接单审单质量管理

质量的改进与提高应以客户的需要为开始，以客户的良好感受为结束，因此企业在接受客户订单的过程中，必须正确识别客户的意愿，并把这些意愿传达给相关部门，以便能为客户提供其需要的产品，并能保证正确而及时地交货。

第一节 订单评审

一、订单评审的意义

营销部门在企业中起着关键作用，它要寻找客户、替企业招揽生意。营销部门的效率可以用其维持的订货数量来衡量。大量的订货使企业能够合理规划周期性生产，保证产品全部销售。

但是，维持订货量是一回事，要使客户充分满意又是另一回事。企业都会存在部门（包括营销部门）的能力和效益发生冲突的问题。例如，起初某企业可能靠广告宣传维持了足够的订货量，然而能够让客户满意的只能是产品质量和按时交货。偶尔，过分热心的营销人员与客户签订了订货单，并承诺了企业不能做到的交货时间，之后他们又要反过来去说服客户接受推迟交货期。这种情况对企业的生存和产品的质量都存有潜在的不利影响。

在当今的竞争环境中，尤其在出口领域，客户对交货时间的要求是十分严格的。此外，国际竞争加剧和工资费用增长迫使企业采用低存货经营，对于供应商来说，如不能按期交付原材料和零部件，就意味着所有生产系统会因不合拍而闲置。所以，提供商品和服务的企业应当有一个完善的订单评审程序。

二、订单评审的益处

作为整个质量控制系统的一部分，制度化的订单评审程序有以下益处，如图 3-1 所示。

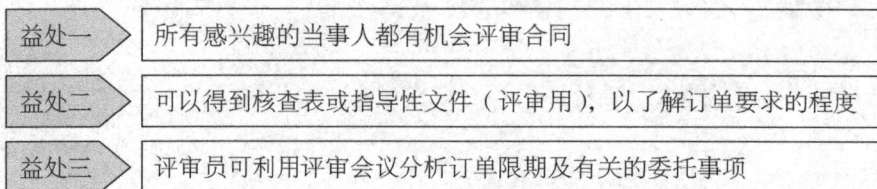

益处一	所有感兴趣的当事人都有机会评审合同
益处二	可以得到核查表或指导性文件（评审用），以了解订单要求的程度
益处三	评审员可利用评审会议分析订单限期及有关的委托事项

图 3-1　订单评审程序制度化的益处

益处四	订单包含了产品规格、性能、数量等信息，为了成功地履行订单，正好可以以此为起点做计划
益处五	评审是一种由客户来评审质量计划的方法
益处六	可以有准备地通过适当的评审来修改合同或质量计划

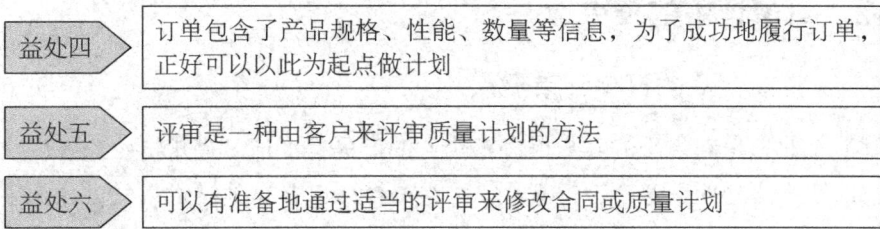

图 3-1 订单评审程序制度化的益处（续图）

综上所述，企业如果执行订单评审程序，就可以减少甚至避免在供方与客户之间产生的误解与争执。由于订单评审是透明的，其结果也会增加客户对企业的信任，使其对产品质量的抱怨降到最低。

三、订单评审的程序

订单评审的程序如图 3-2 所示。

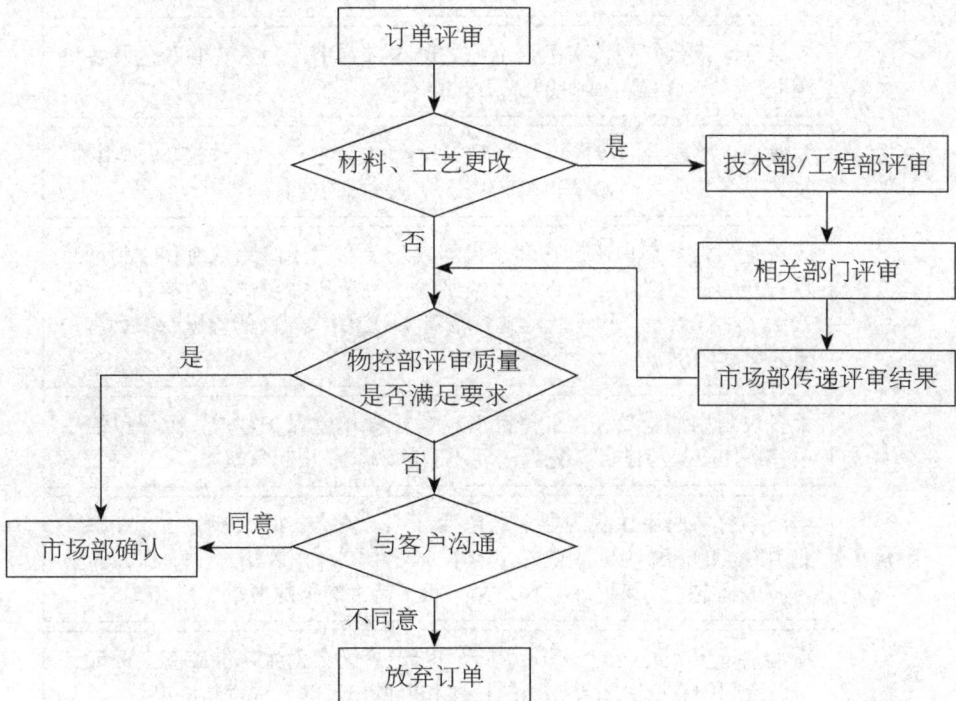

图 3-2 订单评审的程序

四、订单评审的要点

（一）常规产品的订单评审要点

制造企业总是向未来的客户提供本企业的产品标准或产品规格。这些现成的质量参数包括操作功能、寿命、可靠性、可维修性，以及其他技术资料，如功率、燃料特性、容量、操作范围、需要的环境条件等。

在接受常规产品订货或签订合同之前，应注意以下要点，具体如图 3-3 所示。

1 向未来的客户提供全部技术规格和其他有关资料，以便客户了解产品全貌；如果需要，产品样品也应做可靠性评估

2 如果产品满足客户需要，在客户认可交货时间表以前，企业应就建议的时间表和生产部门商议

3 在某些情况下，客户可能要求对产品做出修改，以适合其公司特殊需要，这些修改的全部细节应由客户提供文件说明，供方企业就其可行性和管理部门、工程部门进行评审

4 确保订单或合同包含有关产品型式的全部详情，包括它的颜色及各种辅助项目，如工具、附件及应用的配件等

5 要保证订单或合同清楚地标明双方同意的包装、运输、安装（适用时）及其他有关项目，如保险和支付方法等方面的内容

6 应规定不管是客户还是其利益代理人均要在运出产品以前和收到产品时对产品进行检验。全部检查或试验的细节（如要试验的参数、试验方法、抽样大小、用于验收的标准等），应由供应商的质量专家和客户研究之后明确下来

7 大多数耐用消费品和工业产品有一份担保单以保护客户，担保单的用语和条件应写清楚，以免因出现不同的解释而引起争执

8 与产品有关的法律法规要求，包括环境、安全、健康等方面，如餐饮业中冷食的制作中要遵循的《中华人民共和国食品卫生法》，以及企业与客户确定的任何附加要求，如与赋予特性有关的要求

9 不管做了多大的努力，产品质量问题仍可能会发生，供应商应保证订单或合同中有解决质量问题的程序和问题出现时解决争执的办法

图 3-3　常规产品的订单评审要点

（二）专门订单的评审要点

特殊订货的开发和生产过程不同于那些标准或常规产品的生产，它需要对产品进行局部变动或重新调整，要成功地执行这样的订货是相当复杂的。因为这些变动会对开发和生产过程的各个阶段产生影响，因此，彻底了解客户的需要是至关重要的。

专门订单的评审至少应保证以下几个要点，如图 3-4 所示。

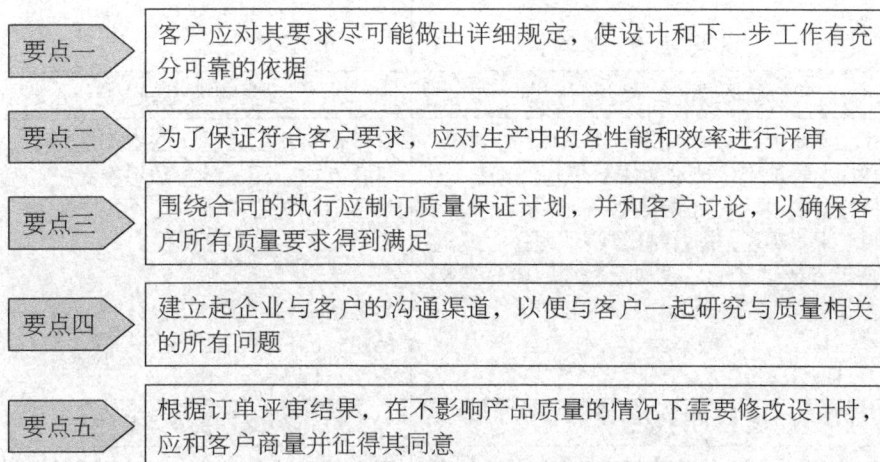

要点	内容
要点一	客户应对其要求尽可能做出详细规定，使设计和下一步工作有充分可靠的依据
要点二	为了保证符合客户要求，应对生产中的各性能和效率进行评审
要点三	围绕合同的执行应制订质量保证计划，并和客户讨论，以确保客户所有质量要求得到满足
要点四	建立起企业与客户的沟通渠道，以便与客户一起研究与质量相关的所有问题
要点五	根据订单评审结果，在不影响产品质量的情况下需要修改设计时，应和客户商量并征得其同意

图 3-4　专门订单的评审要点

此外，专门订单评审的内容还应包括检查或试验的细节、担保单的用语和条件，以及解决质量问题的程序。

订单评审应保留记录，企业常用的订单评审表如表 3-1 所示。

表 3-1　订单评审表

客户		订单编号		订货日期	
产品名称		订货总数		交货日期	
评审标准					

（续表）

销售部门评审意见	须评审项目详细阐述
型号、规格、具体数量、交货期、技术工艺要求及包装运输要求： 销售部初评意见： □产品包装和标示有特殊要求 □产品结构有特殊要求 □产品性能有特殊要求 □传统产品，财务支持方面有特殊要求 □其他 结论：□接受　□不接受　　签字/日期：	
技术部评审意见	**业务部评审意见**
□技术工艺成熟，技术文件齐全，能马上生产 □技术工艺不成熟，技术文件不齐全，但在__月__日之前能解决，并指导生产 □订单要求不明了，需营销部与客户进一步沟通 □根据现有技术水平，根本无法满足客户要求 其他意见： 结论：□接受　□不接受 签字/日期：	订单价格：□接受　　□不接受 付款方式：□接受　　□不接受 发票填开：□接受　　□不接受 其他意见： 结论：□接受　□不接受 签字/日期：
仓储部评审意见	**采购部评审意见**
□无特殊物料要求，仓库库存齐备，能马上投产 □有特殊物料要求，需与相关人员核定 □仓库库存物料不齐，能在__月__日之前下达需求计划，交采购部 □订单要求不明，需营销部与客户进一步沟通 其他意见： 结论：□接受　□不接受 签字/日期：	□有特殊物料要求，需与相关供方核准后再定 □无特殊要求，入物控部按期传达计划，能在正式投产前将物料采购到位 □供方单位不稳定，但能在__月__日之前得到解决，满足供货要求 □物料要求不明了，需营销部与客户进一步沟通 其他意见： 结论：□接受　□不接受 签字/日期：
生产部评审意见	**质管部评审意见**
□任务要求已知，目前已具备生产能力，入物料工艺正常，完全能按期交货 □任务要求已知，但生产能力有限，建议交货期推迟至__月__日，我部保证按该日期交货 □任务要求已知，但生产能力受限，主要表现在_____，须得上级协调解决	□质量要求已知，目前已具备检测试验能力 □质量要求已知，但检测试验能力受限，主要表现在_____，须得上级协调解决 □质量要求不明了，需营销部与客户进一步沟通

（续表）

生产部评审意见	质管部评审意见
□任务要求不明了，需营销部与客户进一步沟通 其他意见： 结论：□接受　□不接受 签字/日期：	□检验文件不齐，需技术部在__月__日之前解决 其他意见： 结论：□接受　□不接受 签字/日期：
评论结论与处理意见： 　　　　　　　　　　　营销副经理：　　　　　　日期：	
总经理批准意见： 　　　　　　　　　　　签字：　　　　　　　　日期：	

第二节　正确理解客户意愿

一、客户意愿与不合格品的关系

（一）客户意愿的表达方式

在制造企业中，客户意愿通常是以文字的方式和交易合同的形式表述出来（见图3-5），但也有用口头方式表述的。订单合同中要显示客户所需求的产品质量、工艺等要求。

（二）客户意愿传递错误导致不合格品

目前的国内企业已经开始在全球范围寻找市场，但在接受订单的过程中，常常受到文化传统、语言习惯以及信息传递方

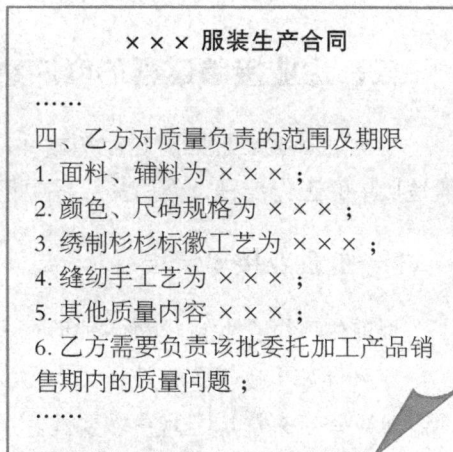

×××服装生产合同

……
四、乙方对质量负责的范围及期限
1. 面料、辅料为×××；
2. 颜色、尺码规格为×××；
3. 绣制杉杉标徽工艺为×××；
4. 缝纫手工艺为×××；
5. 其他质量内容×××；
6. 乙方需要负责该批委托加工产品销售期内的质量问题；
……

图3-5　服装生产合同部分内容

式的影响，不能准确地将客户意愿表达出来，从而导致企业在生产过程中，没有按照客户意愿去执行生产任务，最终导致产品不能满足客户要求（见图 3-6）。

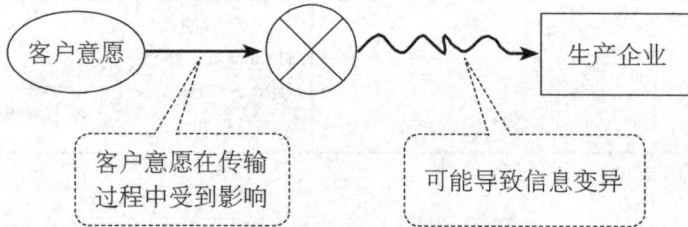

图 3-6　客户意愿传递变异示意图

案例

　　一家出口型制造企业就曾因说明书的问题而蒙受损失。颜色这个词在英式英语中是"colour"，在美式英语就是"color"。企业在将汉语说明书翻译成英语的时候没有注意到客户当地习惯，在出口英国货物的标签上使用了"color"一词，结果英方坚持认为该制造企业伤害了英国民众的尊严，要求降低商品价格。虽然大家知道这是这家英国企业的议价策略，但制造企业还是因此被钻了空子，吃了哑巴亏。该案例说明了正确理解客户意愿的重要性，哪怕一个小小单词的使用也是要非常小心的。

二、企业接单过程的客户意愿控制点

　　正确理解客户意愿对企业销售部门来说至关重要。在接单之前，销售人员必须清楚接单的工作流程，然后从流程中把握控制点。

（一）企业接单流程

目前生产型企业接单有两种形式：一种是来样加工，一种是订购加工。

1. 来样加工接单工作流程（见图 3-7）

步骤一：来样加工客户需要提供加工产品的 BOM 清单、工艺要求等相关资料，以及出货样板；另外，要明确加工产品的数量、材料和交货时间。

步骤二：销售部针对客户加工要求组织相关部门进行订单评审，通过样板核实

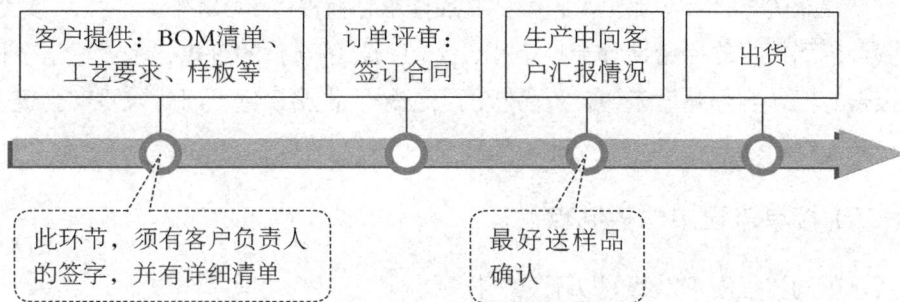

图 3-7 来样加工接单工作流程

价格，和客户商讨"加工协议"。

步骤三：客户确认加工单价，双方同意"加工协议"各项条款后，签订正式加工合同。

步骤四：在生产加工过程中双方保持密切联系与沟通，客户可委派工程人员到现场指导监督。

步骤五：企业根据加工合同按时、按质、按量向客户供货。

步骤六：客户按合同约定时间付清加工费。

2. 订购加工接单工作流程

另一种企业接单形式为订购加工，客户来企业选购需要的产品，产品是企业正在设计或者已经设计好的。其接单工作流程如图 3-8 所示。

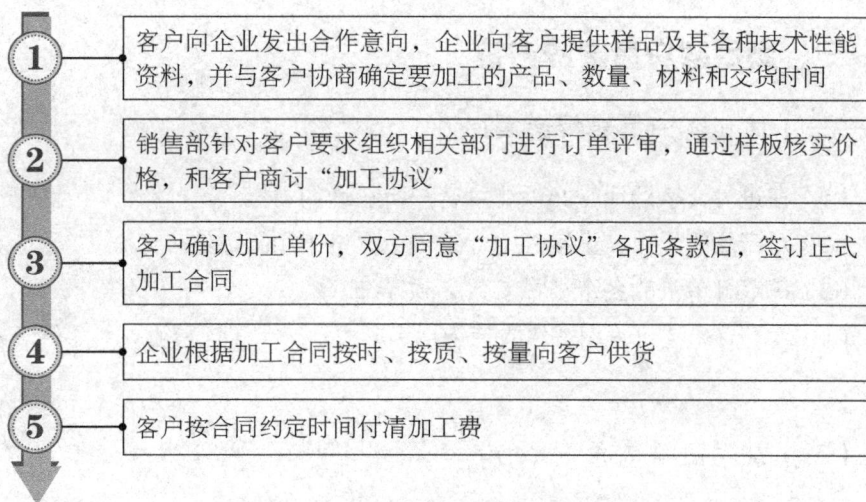

图 3-8 订购加工接单工作流程

需要注意的是，订购加工时，客户往往要求企业提供 BOM 清单、技术参数等，而企业考虑到技术的保密性都会拒绝相告，但为打消客户的顾虑，企业通常会提供测试报告。但从客户角度来说，最希望的仍是采购价格便宜，因此客户都会通过各种方法来压价。

（二）接单流程中的控制点

从接单的流程中可以找到以下三个控制点。

1. 客户提供意愿的环节

客户在向企业提供订货信息的同时，也会向企业提出有关产品质量、包装的要求。在该环节中，这些要求通常是以文件及合同条款的形式表现出来的。但这当中有一个要点需要注意：如果是外企，他们提供的合同通常使用外文，在将外文翻译成中文时要特别注意翻译的正确性。

2. 企业进行订单评审环节

企业在对合同进行评审时，不仅要考虑本企业是否可以满足客户的意愿，还必须考虑该意愿是否为客户的真实意愿。

3. 生产中向客户反馈信息的环节

在生产过程中，营销部需要及时向客户反映生产的情况。但是有些企业害怕失去客户订单，因而总是虚报生产情况。企业应如实向客户报告生产状况，以免日后因生产能力不足或产品质量不能达到要求而引起纠纷。

三、满足客户意愿的方法

（一）优化客户信息传递渠道

（1）在进行文字翻译时必须注意客户所在地的习惯。

（2）对产品的尺寸、重量等的计量单位尽量采用国际统一标准。

（3）每笔订单上的各个技术参数必须详细。

（4）生产订单建议采用邮件或者传真等形式发送，而且必须有主要负责人的手写签名。

（二）加强日常沟通

（1）在与客户谈判过程中，尽量让客户进入生产现场。

（2）应随时向客户提供生产、质量等的情况。

（3）尽量与客户面谈。

（4）在向客户汇报生产情况时，最好做到有凭有据。

（5）应有专人负责与客户沟通。

（6）对待客户投诉，应该积极、正面地回应。

（三）企业内部注意方面

（1）进行订单评审时，技术部门必须参与，以确保企业具备生产要求的技术条件。如果不具备条件，绝不能冒险生产。订单评审时，生产部必须对生产时间进行核算。

（2）在生产过程中，客户的要求必须做到层层下达，人人清楚。

（3）生产例会上，客户意愿应成为会议的一个讨论主题。

（4）生产过程中，对于客户的特殊意愿，应该有专门的质量管理人员去跟踪。

第四章

来料供应质量管理

在制造行业中，对产品质量有直接影响的通常为设计、来料、制程、储运四大主项，一般来说设计占25%，来料占50%，制程占20%，储运占5%。可以看出，来料供应质量占产品质量的主导地位，所以企业要把来料质量控制提升到战略性地位来对待。

第一节　供应商质量控制

一、制定产品规格

（一）制定产品规格应考虑的因素

企业在制定产品规格时应同时考虑设计、生产、行销及商业四种因素，具体内容如图 4-1 所示。

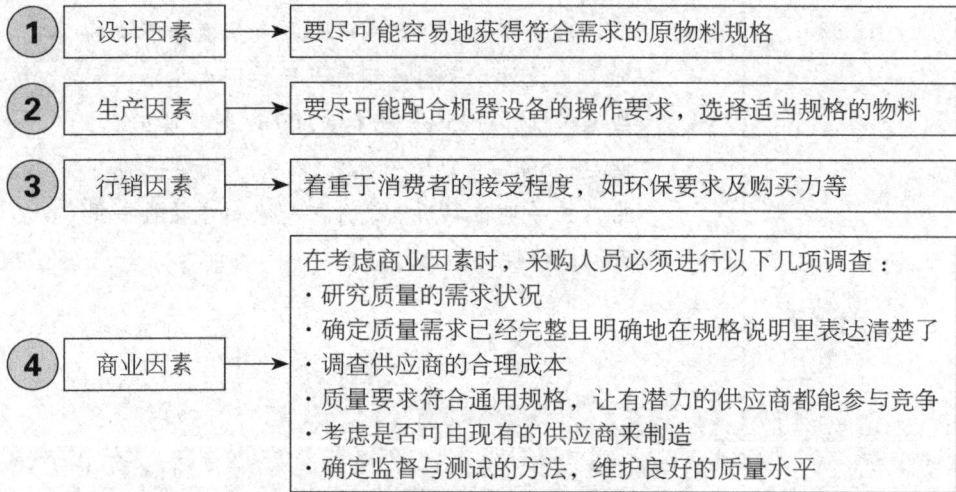

① 设计因素	→	要尽可能容易地获得符合需求的原物料规格
② 生产因素	→	要尽可能配合机器设备的操作要求，选择适当规格的物料
③ 行销因素	→	着重于消费者的接受程度，如环保要求及购买力等
④ 商业因素	→	在考虑商业因素时，采购人员必须进行以下几项调查： ·研究质量的需求状况 ·确定质量需求已经完整且明确地在规格说明里表达清楚了 ·调查供应商的合理成本 ·质量要求符合通用规格，让有潜力的供应商都能参与竞争 ·考虑是否可由现有的供应商来制造 ·确定监督与测试的方法，维护良好的质量水平

图 4-1　制定产品规格应考虑的因素

对有些原料和成分的规格进行调查比较容易，有些就比较复杂，如新产品的原料与成分规格。为解决这类问题，一些企业把质量工程师安排在采购部门中担任策划工作，协助分析一些复杂的问题。当有技术性的质量问题产生时，质量工程师与采购人员会共同讨论产品规格，并将适当质量的物料推荐给产品设计工程师，以便其对产品设计进行适当修改。

（二）产品规格设计的原则

产品规格设计有一些基本原则可循，具体如图 4-2 所示。

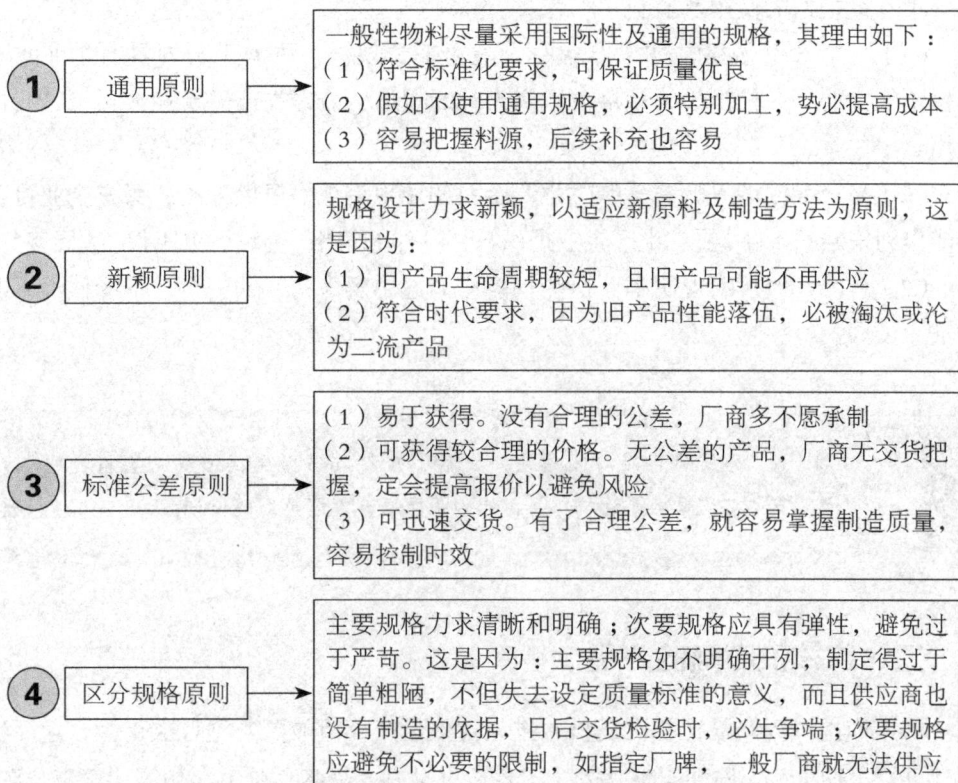

1 通用原则 → 一般性物料尽量采用国际性及通用的规格，其理由如下：
（1）符合标准化要求，可保证质量优良
（2）假如不使用通用规格，必须特别加工，势必提高成本
（3）容易把握料源，后续补充也容易

2 新颖原则 → 规格设计力求新颖，以适应新原料及制造方法为原则，这是因为：
（1）旧产品生命周期较短，且旧产品可能不再供应
（2）符合时代要求，因为旧产品性能落伍，必被淘汰或沦为二流产品

3 标准公差原则 → （1）易于获得。没有合理的公差，厂商多不愿承制
（2）可获得较合理的价格。无公差的产品，厂商无交货把握，定会提高报价以避免风险
（3）可迅速交货。有了合理公差，就容易掌握制造质量，容易控制时效

4 区分规格原则 → 主要规格力求清晰和明确；次要规格应具有弹性，避免过于严苛。这是因为：主要规格如不明确开列，制定得过于简单粗陋，不但失去设定质量标准的意义，而且供应商也没有制造的依据，日后交货检验时，必生争端；次要规格应避免不必要的限制，如指定厂牌，一般厂商就无法供应

图 4-2　规格设计的原则

（三）产品规格选用的顺序

产品规格制定恰当与否，是采购成败的关键因素之一。然而产品规格的制定并不容易，企业在制定产品规格时可以参考一些通用的规格标准，其选用的顺序如下。

1.国内采购规格选用顺序

（1）国家标准。凡有国家标准可用者，原则上不应选用其他规格标准的产品。

（2）各公会或协会制定的标准。如无国家标准可用时，企业可考虑使用国内各公会或协会、委员会制定的标准。

2.国外采购规格选用顺序

（1）国际通用规格。凡有国际通用规格可采用者，不得使用其他规格。

（2）无国际通用规格可用时，可使用其他国家规格中有通用性者。

3.补助规格的使用及限制

（1）厂商设计规格，如买方本身无能力编订规格，可考虑国内具有工业水准及检验能力的厂商代为设计规格。厂商设计的规格，最好先经过专业人员审订后再使用。

（2）按产品性能采购。采购时生产企业如无规定规格可供采用，买方企业可以性能作为采购的条件，要求生产企业提供符合条件的规格，选定后再比价，决标签约。

（3）蓝图、照片、说明书。这些仅能作为选用规格的补助资料，不能作为采购的唯一依据。

> 当质量标准与规格决定之后，应将其书面化，形成"规格说明书"或"规格规范手册"，作为买卖双方签订契约的依据。

二、审核供应商的产品

供应商提供的产品在初次进货并进入批量生产环节前要实施首次审核，之后按计划进行定期审核。后续审核计划一般是年度计划，基本上每个产品每年审核一次，但具体实施情况还取决于该产品的重要程度和质量状态。

（一）供应商产品审核的目的

供应商产品审核的目的如下。

（1）确认新产品是否满足采购要求。

（2）定期确认批量供应的产品质量是否因为模具磨损、工程更改和环境变化等原因发生退化。

（3）定期确认批量生产的产品是否满足客户的要求，或是否因为市场的发展而被淘汰。

（二）供应商产品审核的时机

对供应商产品进行审核的时机如图 4-3 所示。

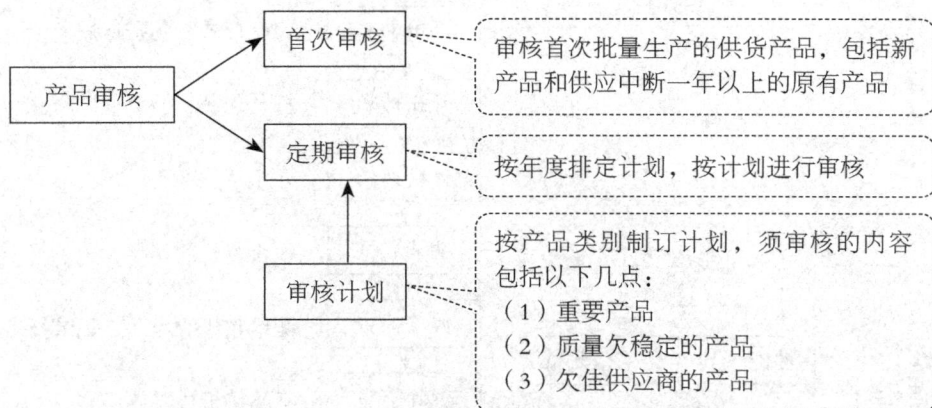

图 4-3　供应商产品审核的时机

（三）产品审核组成员

产品审核组由组长和组员组成，一般是来自质管部和工程技术部的人员，具体人员数量要根据被审产品的复杂程度决定。通常组长由工程技术部或质管部主工程师担任；组员由工程技术部或质管部副工程师担任，必要时可邀请开发部工程师或外部专家参与。

（四）产品审核的流程

产品审核的流程如图 4-4 所示。

（五）产品审核的实施

1. 接到初始产品

在接到初始产品前，审核组应列出需要审核的特性目录。这个目录应考虑产品的所有重要元素和产品的功能，应收集每个参与产品生产的设计（开发）小组的意见并将他们的意见添加到目录中。

接到供应商的产品后，审核组应首先检查运输中是否发生问题。这项工作完成之后，才可以进行审核。在审核的每一个步骤中，可接受的检验结果和不可接受的

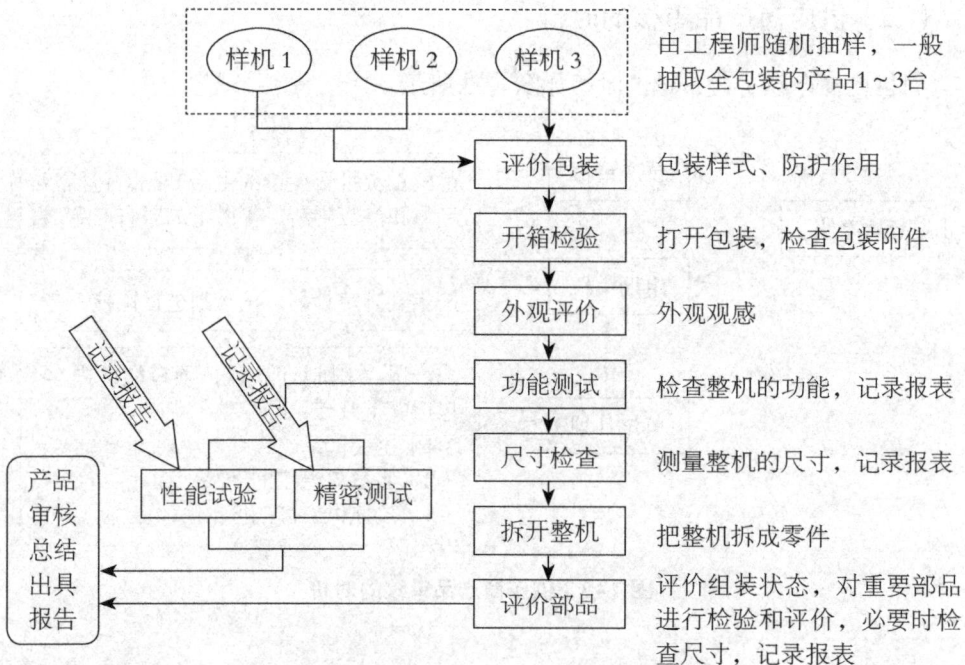

图中文字：

样机1　样机2　样机3 —— 由工程师随机抽样，一般抽取全包装的产品1~3台

评价包装 —— 包装样式、防护作用

开箱检验 —— 打开包装，检查包装附件

外观评价 —— 外观观感

功能测试 —— 检查整机的功能，记录报表

尺寸检查 —— 测量整机的尺寸，记录报表

拆开整机 —— 把整机拆成零件

评价部品 —— 评价组装状态，对重要部品进行检验和评价，必要时检查尺寸，记录报表

记录报告　性能试验　精密测试　产品审核总结出具报告

图4-4　产品审核的流程

检验结果都应记录下来。对于不复杂的产品，可运用标准的记录表格。在产品审核过程中，每一步的结果都需要考虑，以便任何新的评估参数都可以被加到测试中去。工程部、生产部和其他相关部门一起检查结果，并与供应商提供的结果加以比较，对其中出现的问题进行判断。经过评估后，文档记录将被送至供应商，企业自己或者要求供应商在不符合要求的方面对产品进行改进，或者向供应商提供可接受产品的记录。

如果产品比较复杂，则可能需要企业和供应商共同检查，以保证供应商和企业测量结果的相关性。实现这种相关性的方法是可协商的工作，采购部门应负责协商工作，一旦确定了改进措施，应由采购部门传达给供应商。

2. 接到改进过的产品

在接到供应商改进过的产品前，审核组应确定一份新的特性检查目录，并保证改进没有影响到原来的产品特性。企业应要求供应商提供一份对修正产品的描述，这份描述提供的证明或修正内容将被加到今后的审核要求中。

接收到改进的产品后，评审组仍应首先检查包装或运输引起的问题，然后根据新的检查目录对产品进行评估。如果产品还没有满足采购要求的特性，应继续进行检查和商讨，以确定必要的改进措施；如果产品可以接受，由采购部门将设计（开发）部门、生产部门和质量控制部门的认可传达给供应商。

（六）产品审核报告

在产品审核完后，由审核组长负责拟定一份审核报告，报告要按规范的格式填写。审核报告通常包括以下内容：

（1）各种检查、试验记录（附件形式也可）；

（2）需要改善的事项；

（3）潜在性问题的预防。

审核报告的格式如表 4-1 所示。

表 4-1　供应商产品审核报告

供应商名称：		抽样数量：			审核类别：			
产品名称：		产品规格：			审核结论：			
序号	评审项目	审核结果			审核事项说明	责任人	签字确认	备注
		认可	否决	其他				
评审要求事项：								
备注：								
组长：		组员：						
审核开始日期：				审核完成日期：				

评审报告要发到的部门包括供应商、质管部、工程技术部、市场部、生产部及开发部。

三、供应商质量调研

（一）统计分析供应商质量状况

质量是考核供应商的首要标准，企业应以供应商的产品质量为标准对其进行筛选，具体步骤如图 4-5 所示。

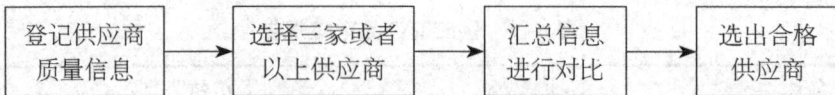

图 4-5　选择供应商的步骤

案例

某企业生产的产品上有一种配件需要从其他企业购进，年需求量为10 000件。有三家供应商可以提供该种配件，他们的质量与价格各有不同，基本资料如下。

供应商	价格	合格率	一次性供货量
A	9.5	88%	5 000
B	10.00	97%	5 000
C	10.50	99%	5 000

根据质量原则，供应商的排名如下。

供应商	合格率	排名
C	99%	1

（续表）

供应商	合格率	排名
B	97%	2
A	88%	3

最后该企业决定选C作为供应商。

以上例子仅涉及合格率，而实际采购中质量问题涉及多个方面的因素。因此，企业在对供应商进行调查时，必须把所有与质量有关的信息全部统计，以下表单可作为统计时的参考。

1. 供应商商务调查问卷

供应商商务调查问卷

一、供应商基本情况

1. 按"新供应商提交资料清单"（见附录）提交资料；

2. 贵公司主要产品。

（1）_____（产品名）去年产值，_____；今年产值，_____。

（2）_____（产品名）去年产值，_____；今年产值，_____。

（3）_____（产品名）去年产值，_____；今年产值，_____。

有无出口：_____。平均出口比例：_____。

3. 贵公司去年产值，_____；今年产值（目前为止）：_____。

主要客户：（1）_____，占销售额的___%。

（2）_____，占销售额的___%。

（3）_____，占销售额的___%。

二、商务能力

1. 贵公司是否有最小生产批量？□是，□否；若有，为___；最小产品包装数量为___。

2. 贵公司是否有最小订购金额？□是，□否；若有，为___；

可接受的订单范围是___；确认订单需要时间为___小时（天）。

3. 贵公司是否采用 MRP 或 ERP 等系统？□是，□否。

4. 贵公司（工厂）距离本公司（广州）_____公里，主要交货方式为_____。

5. 贵公司能提供哪种发票？_____。

6. 贵公司要求的付款期限为_____。

7. 贵公司能多快回复详细的 RFQ？_____。

8. 贵公司材料存在技术或质量隐患，要求来人至本现场解决时，能提供支持吗？

□能，□不能；若能，需要___小时到达现场。

（续）

9. 根据合同条款，若因贵公司质量、交期等因素影响我公司生产进度时，我方将采取罚款的方式来追偿由此所造成的损失，贵公司是否同意？□同意，□不同意。

10. 贵公司向客户提供详细的产品成本分析吗？□有，□无。

11. 贵公司有能力管理机密文件及产品吗？□有，□无。

12. 贵公司愿意同本公司签订保密协议并且在保密的基础上生产产品吗？

□ 愿意，□不愿意；若愿意，贵公司要在协议中加上什么样的限制条款？

2. 供应商基本情况登记表

供应商基本情况登记表

填表人：　　　　　　　　　　职位：　　　　　　　　　　填表日期：

公司名称（中）		盖公司公章
公司名称（英）		
详细地址		
邮政编码		
公司网址		
电子信箱		
厂房面积：＿＿＿m²	建筑面积：＿＿＿m²　□租赁　□自建	
工商注册号		公司发票专用章
纳税登记编号		
开户银行名称		
银行账号		
企业性质		
企业成立日期		
经济类型		
上级企业名称		
注册资金		公司合同（业务）专用章
股份制企业参股企业名称		
前年产值	去年产值	
今年计划产值	平均出口比例	

（续表）

目前产能利用率			
员工总数		本科以上人数	
工程技术人员		质量管理人员	
生产工人		行政管理人员	
工作日	____天／周；____班／天；____小时／班 办公时间：_____		

3. 供应商主要联系人通讯录

供应商主要联系人通讯录

序号	职务	姓名	办公电话	传真	移动电话	电子信箱	备注
1	法人代表						
2	总经理						
3	技术负责人						
4	质量负责人						
5	销售负责人						
6	业务负责人						
7	送货人						

4. 供应商主要产品一览

供应商主要产品一览

序号	产品类别	规格范围	品牌	产地	产品认证	采用标准	月产量	打样周期	首批交货周期	正常供货周期	备注

注：1. 有认证要求的产品，产品认证栏必须填写，并提供有效的认证证书复印件；
　　2. 备注栏请注明能为本月配套数量；
　　3. 如有最小订购批量、最小订购金额请在备注栏说明。

5. 供应商生产设备一览表

供应商生产设备一览表

序号	工序名称	设备名称	规格型号	数量	产地	制造商	购置时间	生产能力	备注

6. 供应商检测设备一览表

供应商检测设备一览表

序号	工序名称	设备名称	规格型号	精度	数量	制造商	购置时间	计量等级	计量周期	备注

7. 产品主要原材料一览表

产品主要原材料一览表

序号	物料名称	是否为关键物料	供应商名称	产地	合作年限	采购周期	年供应量	备注

8. 供应商主要客户一览表

供应商主要客户一览表

序号	客户名称	客户产品类型	生产地	合作年限	年供应量	联系人	联系电话	备注

9. 供应商质量技术调查问卷

供应商质量技术调查问卷

● 此问卷之目的在于评估本公司潜在供应商是否满足本公司的质量要求。

● 此问卷适用于所有本公司潜在供应商，问卷中所涉及领域为本公司要求检查的项目，供应商应在规定的时间内完成此问卷。

填写说明：供应商自我评价　A. 很完善　B. 良好　C. 一般　D. 有差距　E. 无
请在相对应的□内打√，自评为 A 或 E 的需作说明

1. 公司基本质量概况　□A　□B　□C　□D　□E　　说明：

（1）贵公司的质量方针：
_____

（2）管理者代表及职位：
_____

（3）是否具有 ISO9000 认证或其他认证？
认证机构是：_____（请附认证证书）

（4）今年的质量目标主要有：
_____

2. 采购物料的控制　□A　□B　□C　□D　□E　　说明：

（1）采购定单是否包含如下项目。

①采购要求的完整描述。

②图纸与规格要求。

③产品的检验要求。

④所需的检测报告与符合性证明。

⑤指定的包装要求。

总体自评：
_____

（2）是否存在已认可供应商清单？

①谁负责清单的维护？

②是否依据已认可供应商清单进行采购？

3. 来料检验　□A　□B　□C　□D　□E　　说明：

（1）来料检验的抽样水准如何？

（2）是否已建立来料检验标准与程序？

（3）来料检验记录、接受与拒收记录是否都有保存？

（4）检验物料的状态是否都有明确标识？

（5）是否有足够的检验设备与仪器用于来料检验？

4. 生产质量控制　□A　□B　□C　□D　□E　　说明：

（1）是否有合适数量的在线检验人员？有多少？

（2）是否有相应的在线检验流程与规范？

（续）

（3）新产品投产时是否有首件鉴定？

（4）在生产过程中是否应用数理统计方法对生产过程进行评估，如 SPC 等，请列举。

（5）原料与相关支持文件在生产过程中，是否可追溯？

（6）在整个生产过程中，原料、半成品、成品是否有很好的保护措施，以防止损坏？是如何进行的？

（7）是否有足够的工作指引用于生产和检验？

（8）是否有环境敏感型物料？如静电敏感型等。如何进行防护？如 ESD。

5. 材料的储存　□ A　□ B　□ C　□ D　□ E　说明：

（1）进入仓库是否须有必要的授权？

（2）所有的原料是否都在适当的环境中储存？

（3）是否遵循先进先出的原则？

（4）对仓库物料的储存期限与状态是否进行定期审查？

（5）仓库内所有的物料是否标识清楚？

6. 包装与运输　□ A　□ B　□ C　□ D　□ E　说明：

（1）是否有专人在付运前对包装进行检验？

（2）包装中是否包含有物料清单、检验清单？

（3）包装是否能最大程度地保护产品不受损坏？

评价：

_____

7. 培训与资质　□ A　□ B　□ C　□ D　□ E　说明：

（1）有无专人或部门负责员工的培训？

（2）对有上岗证的员工是否有相应的培训项目？

（3）是否保存培训记录？

（4）现正在进行的培训项目有哪些？

（5）有无对培训进行规定的相应程序？

总体自评：

_____

8. 纠正行动系统　□ A　□ B　□ C　□ D　□ E　说明：

（1）供应商是否已建立了纠正行动系统？

（2）是否对数据进行收集和分析以评估工作绩效？

（3）当有来料质量异常时，是否向供应商发出纠正要求？

（4）对纠正要求是否有跟进系统？

（5）哪些部门或个人被指定进行此类沟通？

总体自评：

_____

9. 设备调校与维护　□ A　□ B　□ C　□ D　□ E　说明：

（1）是否有相关的规程对工具进行调校，设备的测量是否有检测人员进行有效控制？

（2）如果工具或设备是送外校验，是否有相应的校验报告？

（续）

（3）校验报告是否包含如下项目？

①工具或设备编号与名称。

②调校频率。

③调校日期与失效日期。

④调校人。

10. 管理评审与质量体系　□A　□B　□C　□D　□E　说明：

（1）供应商是否定期进行管理评审？时间间隔是多久？

（2）质量计划是否由管理层进行批准？

（3）是否由管理者代表或质管经理直接向最高管理者报告？

（4）质量保证职能是否为独立组织？

11. 不合格物料的评审　□A　□B　□C　□D　□E　说明：

（1）对来料和生产线上的不合格物料是否进行评审？

（2）对返工物料是否进行重新检验与重新检测？

12. 制造技术部分　□A　□B　□C　□D　□E　说明：

（1）生产人员技术水平：本科＿＿＿个，占＿＿＿%；大、中专＿＿＿个，占＿＿＿%；专科以下＿＿＿个，占＿＿＿%。

（2）厂房生产面积：＿＿＿m^2，已使用＿＿＿m^2。

（3）生产线主要测试仪器仪表（附表）：

_____

（4）关键工艺及质量保障设备：

_____

（5）工艺流程简图：

_____

（6）目前产能利用率为＿＿＿%，未达成满负荷的原因：

_____

13. 研发实力　□A　□B　□C　□D　□E　说明：

（1）技术研发是自行组织还是依赖外界？

（2）有无与国内或国际知名机构进行技术合作？

（3）主要研发人员：

高级工程师＿＿＿人，工程师＿＿＿人，助工＿＿＿人；

其中博士＿＿＿人，硕士＿＿＿人，本科＿＿＿人，大专及以下＿＿＿人。

（4）主要调测仪器：

共＿＿＿种，数量为＿＿＿个。

用于研发的主要设备包括：_____

（5）环境及可靠性测试设备：_____

（6）现有产品或试制产品在同行业中的技术水平：_____

（7）近两年设计开发和质量控制的执行情况（分类：较好、一般、较差）

需求分析：_____　技术方案及评审：_____

开发过程控制：_____　样机验证：_____

（续）

样机评审：_____ 输出文件评审：_____

（8）贵公司产品是否获得国家主管部门评定或推荐_____；具体情况是：_____

_____

_____

_____

_____

（二）现场验厂

现场验厂是查核供应商产品质量最有效的方法，这主要为了验证供应商的质量维持能力以及供应能力。

现场验厂分两部分：一是文件审阅，查看质量管理系统是否完善；二是现场查看，验证供应商的现场操作是否按照质量管理系统执行。主要内容应该考虑到产品设计开发、产品质量控制、产品质量保障三大部分。

1. 现场验厂的步骤

现场验厂的具体步骤如图 4-6 所示。

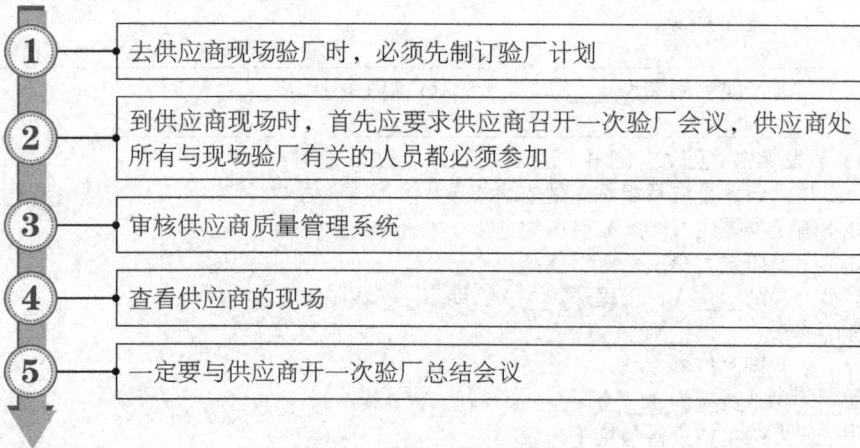

①	去供应商现场验厂时，必须先制订验厂计划
②	到供应商现场时，首先应要求供应商召开一次验厂会议，供应商处所有与现场验厂有关的人员都必须参加
③	审核供应商质量管理系统
④	查看供应商的现场
⑤	一定要与供应商开一次验厂总结会议

图 4-6　现场验厂的步骤

供应商验厂计划具体如表 4-2 所示。

表 4-2　供应商验厂计划

供应商验厂计划				
供应商	日期	审核员		
××	年　月　日	××	××	××
计划安排： 9：00 ～ 9：30　首次会议 9：30 ～ 10：30　审核质管部 10：30 ～ 11：00　审核采购部 13：30 ～ 14：00　审核技术部 14：30 ～ 15：00　审核生产部 15：00 ～ 16：00　审核生产现场 16：00 ～ 17：00　末次会议 要求各部门主要负责人参加				
审核员：×××				

2. 查验的内容

查验包括以下内容。

（1）查验质管系统是否完善。

（2）查验产品制造过程是否受控。

（3）查验技术水平。

（4）查验包装、出货是否妥当。

（5）查验客户投诉如何处理。

••••【范本 1】▶▶▶•••

下面是 ×× 电子有限公司供应商实地评估表，仅供参考。

×× 电子有限公司供应商实地评估表

日期：

一、概况
（1）厂名：
（2）地址：
（3）电话：　　　　　　　　　　　　传真：

（续表）

一、概况	
（4）联络人： 职称：	
（5）主要产品：	
（6）可做到的精密度（即最少公差值）：	
（7）全部员工人数：	
（8）有没有委托其他工厂加工 □有 □没有 加工种类：1._____ 2._____ 3._____	
二、质管系统（30分）	得分
（1）质管组织是否独立，人员配置是否适当（1分）	
（2）质管人员是否专职从事检验、测试工作（1分）	
（3）有无适当的检验场所（1分）	
（4）质管人员有无独立判断能力（2分）	
（5）进料检验是否有抽样计划或其他材料证明书（2分）	
（6）进料检验是否有作业指导书或样品（4分）	
（7）是否有工程图（3分）	
（8）是否有制程检验（2分）	
（9）是否有最终检验（2分）	
（10）制程检验、最终检验是否有作业指导书（4分）	
（11）检验是否有完备的记录（1分）	
（12）检验是否有适当的量具（1分）	
（13）作业人员是否依作业指导书作业（2分）	
（14）不良品管理是否适当（2分）	
（15）是否有降低不良率的质量计划（2分）	
三、制程管控（25分）	得分
（1）生产线是否有作业指导书（4分）	
（2）制程异常时是否分析改善并有记录存查（3分）	
（3）是否有首件检验（3分）	
（4）重要仪器是否有操作书（4分）	

（续表）

三、制程管控（25分）	得分
（5）重要仪器是否有校验（4分）	
（6）作业人员是否依作业指导书作业（3分）	
（7）生产设备是否明确规定保养办法并执行（2分）	
（8）生产设备是否能满足本公司需求（2分）	
四、技术（15分）	得分
（1）各项产品是否有完整的技术资料（5分）	
（2）技术变更是否有明确的文件资料依据（5分）	
（3）对技术或制程异常是否有分析改善措施，效果如何（3分）	
（4）是否定期开会检讨异常事件（2分）	
五、包装、储存与出货（15分）	得分
（1）是否有包装标准书（3分）	
（2）包装材料是否能适当保护成品（2分）	
（3）包装是否有明确标准（2分）	
（4）良品与不良品是否有标识并区分（2分）	
（5）是否有先进先出管理办法（2分）	
（6）出货前是否依规定检验（2分）	
（7）出货记录是否完整（2分）	
六、信赖度与客诉（15分）	得分
（1）是否有各类规格的相关资料（如：CNS、JIS、MIL等）（3分）	
（2）是否有足够仪器设备进行质量信赖度的实验（3分）	
（3）是否建立客诉事件处理流程及办法（3分）	
（4）对客诉事件是否有改善报告（2分）	
（5）对改善动作是否定期审核并记录（2分）	
（6）对协力厂商（或委外加工）是否评估并记录（2分）	

备注		总得分	
核准		审核		制表	

四、签订质量保证协议

（一）质量保证协议的目的

如果双方洽谈成功，则需要签订《质量保证协议》。其目的是督促供应商在生产过程中保证产品质量。如供应商未按质量要求执行，则可以《质量保证协议》为依据追偿损失。

（二）质量保证协议的内容

在质量保证协议中，首先要明确质量规格的内容，包括有关材料、零部件的标准规格，完成图纸，工作图纸，质量规格检验标准与方法及其他特殊需求的规格。其次，双方必须成立能充分实施质量管理的组织，在采购、制造、检验、包装、交货等环节，建立标准作业程序，以便双方能按照作业标准完成合作事宜。《质量保证协议》应包含内容如图 4-7 所示。

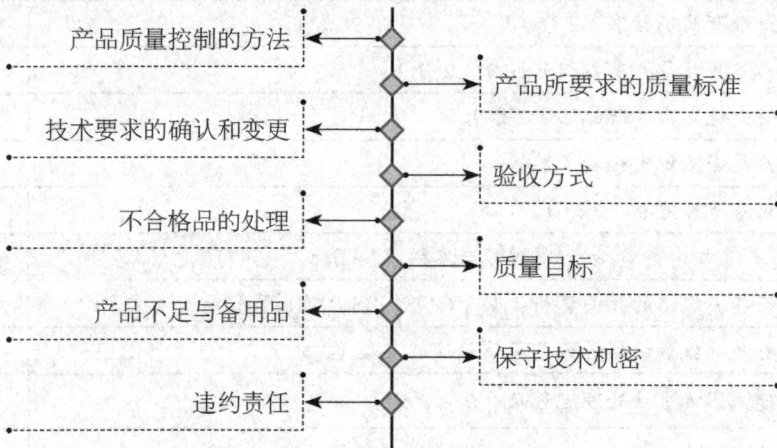

产品质量控制的方法
产品所要求的质量标准
技术要求的确认和变更
验收方式
不合格品的处理
质量目标
产品不足与备用品
保守技术机密
违约责任

图 4-7　质量保证协议的内容

·····【范本 2】▶▶▶···

下面是某企业的《供应商质量保证协议》，仅供参考。

供应商质量保证协议

甲方：××科技有限公司 乙方：＿＿＿＿＿＿＿＿＿＿＿＿

代表：＿＿＿＿＿＿＿＿＿＿＿ 代表：＿＿＿＿＿＿＿＿＿＿＿＿

日期：＿＿＿＿＿＿＿＿＿＿＿ 日期：＿＿＿＿＿＿＿＿＿＿＿＿

甲方公章   乙方公章

1. 总则

1.1 为了保证产品质量，确保产品供应，明确甲、乙双方的责任，本着平等合作原则，××科技有限公司（以下简称甲方）和××公司（以下简称乙方）共同协商签订本供应商质量保证协议。

1.2 甲、乙双方应严格遵守本协议各条款的规定和要求，违约方应对其所造成的损失负全部责任，并按照协议的要求作出相应赔偿。

1.3 本协议一式二份，甲、乙双方各保留一份，若本协议签署前甲、乙双方已发生业务关系且当时没有签署书面协议，则本协议效力将追溯至甲、乙双方发生业务关系之时。本协议将在甲、乙双方发生业务关系期间一直保持有效，直到双方重新签订协议。

1.4 本协议一旦签订，甲、乙双方应共同遵守。本协议未尽事宜由甲、乙双方共同协商解决。

2. 质量部分

2.1 验收规则。

2.1.1 验收标准：甲方正式受控生效的企业标准、量产规格书、甲方设计图纸及国家颁发的有关标准，如遇到各标准之间有不一致时按高级别的标准执行。

2.1.2 甲方对乙方提供货品的验收抽样按国家标准GB 2828.1—2012 Ⅱ级检验水准，采用一次计数抽样方案进行检查。具体交收检验项目方案列于附表2。甲方将按实际情况进行检验转移，检验转移规则由甲方根据实际情况拟订。

2.1.3 甲方向乙方提供甲方的企业标准、量产规格书、设计图纸等，并对乙方的样品进行核对确认，在相应规格书无法清晰表述时进行封样处理，封样作为产品质量处理的标准之一。

2.1.4 甲方当月检查出现三批不合格货品时，甲方有权向乙方发出暂停供货通知，由甲方根据情况决定是否停止乙方供货。

2.1.5 为了保证甲方对产品的管理，甲方要求乙方提供的产品包装应符合以下要求。

内包装（最小包装）：密封独立包装，内有产品合格证，合格证上标明产品型号、甲方物料编号、生产批号、生产日期、生产厂家。

外包装：纸箱标识需包含产品名称、型号、数量、日期、生产厂家及甲方物料编号。对甲方定为安全件、关键件或 ROHS 物料的，乙方外包装箱需标识甲方指定的安全件、关键件或 ROHS 标志。

2.1.6 乙方每次送货时，必须向甲方检验部门提交该批物料的抽检报告，否则甲方有权拒收该批产品。

2.1.7 对有贮存期要求的产品，产品在乙方的贮存期不得超过 3 个月。乙方提供的产品自合格入库之日起 3 年内应保证其具有良好的性能， 3 年内应保证其具有良好的可焊性；否则，甲方视其为不合格品并予以退货。

2.2 产品检验要求。

检验使用的仪器、设备及夹具应符合国家有关计量标准，双方有争议时进行协商并以双方最终认可的标准为准。

2.3 主要原材料的质量控制。

2.3.1 乙方应对原材料进行严格的进货检验，建立和保存进货检验的原始记录，对供应商的材料质量进行跟踪考核，建立质量档案。

2.3.2 甲方有权检查乙方的执行情况，并进行符合性考核，对不符合的，甲方有权对乙方采取扣款、暂停、取消等措施。

2.4 生产过程质量控制。

2.4.1 乙方应建立并不断完善生产过程的控制管理，制定生产过程控制文件和作业指导书等，在对最终产品质量有影响的关键生产工序上建立必要的控制点，所有控制点乙方应设专人负责，严格做好原始记录和数据统计，监控工序质量和产品质量，及时发现和纠正生产过程的异常情况，确保产品质量的一致性、稳定性。

2.4.2 乙方应使生产完全受控，如有失控，应及时查明原因采取纠正措施，并通知甲方采取相应的措施，否则一切后果由乙方承担。

2.4.3 对于以上几点，甲方有权对乙方进行监督考察，并进行符合性考核。乙方执行不符合的，甲方指出后，乙方须及时进行有效整改，对未整改或整改情况不符合甲方要求的，甲方有权终止供货关系。

2.5 合格质量水平控制。

2.5.1 乙方产品须满足基本的可靠性要求，乙方产品上线不良率≤ 1 000 ppm。

2.5.2 乙方提交的产品每月交收批次合格率≥ 99 ％。

2.5.3 产品交甲方时，乙方应如实提供产品检验报告。

2.5.4 乙方应对库存 3 个月以上的产品按正常程序进行重新检验。凡逾期 3 个月的产品且未经甲方认可，甲方将按不合格处理。

2.5.5 乙方产品在甲方装机使用过程中，发现不良率高于协议规定的合格质量水平时，甲方应及时向乙方进行质量信息反馈，同时提供不良品供乙方分析，乙方在接到反馈信息后必须以最快的速度进行分析，及时查明真正原因并通知甲方，以利于双方采取有效纠正措施，并在 3 个工作日内向甲方提供整改报告，甲方根据情况做出处理。乙方每月 CLCA 不得超过 3 次，超过 3 次后，每次扣罚 100 元；提供分析整改报告被退回，每次扣罚 30 元；未按期限做出回复，每次扣罚 30 元；每延误 1 天扣罚 30 元，依此类推。

2.5.6 乙方应保证不发生混料事故，混料事故将视为该批次不合格，由此给甲方造成的损失将按本协议损失赔偿的相关条款处理。

2.6 元器件周期试验和可靠性试验。

2.6.1 乙方必须严格按本协议协定的标准进行周期试验和可靠性试验。乙方应每年如实向甲方提供一次有关例试报告。

2.6.2 乙方一旦发现送甲方的产品存在影响使用的隐患时，应及时通知甲方，并及时与甲方一起制定补救措施。

2.6.3 甲方在使用过程中一旦发现存在早期失效或中期失效隐患时，应及时将信息反馈给乙方，乙方接到信息后应立即进行分析，查明原因，制定补救措施，并向甲方提交书面报告。

2.6.4 因乙方产品可靠性原因造成甲方损失的按损失赔偿的相关条款进行处理。

2.7 质量信息反馈。

2.7.1 甲方对乙方的交货进行来料检验，出现不合格批次时，甲方应出具来料检验不合格报告，并同不合格品一同退回乙方。

2.7.2 乙方的产品在甲方生产试验过程中出现不良批次的，甲方出具质量信息反馈卡，并同不合格品一同退回乙方。

2.7.3 乙方在接到甲方的反馈信息后必须立即分析、处理，应在 1 个工作日内确认收到反馈，并在 3 个工作日内向甲方提供书面的质量分析及整改报告，在质量问题未妥善处理之前，甲方可以根据情况要求乙方暂停供货。

2.7.4 如乙方同类问题在之后交货的两个月内又连续出现两次，甲方有权取消乙方的供货资格。

2.7.5 甲、乙双方应有专人负责质量信息反馈的处理。

2.8 不合格品的处理。

2.8.1 来料检验中不合格品的处理。

2.8.1.1 对乙方提供的产品进行验收时，如有不合格品，甲方应保存不合格样品并通知乙方，乙方接到通知后立即进行核实或提出处理意见，同时查明原因、采取相应改进措施；乙方应在3个工作日内答复相关意见，如未答复，乙方应无条件接受退货处理，甲方视乙方为问题处理能力不足、技术质量反馈不及时。

2.8.1.2 来料批次中有不合格品，原则上整批退回乙方，对于甲方必须使用的急用特采处理产品，经甲方同意后，乙方可在甲方允许的地点进行特采处理加工，然后向甲方进行第二次交验，特采处理原则上应由乙方完成，乙方也可委托甲方处理，甲方按实际的工时向乙方收取加工费用。

2.8.1.3 对于环保物料，经甲方 IQC 抽测（内测或送外测试）超标的做退料处理。

2.8.2 使用过程中的不合格品处理。

2.8.2.1 正常使用下出现的不合格品，应由乙方负责分析和退换。

2.8.2.2 市场返修退回的不良品，经分析属乙方责任的，由乙方负责退换及分析处理。

2.8.3 对甲方判定的不合格且需退换货的物料，乙方应在确认后3个工作日内完成退换货处理；若超过规定时间未处理，物料所有权归甲方所有，同时收取乙方相应处理费。

3. 商务部分

3.1 正当交易保证。

3.1.1 甲、乙双方均有责任要求本单位员工，禁止在业务活动中进行索贿、行贿、受贿，亦必须拒绝对方人员的索贿、行贿行为。

3.1.2 甲方所属员工个人及其家属，不得以其工作范围上直接或间接的便利，向乙方要求非公务指定的借贷、租赁、投资或对其个人或亲友进行酬劳式的工作安排。

3.1.3 乙方不论单位或个人，均不得以任何借口或形式（如现金、有价证券、非公司制式礼品、休闲旅游的招待、报销发票等其他私人形式）向甲方人员或其亲属行贿。

3.1.4 双方在经济交往中的任何一方让利（返利）、回扣（佣金）、奖励等均应以书面形式通知对方，并通过双方财务部门进行收付结算。

3.1.5 双方员工不参与对方单位有损其所属公司的利益或损害公司形象的行为。如有违反者，应接受处分并承担一切民事、刑事责任。

3.1.6 乙方有向甲方行贿的行为事实，一经发现，甲方有权终止与乙方的经济活动及经济合同。甲方由此所造成的损失全部由乙方承担，并有权向乙方按行贿价值金额的 10 倍收取协议违约金。同时，甲方有权冻结所有应付财款的支付，直至相关的法律诉讼程序或纠纷结束。

3.1.7 乙方不得以任何形式与甲方采购、仓库、保安、司机以及其他人员串通进行损害甲方利益的行为，否则甲方有权终止本协议，并要求乙方支付损失额 2 倍的违约金。

3.1.8 甲方员工或亲属向乙方索贿的，乙方有权向甲方的最高领导或纪检部门投诉。

3.2 产品购销。

3.2.1 订单。

3.2.1.1 具体的产品名称、规格、数量、单位、交提货时间及具体交货地点以"订购单"为准。"订购单"为本协议有效且必要的组成部分，与本协议产生同等法律效力。

3.2.1.2 在收到甲方的"订购单"并确认相关的要素后，由乙方法定代表人或委托代理人签字并加盖合同（业务）专用章或公章后生效，对订单上要求的交货期或数量需要变更的，乙方需书面说明。1 个工作日内乙方没有确认并反馈意见的，视为乙方接受甲方订单，甲方同时有权取消订单，向其他供方订货。

3.2.1.3 乙方应在收到订单后每天更新"订单管制表"，并在每天 9 点前以电子邮件方式向甲方告知生产进度状况，如乙方未能在约定时间内及时提供，延误扣罚 10 元/次，当天未能提供的扣罚 50 元。

3.2.2 乙方必须按照订购单上约定的时间和数量交货，延误扣罚 50 元/天。

3.2.2.1 如乙方在生产过程中出现异常影响交期或产品质量的，应在 8 小时内通知甲方；乙方若未履行，应向甲方交付违约金（200 元/次），若因乙方未及时通知甲方而导致甲方产生的所有损失由乙方承担。

3.2.2.2 如乙方未能在约定时间内交货或交货短缺造成甲方成品无法按时生产的，乙方应向甲方交付违约金（500 元/次）并承担由此给甲方带来的全部直接及连带损失，按损失赔偿的相关条款进行处理。

3.2.2.3 乙方连续三次延迟交货，甲方有权暂停或取消乙方的供货资格。

3.2.2.4 乙方提供的物料在验收或使用过程中发现原装短少的，甲方按短少的比例和该批物资数量计算出短少数量，并按短少数量价值的 20 倍扣罚乙方货款；对上述问题反馈多次未有整改，影响甲方生产的，除按上述处罚外，另根据乙方最近三个月该料的供货总金额按照少料比例对乙方进行扣罚，罚款不足 1 万元的，按 1 万元进行处罚。

3.2.3 交货地点：按订购单约定起点交货，产品由乙方负责运输，运费和运输保险费由乙方负担。

运输方式：□空运 □特快专递 □铁路运输 □邮寄 □汽车运输

货物的毁损灭失责任在货物交付至甲方生产基地前全部由乙方承担。

3.2.4 乙方应工整填写送货单，因送货单填写错误，误导甲方仓库和采购部，给甲方造成影响或损失的，乙方应向甲方支付违约金额 30 元 / 次，由此给甲方造成的损失由乙方承担。

3.2.5 包装：按甲方要求的标准及订单数量进行包装，包装费由乙方自负。

3.2.6 包装物回收。订单中约定需回收的，具体回收工作由乙方在甲方指定的场地进行，因乙方回收不及时造成的损失或遗失，甲方不承担赔偿责任。

3.2.7 货款结算。

3.2.7.1 产品到达甲方仓库，由甲方验收合格后按照订购单中的付款条件付款；乙方应在规定时间内提供当月发票和双方确认的对账单。

3.2.7.2 因乙方自身原因延迟提供发票及对账单的，甲方有权顺延一个月对账及付款；乙方延迟超过 2 个月提供的，甲方按实际货款的 9 折结算并付款；超过 4 个月的，甲方按实际货款的 6 折结算并付款；超过 6 个月以上的视同乙方免费赠送给甲方，甲方不予结算。

3.2.8 乙方必须保证所供产品合法或符合有关法定手续，甲方不接受乙方非法的产品，乙方提供产品因危险性问题所导致的一切法律和经济责任由乙方自负，甲方概不负责。

3.2.9 乙方必须保证其供货的元器件在甲方停止下单后 5 年内仍可供应，如无法保证，乙方应在停止供应此种元器件 6 个月前书面通知甲方，否则乙方须承担甲方由此产生的全部售后费用。

3.2.10 协议双方遭受不可抗力事件的影响造成本协议项下的义务不能履行时，可以根据不可抗力事件影响的程度，受影响方负部分或者不负违约责任；但是遭受不可抗力事件不能履行义务的一方应在发生不可抗力事件的 24 小时内及时通知另一方，并且在不可抗力事件结束后的 7 个工作日内向另一方提供不可抗力事件影响范围和影响程度的书面证明。

3.2.11 乙方交付给甲方的物料需按合同数量提供千分之三的备品。未提供的部分，对应数量的货款从当月货款中扣除。

4. 技术支援

4.1 乙方在向甲方提供样品的同时，应该向甲方提供本型号材料的技术数据、成品测试报告、企业标准、国家标准、国内（国际）通过的安全认证及其他认证证书复印件。

4.2 乙方在开始供货时需免费向甲方提供必要的测试工具、出厂检验标准。

4.3 在甲、乙双方开始合作后，乙方对甲方有进行产品知识培训或提供相关数据的义务。

4.4 设计、工艺、技术性能更改控制。

4.4.1 本协议产品单价已含专利使用费及其他任何知识产权使用费，涉及他方专利及知识产权使用费的，由乙方负责；如出现因使用乙方产品而侵犯他方知识产权的问题，由乙方承担全部责任。乙方应承担甲方因他方提出涉及知识产权的主张、诉讼、仲裁、行政处罚等的全部支出（包括但不限于律师费）。

4.4.2 乙方经甲方认可供货的产品，不得随意更改设计、工艺、主要技术参数及安装外形尺寸等。如确需更改时，必须提前通知甲方，按本协议质量部分的要求进行试验，提交试验报告及更改后的样品给甲方确认，经甲方认定合格后，方可进行供货，严禁乙方未经甲方书面允许而对产品私自做出更改，否则造成的一切损失全部由乙方承担。

4.4.3 更改后的方案，双方应纳入有关文件进行管理。

4.4.4 甲方有权检查乙方以上几点的执行情况，并对其进行符合性考核，对不符合的，甲方有权对乙方采取停用、扣款等措施。

5. 损失赔偿

5.1 乙方交货质量不良的处置。

5.1.1 乙方每月进料批退率超过 5 %，当月罚款 2 000 元。

5.1.2 乙方供应的材料出现质量不良，在甲方电子邮件、电话或书面通知后，省内的乙方在 24 小时内（省外 48 小时内）到达现场作处理，一般情况下分析及改善纠正措施于 3 个工作日内书面回复甲方。

5.1.3 乙方提供的材料入厂检验或生产过程中出现不良超出双方协议的允收水平时，甲方有权决定整批退货或要求更换，乙方应在接到甲方退货通知后 3 个工作日内办理退货手续，逾期未办退货手续的材料，甲方收取场地租金（按每平方米每日收取 18 元计算）。

5.1.4 乙方提供的物料经甲方检验不合格而甲方生产急用的，经甲方评估可挑选、加工使用时，由甲方通知乙方前来处理，在乙方到达之前（或乙方不能及时来处理）的挑选、加工损失工时费用，甲方以每人每小时 30 元计算，从乙方当月货款中扣除。

5.1.5 因乙方材料不良导致甲方生产线停线或需重工时，乙方须负责停线费用或重工费用。

5.1.6 甲方客户抱怨质量异常（同种不良超过 5‰ 的批量质量问题或造成安全事故的重大质量问题），经甲、乙双方确认属乙方物料不良造成的，乙方需承担全部责任，包括所有重工、客户索赔等的损失费用（客户索赔费依客服部门提供数据扣除）。乙方物料本身的不良品，乙方必须无条件全数为甲方退换。因乙方物料质量异常造成甲方及甲方客户订单损失的，乙方需承担赔付甲方及甲方客户所有损失订单的利润及费用，且甲方有权暂停支付乙方剩余货款或直接从乙方货款中等额扣除甲方的损失费用。

5.1.7 乙方物料于甲方使用过程中出现不良超过 1 000ppm 的（以甲方当月生产量与不良数之比计算，此统计不良主要为物料重要缺陷即影响物料使用的缺陷），每 1 000ppm 扣罚乙方 100 元（试产的产品不计算在内）。

5.1.8 乙方交给甲方的材料如与其他方存在专利纠纷问题，后果一律由乙方负责。

5.1.9 乙方向甲方提供的产品，乙方需保证甲方在正常条件下使用 5 年（以甲方的生产日期后 3 个月时开始计算），期间出现质量异常而引起的损失超出 2 000 ppm 的（以成品和批次计算），按以下情况赔偿。

5.1.9.1 直接损失。

（1）甲方产品退货运费（按往返计算），内销（不含港澳台地区）每台成品 20 元；外销每台成品 150 元。

（2）甲方返工工时费用（按每人每小时 30 元计算）。

（3）甲方派出维修人员所开支的差旅费用。

（4）甲方维修员产品使用的零件费用。

5.1.9.2 间接损失。

由于乙方产品不良对甲方造成的间接损失，如交期、企业名誉等方面的损失，赔偿金额原则上不低于直接损失的两倍。

5.1.10 制程中及市场上使用中损坏的元件，但损坏率在合同范围内的，乙方可不承担赔偿责任，经甲方确认属乙方物料质量问题造成的，乙方需无条件给予良品交换或由甲方直接扣除乙方相应数量的货款。

5.2 违反正常交货的罚款。

5.2.1 乙方不得将所供物料转由未经甲方认可的厂商生产或交货，如发生此情况，每次罚款 2 000 元，如造成甲方生产进度延误或质量不良等，一切损失全部由乙方负责。

5.2.2 乙方提供的物料经甲方确认后不得擅自变更材质（有特别指定的供应商也不得擅自变更），否则处以每批每项 5 000 元罚款作为违约金（其他损失另计）。

5.2.3 甲方在进料检验或使用乙方提供的物料出现短装时，甲方将以乙方来料包装数乘以最多短装数为短装总数，经乙方确认后自乙方交货中直接扣除或由乙方及时补货，因此给甲方造成的其他损失另计。

5.3 罚款计算公式（当甲方依据此份质量协议对乙方进行罚款时，按以下计算公式进行）。

5.3.1 批退率计算公式（定义每张验收单为一批）。

$$批退率（\%）= \frac{不合格批数}{总检验批数} \times 100\%$$

5.3.2 罚款项目的计算公式。

效率损失费用 =30 元 / 人·小时 × 总人数 × 损失时数

人工损失费用 =30 元 / 人·小时 × 总人数 × 总时数

运费：以货运商实际收取运费为准。

其他费用：按实际情况计算。

5.4 损失赔偿的通知。

甲方以"不良材料损失赔偿单"将损失赔偿的内容通知乙方，并规定乙方应在一周内确认回签，乙方在一周内未反馈任何意见的视为乙方默认甲方意见。

5.5 关于环保。

5.5.1 乙方必须保证供应甲方的产品符合国家有关环保规定和甲方的环保要求，并签订附表"产品符合性声明书"。

5.5.2 环保问题赔偿。

5.5.2.1 环保资料不符合的处理。

5.5.2.1.1 乙方未按甲方要求及时提供和更新符合要求的环保资料，甲方将对乙方环保产品定期送第三方测试机构检测，检测费用由乙方承担，甲方同时等额加收管理费。

5.5.2.1.2 乙方提供给甲方的环保资料为虚假资料的，乙方应向甲方支付违约金5万元，甲方有权对乙方进行供应商内部通报，并永久取消乙方的环保供方资格。

5.5.2.2 环保产品测试不合格的处理。

（1）首次测试不合格，乙方应向甲方支付违约金5 000元，甲方暂停乙方环保供方资格；乙方可进行一次整改，整改验证合格后可以恢复环保合格供方资格，整改所有费用由乙方承担。

（2）乙方在半年内有第二次测试不合格的，将给予乙方通报及处罚，处罚金额为该批货款的3～8倍（小于5万元的以5万元处罚）。对甲方的IQC抽测结果，如果双方达不成统一意见，可送检第三方检测机构，如SGS/ITS测试，结果合格，由甲方付测试费用，若测试结果仍不合格，则由乙方承担测试费用。

5.5.2.3 环保产品市场问题的处理。

（1）如经追溯发现不符合RoHS标准的物料已经被甲方装成成品并已流向市场，则暂扣乙方人民币10万元两年，作为市场抽查的风险保证金，如后续因该物料产生费用则先从此款抵扣，多退少补。

（2）对于出口欧盟及其他国家和地区有环保要求的产品，如在当地被检出不符合RoHS标准要求而引起甲方与第三者（包括市场）之间的相关纠纷、诉讼而产生损失时，乙方承担全部责任并按以下A、B、C、D项费用的2倍进行赔偿 [即：乙方赔偿金额＝（A+B+C+D）×2]。

A. 欧盟等相关国家和地区处罚的全部费用。

B. 所有出口成品的损失费用。

C. 甲方派出人员的差旅费及符合甲方规定的可报销的其他费用。

D. 品牌名誉的损失费用及甲方预期利益损失费。

6. 所有权及资料的返还

所有资料，包括但不限于甲方交给乙方的文件、图纸、模型、装置（模具）、草图、设计及清单和任何保密信息，其所有权应归甲方所有。任何时候，只要收到甲方的书面要求，乙方应立即将其或其经批准的代理人持有的全部保密资料和文件，或包含该保密信息的媒体，及其任何或全部复印件或摘要归还给甲方。如果该保密信息属于不能归还的形式，或已经复制或转录到其他资料中，则应由乙方销毁或删除。

7. 其他

7.1 "协议书中涉及的相应内容填写规定"为本协议书的组成部分，甲、乙双方应按其相关要求进行填写。

7.2 该协议未规定的事项发生，导致对该协议各条款的解释产生异议，或者必须变更协议内容时，由甲、乙双方协商决定。协商不成的，双方同意提交至甲方所在地人民法院诉讼解决。

7.3 乙方供货质量有不符合本协议或约定的质量标准要求的，甲方有权随时解除合同并无须负违约责任。

7.4 本协议共＿＿＿页，一式两份，甲、乙双方各执一份，自签字盖章后生效，如有涂改须经双方再次签字盖章后方有效。

8. 附件

不良材料损失赔偿单

供应商名称		合同编号	
产品名称		送检日期	
产品编号		数量	
产品缺陷内容			
质管部意见			签名：
供应商确认			签名：
采购意见			签名：
财务意见			签名：

注：一式三份，分别由财务部、质管部、供应商存档。

甲方（签章）：＿＿＿＿＿＿＿＿　　乙方（签章）：＿＿＿＿＿＿＿＿

法定代表人（签章）：＿＿＿＿＿　　法定代表人（签章）：＿＿＿＿＿

或授权代表签字：＿＿＿＿＿＿＿　　或授权代表签字：＿＿＿＿＿＿＿

电话：＿＿＿＿＿＿＿＿＿＿＿＿　　电话：＿＿＿＿＿＿＿＿＿＿＿＿

地址：＿＿＿＿＿＿＿＿＿＿＿＿　　地址：＿＿＿＿＿＿＿＿＿＿＿＿

邮政编码：＿＿＿＿＿＿＿＿＿＿　　邮政编码：＿＿＿＿＿＿＿＿＿＿

签订时间：＿＿＿年＿月＿日　　　签订时间：＿＿＿年＿月＿日

协议签订地：＿＿＿＿＿＿＿＿＿　　协议签订地：＿＿＿＿＿＿＿＿＿

五、供应商质量后续监控

供应商物料质量的后续监控包括两方面：一是在来料处设立来料检验（IQC），二是到供应商生产现场一线进行指导。

IQC 主要采用抽检与全检两种方式，我们将在下一节的内容中详细讲述如何执行 IQC。

（一）派员去供应商处时常发生的问题

削减不合格率应从供应商开始，派员去供应商处可以减轻企业 IQC 的压力，也能帮助企业实现零库存。但是，由于所派人员在本企业外部活动，企业无法加以监管，如果所派人员被供应商贿赂，企业的损失可能无法估量。

（二）派员的条件

为了避免上述情况发生，派员要满足以下条件：

（1）所派人员所去的地方应该是大中型企业；

（2）所派人员要经常更换。

六、对供应商进行质量指导

对供应商进行质量指导主要有专题培训和约定在供方看现场两种方式，具体如图 4-8 和图 4-9 所示。

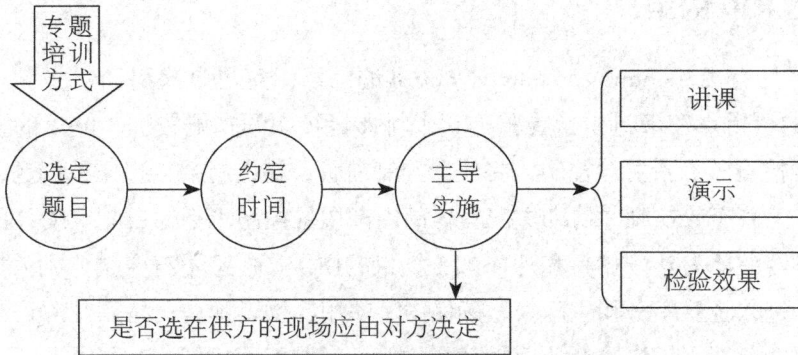

图 4-8 供应商质量指导的专题培训方式

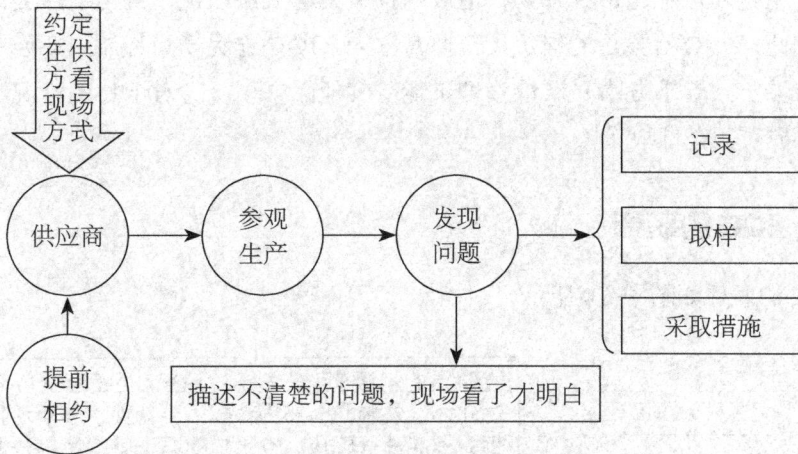

图 4-9 供应商质量指导的约定在供方看现场方式

第二节 来料检验控制

来料检验（IQC）是企业产品在生产前的第一个质量控制关卡，如果让不良品进入到制程中，则会导致制程异常或最终产品不合格；如拒收良品，则会使供应商蒙受损失，同时也影响本企业的生产进度，间接影响本企业的生产成本。所以，IQC 对企业而言非常重要。

一、IQC 的定义

IQC 是英文 Incoming Quality Control 的缩写，意思是来料质量控制。企业目前 IQC 的侧重点在来料质量检验上，来料质量控制的功能较弱。IQC 的工作方向应从被动检验转变到主动控制，将质量控制前移，在最前端发现质量问题，减少质量成本，达到有效控制并协助供应商提高内部质量控制水平的目的。IQC 的工作主要是控制企业所有外购物料和外协加工物料的质量，保证不符合企业相关技术标准的产品不进入企业库房和生产线，确保生产使用的物料都是合格品。IQC 是企业整个供应链的前端，是构建企业质量体系的第一道防线和闸门。如果企业不能把关或把关不严，让不合格物料进入库房和生产线，将使质量问题在后面的工序中成倍地放大；如果把质量隐患带到市场，造成的损失更是无法估量，甚至会造成灾难性的后果。因此，IQC 检验员的岗位责任非常重大。IQC 作为质量控制的重要一环，要严格按标准、按要求办事，质量管理不能受其他因素干扰。对于特殊情况下需要放行的，由质量工艺部决策。

二、IQC 的职责

IQC 的职责如图 4-10 所示。

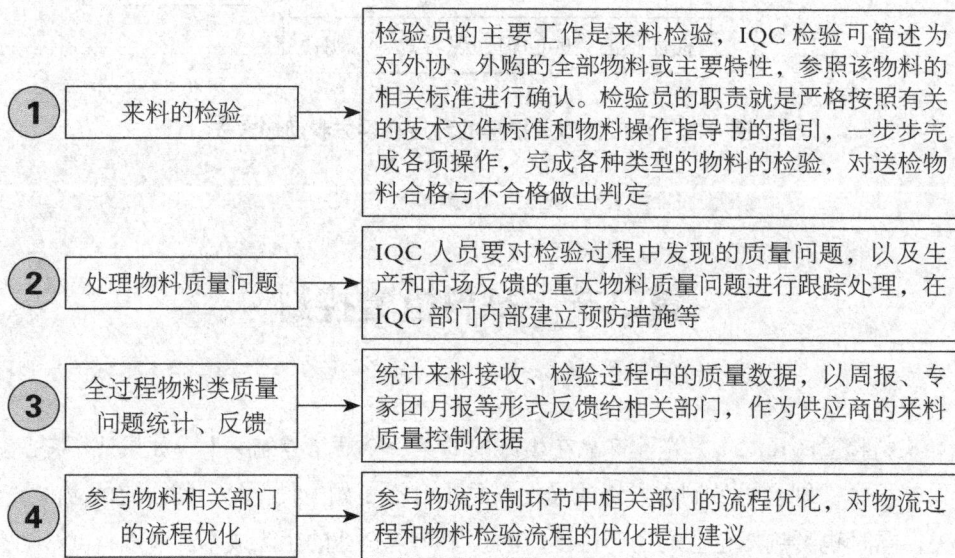

①	来料的检验	检验员的主要工作是来料检验，IQC 检验可简述为对外协、外购的全部物料或主要特性，参照该物料的相关标准进行确认。检验员的职责就是严格按照有关的技术文件标准和物料操作指导书的指引，一步步完成各项操作，完成各种类型的物料的检验，对送检物料合格与不合格做出判定
②	处理物料质量问题	IQC 人员要对检验过程中发现的质量问题，以及生产和市场反馈的重大物料质量问题进行跟踪处理，在 IQC 部门内部建立预防措施等
③	全过程物料类质量问题统计、反馈	统计来料接收、检验过程中的质量数据，以周报、专家团月报等形式反馈给相关部门，作为供应商的来料质量控制依据
④	参与物料相关部门的流程优化	参与物流控制环节中相关部门的流程优化，对物流过程和物料检验流程的优化提出建议

图 4-10 IQC 的职责

三、IQC 的工作原理

IQC 的工作原理如图 4-11 所示。

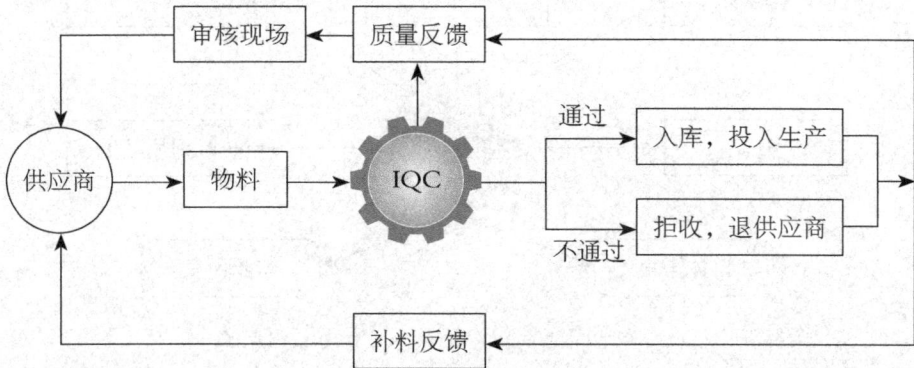

图 4-11　IQC 的工作原理

四、IQC 的作业条件

IQC 的作业条件如图 4-12 所示。

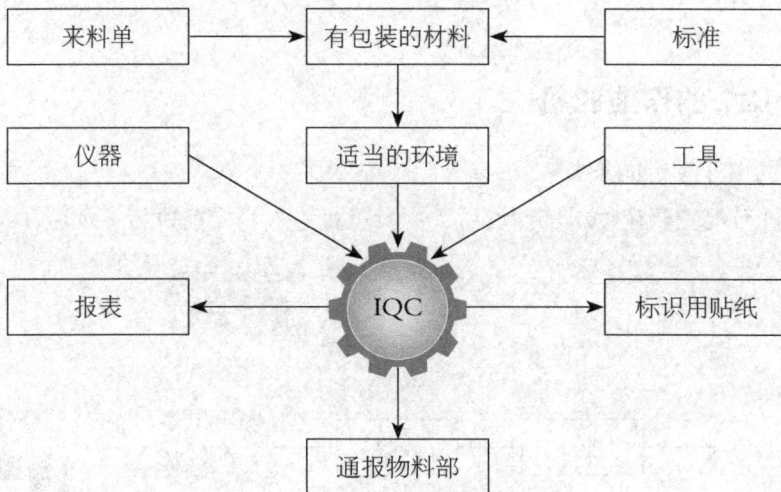

图 4-12　IQC 的作业条件

IQC 处理生产中不良品物料的条件如图 4-13 所示。

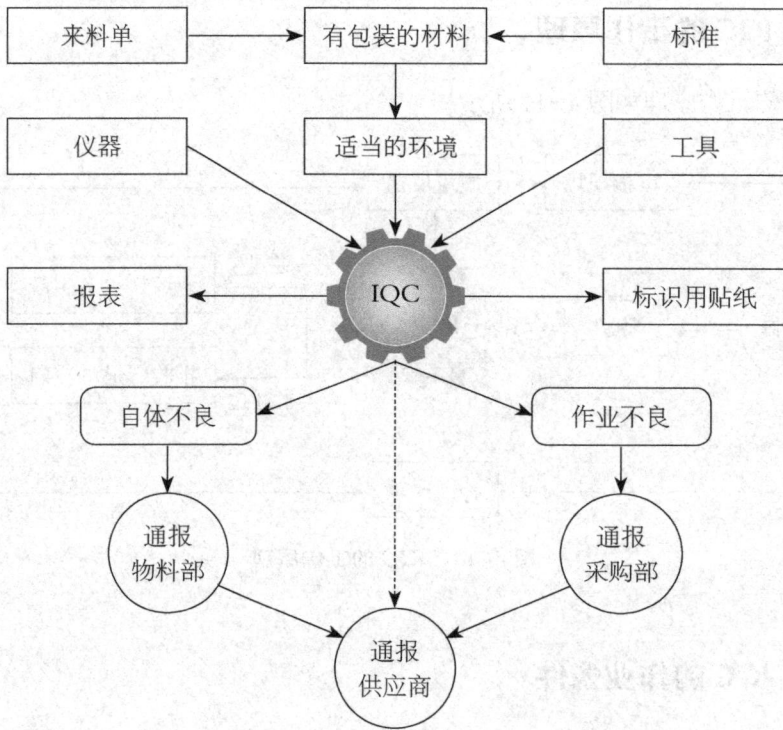

图 4-13　IQC 处理生产中不良物料的条件

五、IQC 的作业时机

IQC 的作业时机如下。

（1）进料检验要在物料部预收后，物料正式进入仓库前进行，如图 4-14 所示。

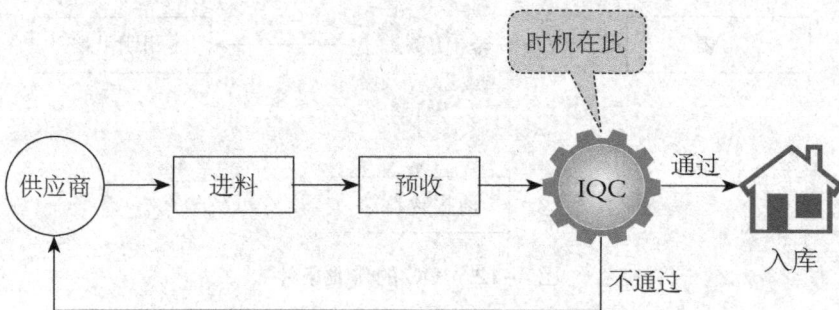

图 4-14　物料入仓前进行进料检验

（2）生产中发生的不良物料要在退入不良仓库前进行确认检验，如图4-15所示。

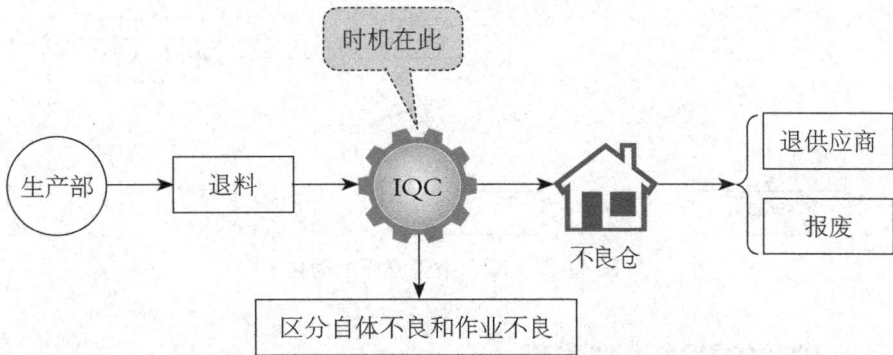

图4-15　不良物料退仓前进行确认检验

六、IQC 的检验流程

IQC 的检验流程如图4-16所示。

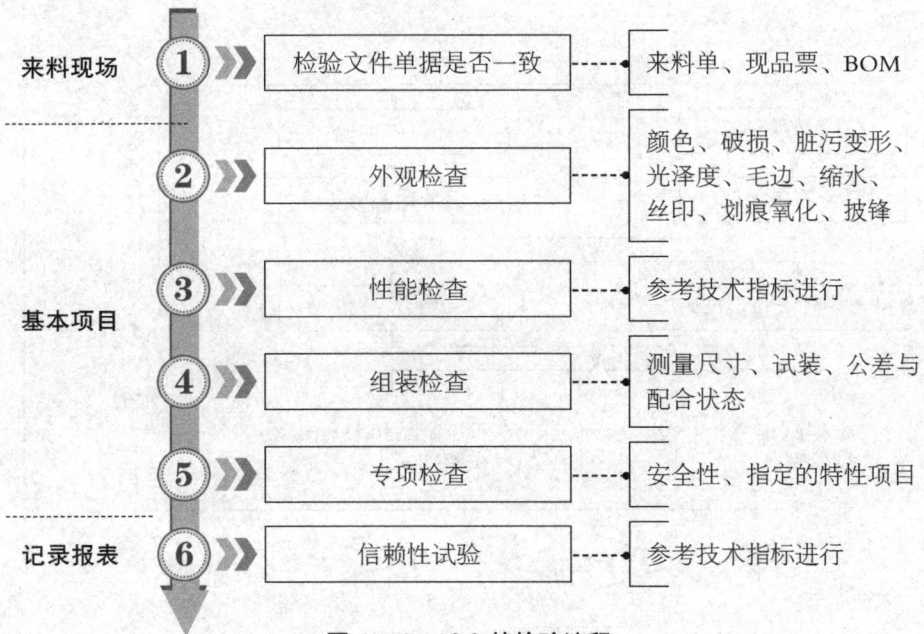

图4-16　IQC 的检验流程

IQC 的检验可以简化为图4-17所示的流程。

147

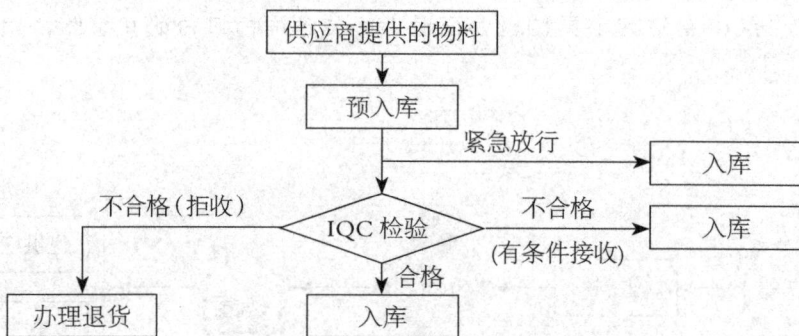

图 4-17　IQC 检验流程（简化）

七、IQC 的整体工作流程

IQC 的工作流程如图 4-18 所示。

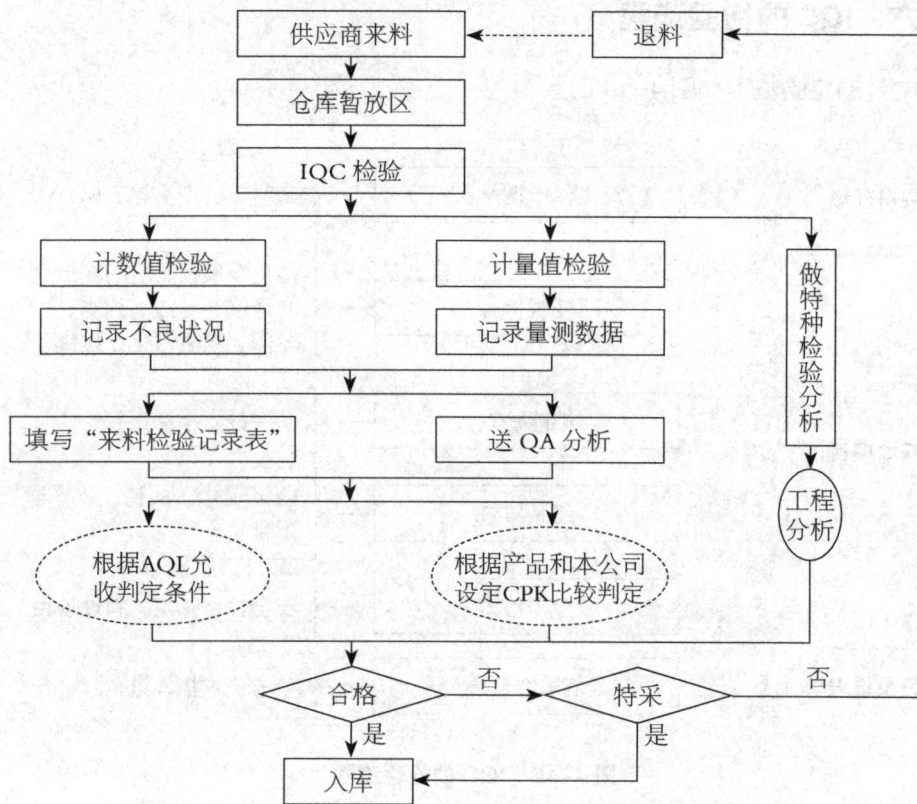

图 4-18　IQC 的工作流程

（一）供应商来料

供应商来料是指合格供应商通过采购下订单，按时送来符合规格、型号和数量的原材料或部件。在到货时有可能是一个订单分批送来部分原材料或部件，也有可能是几个订单号或几个型号的产品一次性送来，还有可能是几个供应商先后送来各种原材料或部件。

（二）来料暂放区

供应商来料后，工厂要先规划出一个暂放区，否则容易与其他物料混放。在这个区域，通常会放置新来物料、已检验合格物料、不合格物料。可用位置区间和颜色来区分不同物料，通常用红色或黄色的区间或标签来标示不合格物料。

（三）仓库用内部联络单通知 IQC 人员

有些企业没有使用联络单，而是用电话或口头联系，但如果企业规模很大，来料检验的人员众多且工作量大，就需要更为严谨的管理，最好使用内部联络单来处理。内部联络单的样本如表 4-3 所示。

表 4-3 内部联络单

日期：＿＿＿年＿＿月＿＿日   时间：＿＿＿时＿＿＿分

发件单位		收件单位		收件人签字：
发件人		收件人		
联络事项：				

（四）IQC 检验

IQC 人员在接到仓库的通知后到来料暂放区进行检验。IQC 检验通常使用抽样检验方法，即 IQC 人员根据已制订的抽样计划，从每一批来料中抽取一定数量的样品进行检验。根据检验的特性，抽样计划可以分为计数值抽样（检验缺点和不良品）、计量值抽样（对物料的各种重要且可量测的特性做检验）和特种检验分析抽样（主要进行可靠性分析或成分分析），具体内容如图 4-19 所示。

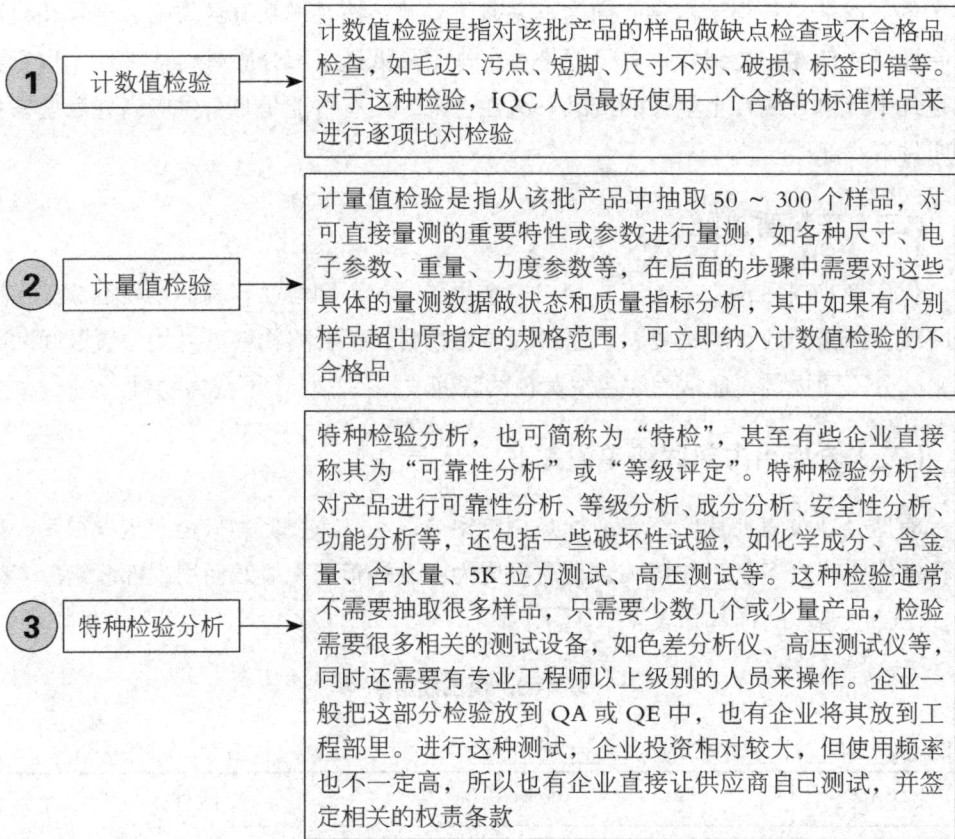

① 计数值检验	→	计数值检验是指对该批产品的样品做缺点检查或不合格品检查，如毛边、污点、短脚、尺寸不对、破损、标签印错等。对于这种检验，IQC 人员最好使用一个合格的标准样品来进行逐项比对检验
② 计量值检验	→	计量值检验是指从该批产品中抽取 50 ~ 300 个样品，对可直接量测的重要特性或参数进行量测，如各种尺寸、电子参数、重量、力度参数等，在后面的步骤中需要对这些具体的量测数据做状态和质量指标分析，其中如果有个别样品超出原指定的规格范围，可立即纳入计数值检验的不合格品
③ 特种检验分析	→	特种检验分析，也可简称为"特检"，甚至有些企业直接称其为"可靠性分析"或"等级评定"。特种检验分析会对产品进行可靠性分析、等级分析、成分分析、安全性分析、功能分析等，还包括一些破坏性试验，如化学成分、含金量、含水量、5K 拉力测试、高压测试等。这种检验通常不需要抽取很多样品，只需要少数几个或少量产品，检验需要很多相关的测试设备，如色差分析仪、高压测试仪等，同时还需要有专业工程师以上级别的人员来操作。企业一般把这部分检验放到 QA 或 QE 中，也有企业将其放到工程部里。进行这种测试，企业投资相对较大，但使用频率也不一定高，所以也有企业直接让供应商自己测试，并签定相关的权责条款

图 4-19　抽样计划的类别

（五）记录

1. 记录不良状况

不良状况的记录是指在计数值检验中把检验出的各种缺点和不合格品记录下来，作为质量的最原始记录，形成"来料检验记录表"。它包括检验日期、检验人员、产品编号、产品型号、来料检验批号、供应商名称（也有的用供应商代码）、规格、批量数、样本数、各种缺点的个数、不合格品数等项目。

2. 记录测量数据

测量数据的记录是指将通过测量仪器或设备对来料的各种重要特性测量的具体

数据记录下来，通常为 50 ～ 300 个数据，并把它填写在进料检验记录表单里。

（六）分析

分析包括三个方面，如图 4-20 所示。

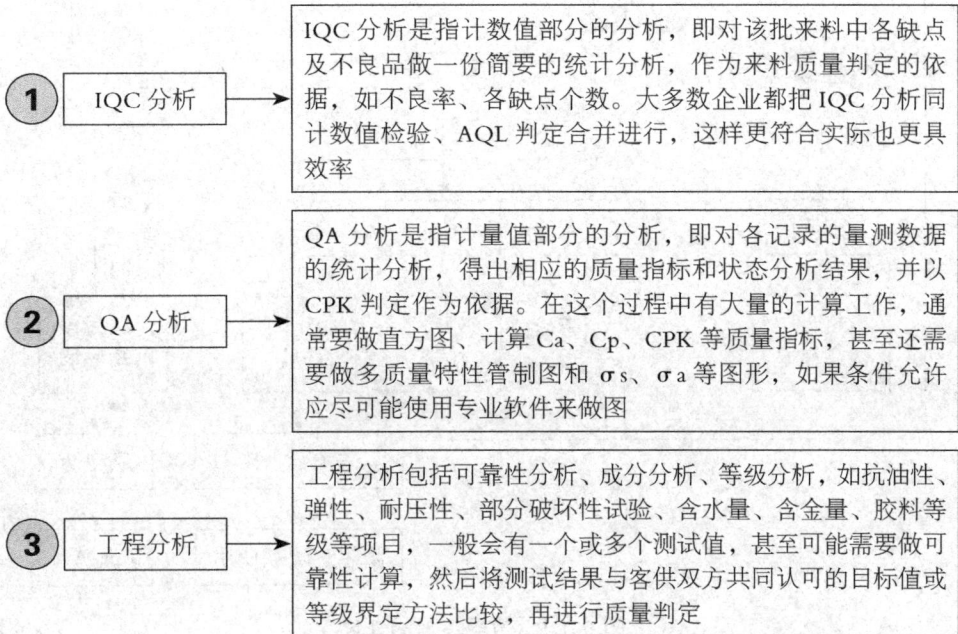

①　IQC 分析 → IQC 分析是指计数值部分的分析，即对该批来料中各缺点及不良品做一份简要的统计分析，作为来料质量判定的依据，如不良率、各缺点个数。大多数企业都把 IQC 分析同计数值检验、AQL 判定合并进行，这样更符合实际也更具效率

②　QA 分析 → QA 分析是指计量值部分的分析，即对各记录的量测数据的统计分析，得出相应的质量指标和状态分析结果，并以 CPK 判定作为依据。在这个过程中有大量的计算工作，通常要做直方图、计算 Ca、Cp、CPK 等质量指标，甚至还需要做多质量特性管制图和 σs、σa 等图形，如果条件允许应尽可能使用专业软件来做图

③　工程分析 → 工程分析包括可靠性分析、成分分析、等级分析，如抗油性、弹性、耐压性、部分破坏性试验、含水量、含金量、胶料等级等项目，一般会有一个或多个测试值，甚至可能需要做可靠性计算，然后将测试结果与客供双方共同认可的目标值或等级界定方法比较，再进行质量判定

图 4-20　分析的三个方面

（七）结果判定

1. AQL 判定

AQL 是 Accetpable Quality Level 的缩写，意为接收质量水平（以不合格品的百分数或每百单位产品不合格数表示），是来料检验中计数值抽样计划中的一部分，在制订抽样计划时，需要有一个接收质量水平作为标准，再把它转化为纯指数，这就是 AQL 值。AQL 判定工作就是把 IQC 的计数分析结果与原定要求做比较，从而判定产品是否合格。

2. CPK 判定

CPK 判定是指把 QA 分析和计算出来的 CPK 结果与双方原先约定的 CPK 值做比较，然后进行计量值的质量判定，以确定该批产品是否合格。

（八）结果的处理

检验结果的处理如图 4-21 所示。

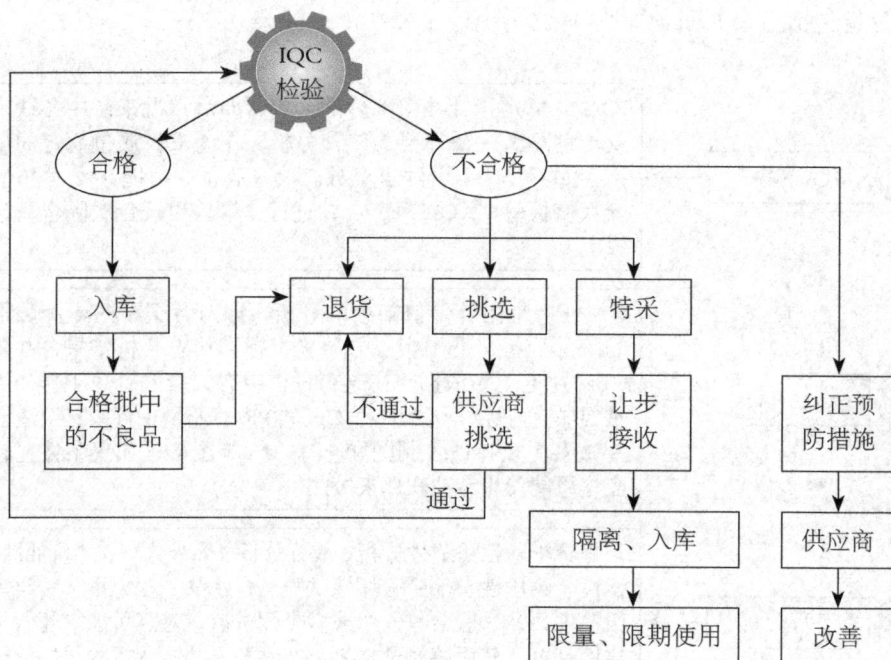

图 4-21　检验结果的处理

1. 是否合格

是否合格取决于计数值的 AQL、计量值的 CPK 和特检工程分析三项要求是否全都合格（产品数量通常由仓库处理，IQC 人员一般不处理，所以在此不作说明）。如有任何一项不合格，最终都应判为不合格品。

2. 特采

特采是指该批产品已经被判为不合格或因来不及检验而被迫收下，这种情况一般需要经过质量部高层主管、甚至企业高层管理者签字确认，同时还要填写一份特采申请单或报告。质量不合格但被迫收下是多种因素综合考量后采取的极特殊措施，说明企业的采购或物控工作没做好，要尽量避免。

3. 退货

退货是指该批产品不合格而又不属特采的情况下，将其退回给供应商。退货通常会有两种处理措施。一种是直接退回给供应商，让供应商把该批产品拉回去，这时供应商的损失较大。另一种是挑选,挑选又分两种情况:一是不直接退回给供应商,而让供应商派人来挑选,或经高层管理者批准,与供应商谈好条件由本公司派人挑选;二是视产品而定,如电子元器件或五金部件等可做挑选,而化学原材料就不可挑选。

4.入库

入库是指产品在 IQC 检验合格或已通过特采的情况下,由仓管员验收后入库,同时做好产品的标示和保管,记录入账。

另外,对于合格批中的不合格品也要谨慎处理,具体如图 4-22 所示。

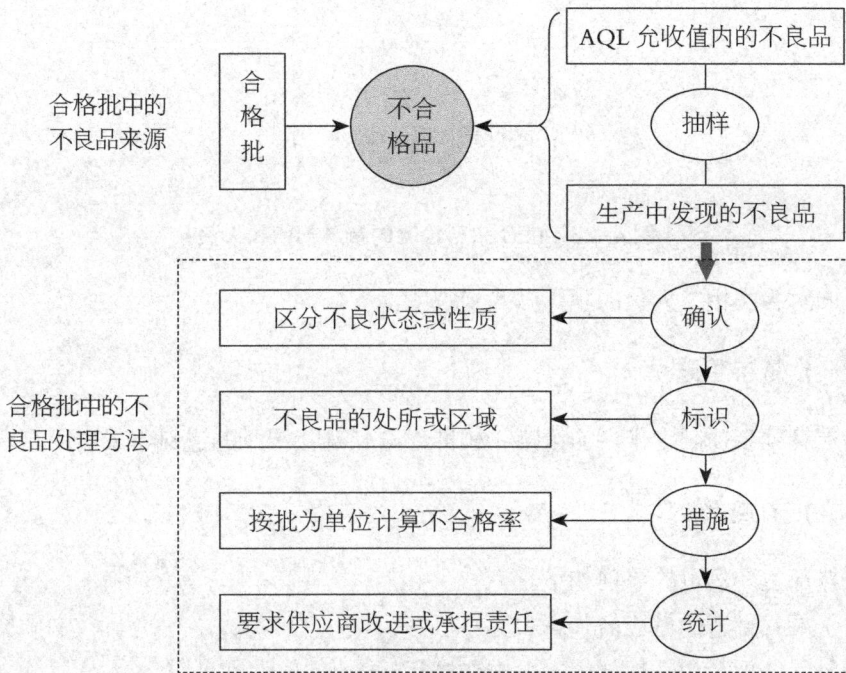

图 4-22　合格批中不合格品的处理

八、IQC 相关人员的责任

来料检验是为了保证来料的质量,从而保证工厂生产产品质量的可靠性和合格率不受影响。从 IQC 的流程上分析,来料质量的保证并不是 IQC 部门可独立完成的,它还会涉及仓管、采购、PQC、工程部、QA 或 QE、质管部主管、高层管理者、生产部、物控等部门与人员（见图4-23）。

图 4-23　IQC 来料检验的参与部门和人员

下面对各类相关人员的职责做简要说明。

（一）高层管理者

高层管理者须制定来料的策略，核准部分特殊状况下的进料特采。

（二）采购部

采购部主要负责的事项如下。

（1）寻找合适的供应商。

（2）联合质管和工程部门对供应商进行初步评审。

（3）追踪和确认供应商的交货时间，通知仓库、物控和相关的 IQC 人员。

（4）落实对供应商的相关要求，如配合质管部落实供应商质量扶持计划。

（三）物控

物控主要负责的事项如下。

（1）调度仓库物料的收发。

（2）及时通知采购部门采购物料。

（3）在适当的时候处理质管部门检出的不良品。

（四）工程部

工程部主要负责的事项如下。

（1）提供 IQC 检验时所需要的技术参数和质量要求指标。

（2）对需要做特检的部分产品或原材料进行相关的特检（有些企业可能将此工作放到质管部的 QA 或 QE 部门来进行，这也是可行的），并做出相应评判。

（3）协助质管等部门对新供应商进行首次审核。

（五）仓管

仓管主要负责的事项如下。

（1）保管供应商来料产品。如产品未检，应先放到未检暂放区；对于已检合格品，应按仓库规划放到对应位置。

（2）对供应商来料做收退料记录。

（3）保管好仓库中的各种物料。在供应商来料时，及时通知 IQC 部门相关人员到场检验。

（六）生产部

生产部是直接使用物料的部门，主要负责的事项如下。

（1）发现来料不符时应通知 IQC 部门。

（2）得到选料通知时派员选料。

（3）将供应商物料质量状况告知质管部与采购部。

（七）IQC 人员

IQC 人员主要负责的事项如下。

（1）对供应商供应的产品进行抽样检验，记录到来料检验记录表上，做好计数值的允收判定。

（2）对合格和不合格来料进行标示。

（3）定期对供应商来料质量做汇总分析，及时向上级反映产品的状况。

（4）将不合格来料及时通知相关采购和物控人员。

（5）定期或重新启用原料仓中滞料时的评鉴。

（6）对需要 QA 或 QE 和工程部配合分析的资料，提供更多更准确的信息。

（八）质管部经理

质管部经理主要负责的事项如下。

（1）制定针对供应商综合能力的评估管理程序。

（2）组织人员对供应商的不良品进行审核，及时要求供应商提出整改措施。

（3）审核来料检验作业流程。

（4）审核特采和退货。

（5）制订供应商质量扶持计划，并监督指导计划落实。

（6）制订依据公司进料策略的落实计划，并指导其落实与实施。

（九）QA 或 QE

QA 或 QE 负责的事项如下。

（1）对来料中有计量的部分做质量分析，并做出判定。

（2）对部分产品做特检分析（有些企业将此工作放在工程部进行），并做出判定。

（3）对供应商质量提出改善建议。

九、IQC 检验的注意事项

（一）抽样要严谨

企业在进行来料检验时，由于受人力、物力、成本、时间、来料特性等因素的影响，只能进行抽样检验，而抽样检验本身存在着风险。由于抽样可能漏检不良品或不合格品，也可能把合格品判退给供应商，使其造成损失，从而间接造成本公司的损失，所以在抽样时，一定要尽可能让样本反映母体的质量状况。在抽样计划中，根据现行的国家标准或国际标准，在抽样数上可以将风险率控制在 5% 以下。但在抽取样本的具体过程中，会因检验人员的个人习惯而造成母体的随机性不够，所以在抽样方法上要特别严谨，甚至针对不同来料、不同数量制定不同的抽样方法。

（二）客观公正地判定质量

在实际工作中，来料检验有时难以做到公正客观，其原因有以下几点。

（1）在来料检验的过程中，IQC人员经常会同供应商人员接触，在检验时容易受主观意识影响，造成对来料的判定标准出现差异。

（2）IQC人员受个人情绪影响，心情好可能就认真一些，检验和判定就会较为慎重，心情差可能就在检验时马马虎虎。

（3）受IQC人员个性的影响，性子急的人在判定上容易主观。

基于以上几点，企业应时常提醒IQC人员注意公正客观。同时还要让IQC人员了解，如将不合格批原料放到制程中，一旦被发现，首先追究的是IQC人员的责任；如常将合格批拒收，或特采后发现来料检验判定有误差，则会影响客户关系，这些都是不允许的。

（三）以综合因素来判定

在来料质量检验中，可能会遇到一些原材料质量与时间、成本、效率上的冲突，如原物料需要紧急上生产线，而检验来料发现有一些小问题，按原有标准不能收；另外，如果公司的采购策略是采用较低价格的原材料，虽然与原定质量目标有差异，但综合考虑控制成本后还是有可能收下。

（四）尽量不要特采

特采在以下四种状况才会进行。

（1）需紧急上线，没时间检验来料。

（2）已检验出为不合格批，但问题不是很严重，退换时间又不够，经过全检和挑选可以部分使用，且客供双方达成协议。

（3）采用低价采购策略，而质管部门的质量要求标准还未及时更改。

（4）与供应商达成协议，出现不合格品时，所有责任由供应商承担，但这种状况不多。

这些状况都表明，特采不符合质量的零缺点目标，只是被形势所"逼"，但如果是一家严谨的工厂，上述状况是应尽量避免的。

（五）在检验过程中标志清晰

实际工作中，容易出现在同一个时间段内相同或不同供应商送来多个批次或多个品种原材料的情况。在抽样的作业过程中也可能同时抽取多种原材料。这些物料如果没有区分好，很容易出现在企业内部的混料，甚至出现合格品、不合格品和待检品区分不清的情况。因此，可用标签标志来区分待检品、不良品、合格品等，最好是用有颜色的标签进行标示。

将拒收料堆放在一起，并挂上"拒收"牌。

可用标签标志来区分待检品、不良品、合格品等，最好是用有颜色的标签进行标示，以示区分。

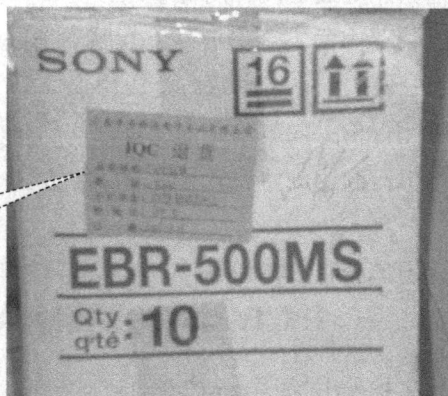

在退货物料箱上贴上红色的"IQC退货"标签。

第三节 来料质量问题处理

一、特采处理

特采即特殊状态下采购进来的物料，一般是指来料物品不符合要求或质量状态不明而紧急收下物料的情况，有些企业也把它称为紧急放行。

（一）质量不符的特采

质量不符的特采，指来料经 IQC 检验，质量低于允许水准，IQC 虽提出"退货"的要求，但工厂由于生产的原因而对来料进行了特别采用，特采的要求如图 4-24 所示。

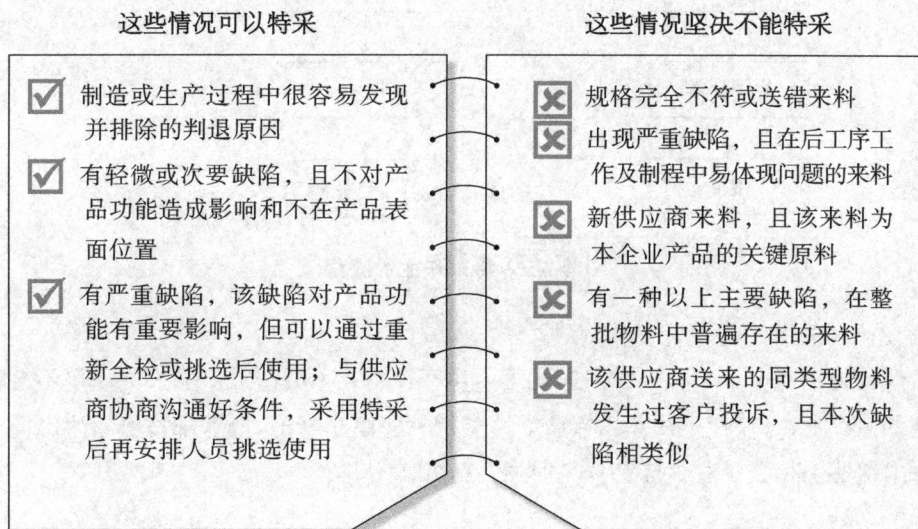

这些情况可以特采	这些情况坚决不能特采
☑ 制造或生产过程中很容易发现并排除的判退原因	☒ 规格完全不符或送错来料
☑ 有轻微或次要缺陷，且不对产品功能造成影响和不在产品表面位置	☒ 出现严重缺陷，且在后工序工作及制程中易体现问题的来料
☑ 有严重缺陷，该缺陷对产品功能有重要影响，但可以通过重新全检或挑选后使用；与供应商协商沟通好条件，采用特采后再安排人员挑选使用	☒ 新供应商来料，且该来料为本企业产品的关键原料
	☒ 有一种以上主要缺陷，在整批物料中普遍存在的来料
	☒ 该供应商送来的同类型物料发生过客户投诉，且本次缺陷相类似

图 4-24　特采的要求

如非不得已，工厂应尽可能不启用特采；如启用特采，应按严格的程序办理。特采作业流程如图 4-25 所示。

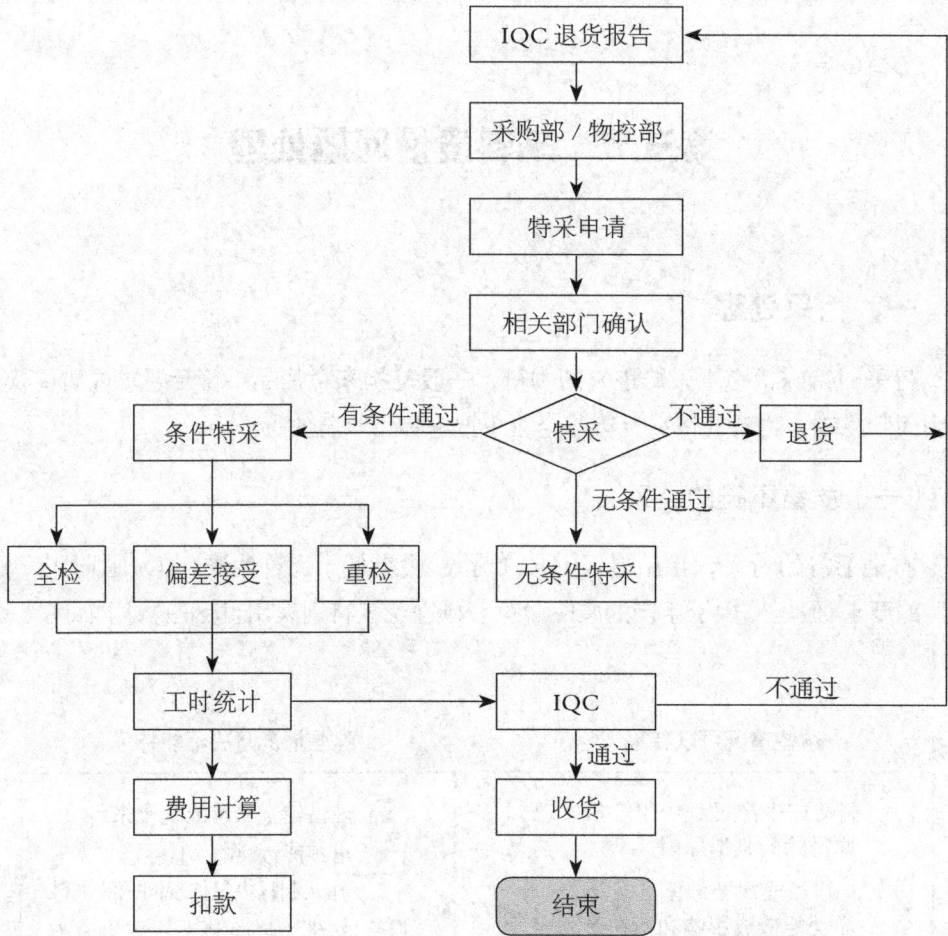

图 4-25　特采作业的流程

1. 偏差接受

送检批物料全部不良，但只影响工厂生产速度，不会造成产品最终质量不合格。在这种情况下，可在特批后予以接收。这类货品应由生产部、质管部按实际生产情况，估算出耗费工时数，对供应商作工时费用的扣款处理。

2. 全检

送检批不合格品数超过规定的允收水准，经特批后进行全数检验。选出其中的不合格品，退回供应商，合格品办理入库或投入生产。

在IQC判定不合格后或来不及检验时，由采购人员或物控人员提出并填写特采申请单，此申请单应经IQC主管审核、工程技术主管复核，再经质管部主管或企业高层主管人员核准。特采单复印件或副本应分别送至IQC人员、仓库人员手中，仓库人员应特别注明该批物料的状况并贴上标签，之后向生产现场发货。

3. 重检

送检批几乎全部不合格，但经过加工处理后，货品可接受。在此情况下，可由公司抽调人力进行来料再处理。IQC 对加工后的货品进行重检，对合格品接受，对不合格品开出"IQC 退货报告"（见表 4-4）交相关部门办理退货，并由 IQC 统计加工工时，对供应商做工时费用的扣款处理。

表 4-4 IQC 退货报告

编号：

项目	供应商			来料类别		产品 / 配件名称		报告编号		
	来料日期			订单编号		送货单号		来料数量		
检验过程	一般检验	检验项目	问题描述＼项目	问题 / 缺陷描述			CR	MAJ	MIN	
		抽样数	严重不良数		不良率		%	不良累计		
			轻微不良数		不良率		%	AQL 允收数	Ac=	
								AQL 拒收数	Re=	
	特别检验	检验项目		部门 / 缺陷描述			抽查数	次品数	次品率	

（续表）

IQC 人员			IQC 主管		日期		年　月　日
相关部门意见	工程部			签名	日期		年　月　日
	技术部			签名	日期		年　月　日
	生产部			签名	日期		年　月　日
	采购部			签名	日期		年　月　日
	市场部			签名	日期		年　月　日
	PMC 部			签名	日期		年　月　日
	其他			签名	日期		年　月　日
处理结果	□特采：　　　□供应商来厂加工 / 挑选：　　　□生产部加工 / 挑选						
	□退货：　　　□冻结：　　　□暂收						
品管部经理		日期		总经理		日期	
备注	1. 抽样水准参照：GB/T 2828.1—2012 标准：Ⅱ级检验水准 2. 如批准为特采，挑选或暂用，则不予付款待货齐后扣除加工费用						

（二）特采申请单的填写

相关人员在填写特采申请单时（见表 4-5），最好加一个特采编号，以便于对物料状态的追踪及质量分析，编号可采用年加月再加流水号的方式，如 160303 表示 2016 年 3 月第 3 批特采，这样可以直接看出每月共有多少特采批次。特采编号要根据企业的状况来填写和编制，如果企业的来料不多（每月不超过 1 000 批），特采编号可由 IQC 主管或特采审核人员编制并填写；如果企业的来料特别多，可指定几个特采申请人员来编制填写，并在特采单号前加入一个代号。如根据来料的大类别在前面加一个 A，代表电子元器件；加一个 B，代表塑料件；加一个 C，代表包装材料。B160308 即表示 2016 年 3 月塑料件的第 8 批特采。

表 4-5　特采申请单

编号：

申请日期		申请部门	
数量		供应商	
检查记录编号		批号	

（续表）

品名		料（模）号		质量异常处理单号	
申请理由	*急件用：		今后对策：	主管	申请人
质量异常状况				检查者：	
生产部门意见				生产主管：	
研发部门意见				研发主管：	
质管部门意见			□准予特采 □不予特采	质量主管：	
采购处理	单价 × 数量 × 扣款比率 ＝应扣金额		□扣款 □预扣款	采购	
备注	（1）特采申请时应附上该不合格品的检查记录表（必要时附上实物） （2）监审流程：申请部门→生产部门→研发部门→质量部门→采购部门 （3）单价与数量由采购部门填写，依扣款比率的情形而定 （4）正本由质管部门存盘，副本分发给相关部门				

特采通常分为两种情况，一种是来料检验被判不合格，另一种是由于时间原因需要紧急上线来不及检验。在被判为不合格特采时，特采申请人要先查看来料检验单，判断是否可以申请特采，申请人可以参考该批物料的来料检验报告，再填写特采申请单的表头、特采原因及解决方案；审核人员要注意不应直接填写同意或不同意，而应对特采原因及解决方案进行审核与补充；核准人员则填写该方案是否可行，并说明是否同意。

二、上线来料质量问题处理

上线来料质量问题按来料批的性质分为两大类，一类是特采来料批的质量问题，另一类是 IQC 判定允收来料批的质量问题；如按发现质量问题的位置来分析，又分为生产线上人员发现的质量问题和 IPQC 人员发现的质量问题。

（一）特采批质量问题处理

1. 生产线上人员发现的质量问题

生产线上人员发现的问题通常都是较容易发现的问题。

（1）可以拆分的部件，由作业员拆分出来，用不同颜色的箱子或筐单独存放，再由现场主管定期收集好统一退还到仓库，或送维修部门维修。不能维修的部件应由仓库人员提醒采购人员退回给供应商，但要特别注意在物料转移时标明物料的批号。

（2）针对不可拆分的部件，生产人员可将半成品或成品放入不同颜色的箱子或筐内，作为废品退到仓库，再由仓库统一作废品处理。

这类状况的数据通常由生产部基层主管定期（一般每半天或每天）统计，如果能分清有质量问题的材料，可将其交给检验此材料的 IQC 人员，也可交给 IPQC 主管或 IQC 主管；如果分不清具体原因，则将不良品的样本和数量交给 IPQC 主管，由 IPQC 主管负责查清原因，在 IPQC 主管手中的数据分析完成后，必须交由 IQC 主管记录。在问题材料的移交过程中，一般都要有书面记录，具体可设计为内部联络单（见表 4-6），在其内容中应说明 ×× 日期于生产线中发现 ×× 件来料质量问题；或说明来料不合格件数为 ×× 件，其批号为 ××××。

表 4-6 内部联络单

日期：   时间：

发件部门		收件部门	
发件人		收件人	
联络事项：			
		收件人签字：	

2. IPQC 人员发现的质量问题

在生产线上的 IPQC 发现的问题通常都是相对专业的质量问题。

在 IPQC 的数据当中，有缺陷代码和计量的管制特性，从而可以分析和分辨出哪些是原材料问题，哪些不是原材料问题。IPQC 对各种问题分析后，还会做出判定，以确定原材料是否需要返工或全检。

（二）允收批质量问题处理

允收批就相当于合格的原材料，其质量问题不会对本企业产品构成直接影响。

因此，在生产线上发现的原材料质量问题相对较少。

一般来说，在允收批中，如发现质量问题也是轻微缺陷，不会构成本企业产品的严重缺陷，生产线上挑出来的原材料一般是不用计算的，其上线原料不合格率应以 ppm 计算，并以 IPQC 人员分析出来的结果为准。

上线原材料不合格率须按以下公式计算：

$$上线不合格率 = \frac{累计不良数}{累计投量数} \times 100\% \div 10\ 000$$

三、来料后段重大质量问题处理

来料后段重大质量问题，是指供应商交货后所发生的重大质量问题，如造成本企业作业员受伤，使本企业大量产品报废，本企业产品受到客户或消费者投诉、索赔等事件。

来料后段重大质量问题的发生，对企业的危害是非常大的，甚至会导致企业倒闭。企业在处理时必须慎重。此类事件的处理流程一般如图 4-26 所示。

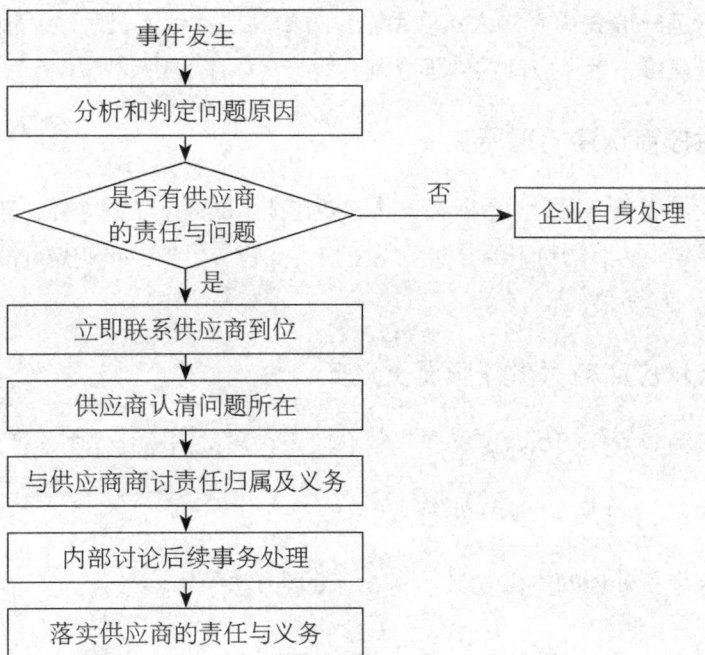

图 4-26 来料后段重大质量问题的处理流程

（一）事件发生

在实际工作中，发生的事件可能多种多样，有可能是在生产过程中发生较大的问题，也有可能发生在客户处，还有可能在最终消费者处，因此可以将发生的事件分为企业内和企业外两大类。

在企业内发生的事件，相对较好处理。事件一发生，现场人员立即上报主管，主管人员到场，可在保护人员安全的基础上保持现场的状态不被破坏，并请相关专业人员来做初步鉴定。而对于企业外发生的事件，首先要由具备一定技术和经验的人员针对事件进行电话沟通，初步判定问题所在，并积极地跟进。

（二）分析和判定问题的原因

相关人员在判定问题原因时，一定要严谨、慎重、客观分析，根据产品的追踪线索找到问题的根源，之后再明确相关人员的责任，如有供应商方面的原因则必须尽快联系供应商；如无供应商原因，则对企业内部的相关人员采取相应的处理措施。

（三）联系供应商到位

联系供应商一般先由采购人员联系，也可由高层主管人员联系。根据问题的大小及性质，企业可指定供应商的处理级别。

（四）供应商认清问题所在

企业要让供应商认识到问题所在，除了要在技术层面上认同之外，还要在物料的追踪方面让供应商认清物料来源，避免引发权责问题。另外，企业最好能与供应商建立问题的沟通预防机制。

（五）与供应商商讨责任归属及义务

与供应商商讨责任归属及义务是来料后段重大质量问题处理中最严肃的问题。

（六）内部讨论后续事务处理

讨论后续事务处理的责任人员、流程、处理方法。

（七）落实供应商的责任与义务

如发生重大问题，企业应立即暂停向该供应商下发新订单，将供应商等级下调，甚至取消其供应资格，这些工作均要采用通知单进行书面通知。

四、来料质量问题投诉处理

来料质量问题投诉是指供应商在物料供应质量上违反或未达到双方采购质量协议或其他协议的要求时，企业对供应商采取的处理措施，这是一种相对轻微的处理措施，严重的可能直接索赔。

（一）投诉的提出

来料质量问题投诉通常是由来料检验部门提出，可由来料检验部发出，也可通过采购部发出，但其格式应统一、规范。质量投诉单如表4-7所示。

表4-7　质量投诉单

供应商代码		供应商简称			
联系部门		联系人			
电话		传真			
电子邮箱		日期			
投诉主题			性质	□普通	□紧急
投诉内容： 　　贵公司____年__月__日送货的_____（料号），型号为_____的产品，有_____的问题，造成我公司的_____等状况，请于____年__月__日前处理好此问题，并以此为戒。 　　另根据我公司与贵公司的_____协议，拟采取_____处理，如有异议请来电！ 　　另附 ×× 　　×× 备注： 　　　　　　　　　　　　　　　　　　　　　　××公司采购部　××发 　　　　　　　　　　　　　　　　　　　　　　____年__月__日					

（二）质量投诉等级划分与处理

为了加强与供应商之间的合作，企业可以将投诉划分等级。一般分为普通级、紧急级、重大级，并分别标出严重程度，一般分别为1、2、3，这也为供应商考核提供了标准。企业还需要在一定的时期内针对不同级别的投诉发生次数和重复次数采取一定措施，一般可以将3个月、6个月或1年作为一个时间段来处理，具体如表4-8所示。

表4-8　质量投诉等级划分与处理措施

等级		处理措施
普通级	单项发生1～2次	（1）同一项目投诉发生一次，限时改善，并严重警告 （2）同一项目投诉发生两次，降低供应级别，减少订单，限时改善，而后重新评估
	单项发生3～4次	（1）同一项目投诉发生三次，降低供应级别，减少订单，限时改善，而后重新评估 （2）同一项目投诉发生四次，暂时取消供应资格，重新评估后再决定
	单项发生5次以上	暂时取消供应资格
紧急级	单项发生1次	降低供应级别，减少订单，限时改善，而后重新评估
	单项发生2次	撤销已下订单，停止下新订单，并重新评估
重大级		撤销已下订单，停止下新订单，并重新评估

企业向供应商发出质量投诉单，供应商通常会进行回复。供应商回复的内容要保存下来，同时为了数据管理的方便，最好规范好记录的格式。记录内容必须包括质量投诉单号、要求解决日期、实际解决日期、最后判定结果等项目。

第五章

生产制程质量管理

生产制程的质量管理在产品质量控制中的地位至关重要。要保证产品质量,企业必须加强对生产过程质量的控制。质量控制是为了达到质量要求所采取的作业技术和活动,其目的是为了监视生产过程并排除生产过程中导致产品不合格的因素,以此来确保产品质量。

第一节　制程质量系统

一、制程与制程管制

制程是指从投产加工到成品入库之间的一切作业活动。制程管制是指对制程中每一个作业活动及其涉及的人员、机器、材料、方法、环境按一定的标准、规范进行控制。管制的意义是约束变异，预防再发，使所有作业活动及产品质量达到计划要求。

二、制程管制系统

影响制程质量的主要因素有 Man（人员）、Machine（机器）、Material（材料）、Method（方法）、Environment（环境）等，简称 4M1E。制程管理制系统，事实上就是对这五大要素进行控制，如图 5-1 所示。

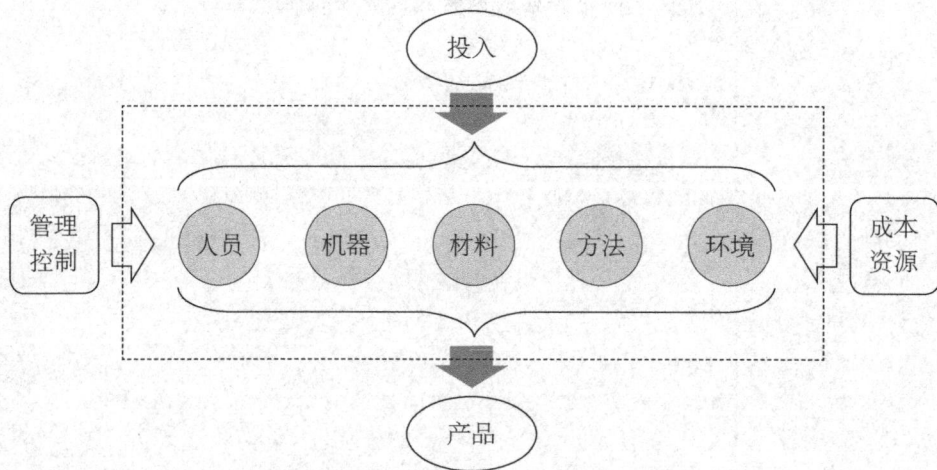

图 5-1　制程管制系统

行业不同、产品不同，其生产工序和条件也不一样，工序的"主导因素"也各不相同，企业采取的措施也有所区别。企业应根据制程的不同情况，找出各自的"主导因素"，并采取相应的措施加以控制。

（一）操作者因素

任何机械加工都离不开人的操作，即使最先进的自动化设备，也还是需要有人员去操作和控制的。操作者失误的因素及预防控制措施如图5-2所示。

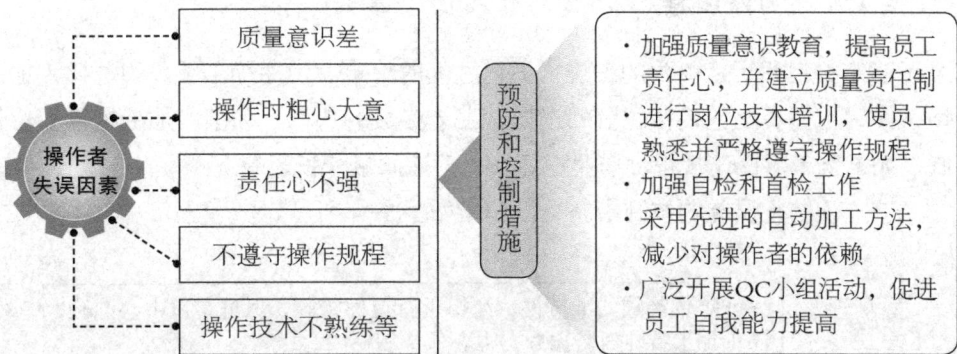

图 5-2　操作者失误因素及预防控制措施

（二）机器设备因素

机器设备是保证制程生产出符合质量要求的产品的主要条件，在生产过程中，机器设备的状态将随时间的推移而产生磨损、升温等现象，从而使产品质量特性值发生变化。因此，必须定期对机器设备进行检查和调整。机器设备的影响因素及预防控制措施如图5-3所示。

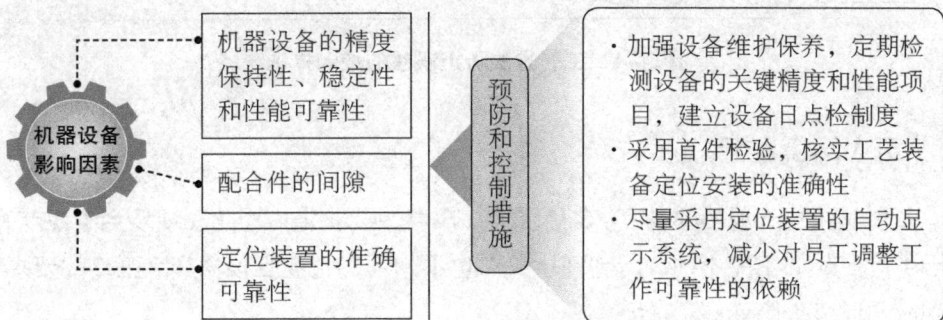

图 5-3　机器设备影响因素及预防控制措施

（三）原材料因素

广义的原材料是指原物料、零配件和元器件。就装配、合成等工序而言，生产涉及机电设备和仪器仪表的装配、化工产品的合成、食品配制等，原材料对保证工序质量将起到关键作用。原材料管理的重点就是要坚持"不合格原材料不投产，不合格元器件（零部件）不装配"的原则。

（四）工艺方法因素

工艺方法包括工艺流程的安排、工艺之间的衔接、工序加工手段的选择（加工环境条件的选择、工艺装备配置的选择、工艺参数的选择）和工序加工指导文件的编制（如工艺卡、操作规程、作业指导书、工序质量分析表等）。

工艺方法防止误差的控制措施有很多，如图 5-4 所示。

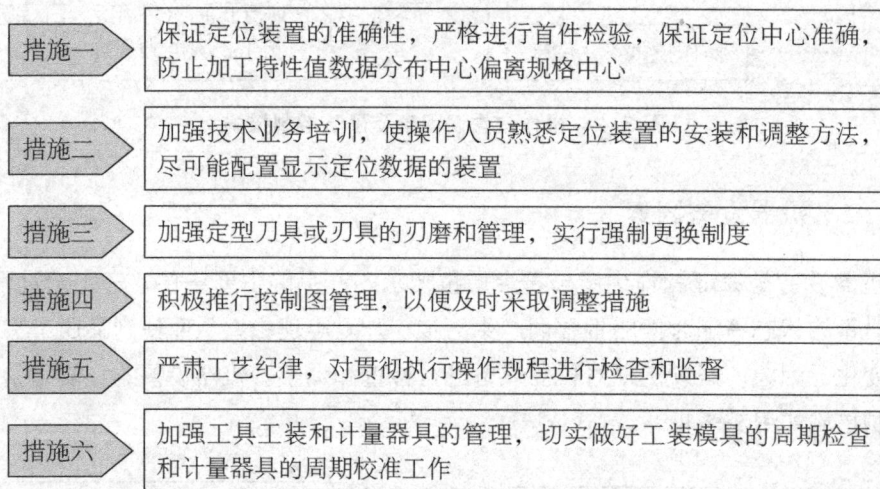

措施一	保证定位装置的准确性，严格进行首件检验，保证定位中心准确，防止加工特性值数据分布中心偏离规格中心
措施二	加强技术业务培训，使操作人员熟悉定位装置的安装和调整方法，尽可能配置显示定位数据的装置
措施三	加强定型刀具或刃具的刃磨和管理，实行强制更换制度
措施四	积极推行控制图管理，以便及时采取调整措施
措施五	严肃工艺纪律，对贯彻执行操作规程进行检查和监督
措施六	加强工具工装和计量器具的管理，切实做好工装模具的周期检查和计量器具的周期校准工作

图 5-4　工艺方法防止误差的控制措施

（五）环境因素

环境是指生产现场的温度、湿度、震动、噪声、照明、室内净化和现场污染程度等。由于生产产品的工序不同，所需环境条件也不相同，企业应根据产品工序的要求选择相应的环境条件。

除了确保产品对环境条件的特殊要求以外，企业还要做好现场的管理、整顿工作，做好文明生产，为生产优质产品创造良好条件。

三、制程质量管理的组织

制程质量管理是指企业在产品制造过程中为了确保制造工程、工序质量、产品质量等符合规定的要求而采取的一系列检查检验活动。制程质量管理的组织如图5-5所示。

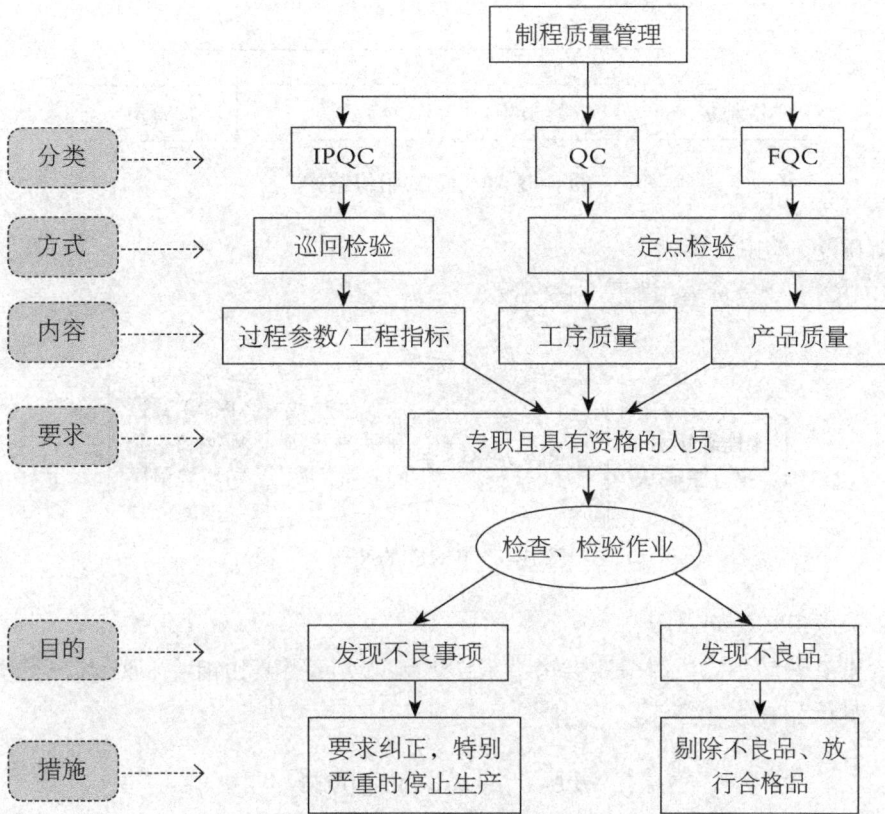

图 5-5 制程质量管理的组织

（一）IPQC

IPQC 即制程巡回检验，是英文 In Process Quality Check 的缩写，是指在产品制造过程中用巡回的方式定时检查和确认各制程参数、作业变更、使用的标准等是否符合要求，并记录状态和加以控制的检验作业方法。巡回检验的作用是通过在制造部门的现场巡回检查，按要求抽检某些项目，以判断产品质量的变化趋势；一旦发现有异常的制造现象，应及时督促生产部改进，消除异常现象或状态。

IPQC 的组织结构如图 5-6 所示。

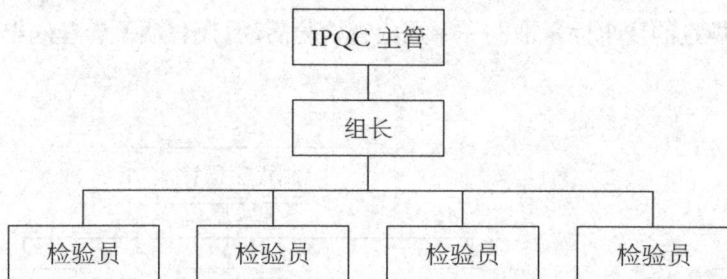

图 5-6　IPQC 的组织结构

1. IPQC 的主要职责

IPQC 主要负责事项如图 5-7 所示。

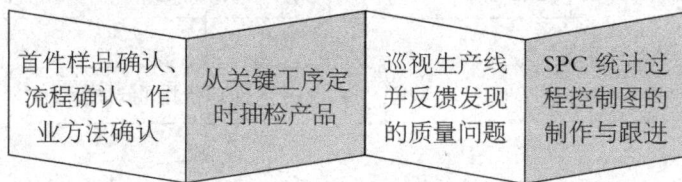

图 5-7　IPQC 的职责

2. 设置 IPQC 的原因

企业在设置 IPQC 时一定要考虑工作现场的实际需要和相关方面对产品工艺的要求，具体如表 5-1 所示。

表 5-1　设置 IPQC 的原因

序号	原因	具体说明
1	生产自动化程度	工厂的自动化程度越低，需要 IPQC 管理的项目越多；自动化程度越高，需 IPQC 管理的项目就越少
2	公司管理制度	企业管理制度越不正规，就越需要设置 IPQC
3	生产工序的变异因素	生产工序变异的因素越多，就越需要 IPQC，而且 IPQC 的工作量会非常大

（续表）

序号	原因	具体说明
4	作业人员的技能与素质	作业人员的技能与素质若比较高，对 IPQC 的要求就不那么严；若作业人员的技能与素质较低，对 IPQC 的要求就要很高
5	产品质量的稳定性	如果产品质量稳定，IPQC 的巡回间隔可以延长；否则，巡回间隔就要缩短
6	其他要求	客户对制程审查的要求、环境保护要求等因素也是设置 IPQC 的考虑点

3. IPQC 的设置方法

企业在设置 IPQC 时要考虑四个要素：巡检路线、巡检间隔时间（如每 2 小时检查 1 次）、检验项目数量和检验项目难度。

（1）IPQC 巡检路线

IPQC 巡检路线应固定下来，如图 5-8 所示。

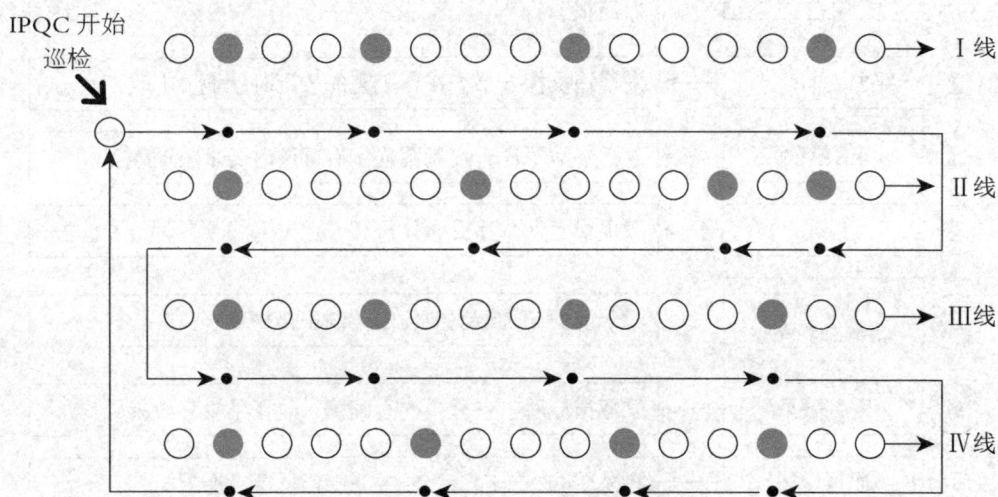

图 5-8　IPQC 巡检路线示意图

（2）巡检的间隔时间

巡检的间隔时间一般为 2 小时。如果工厂 8：30 上班，12：00—13：30 休息，则巡检时间应设置为：9：30、11：30、14：30、16：30。

（3）检验的项目

检查项目要根据生产线的情况而定，如果车间里有 4 条生产线，每条线检查 4 个项目，那么总共检查 16 个项目。

（4）检查项目所需的时间

要确定每个项目的检查时间，假设每个项目的检查时间为 4 分钟，那么每巡回一次需要的时间是 $16 \times 4 = 64$（分钟），这样的作业方式下，巡检员的上班时间一半用于巡回检查，一半用来整理报表，因此设置 1 名 IPQC 人员就足够了。

假设每个项目的检查时间为 7 分钟，那么每巡回一次需要的时间是：$16 \times 7 = 112$（分钟），在这样的情况下就需要设置 2 名 IPQC 人员。

4.IPQC 的权力与责任

IPQC 在实施制程巡回检验时既要能发现问题，也要能处理问题，因此，企业要赋予其足够的权力，以便其保证工作的效果和保持工作的热情。IPQC 人员的权力与责任，如图 5-9 所示。

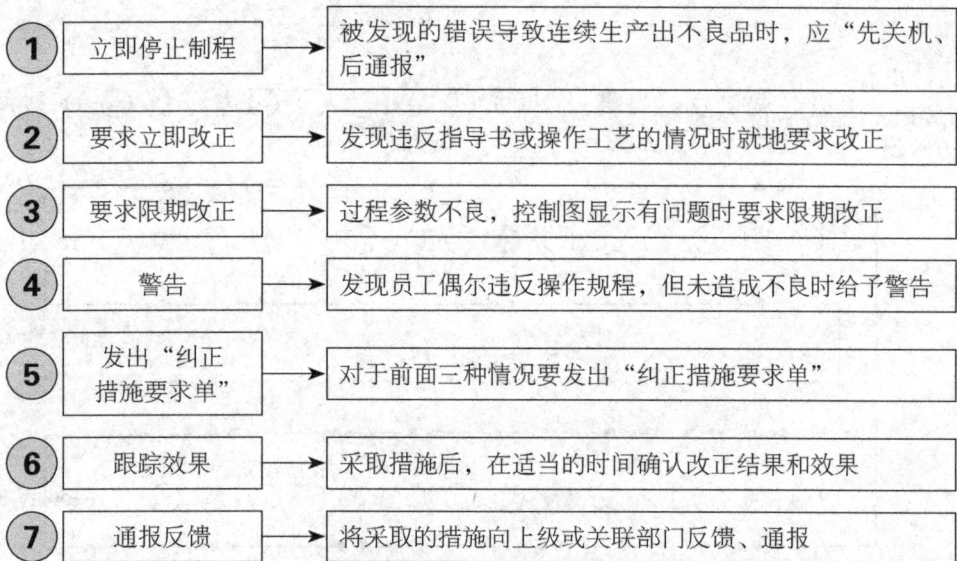

① 立即停止制程	被发现的错误导致连续生产出不良品时，应"先关机、后通报"
② 要求立即改正	发现违反指导书或操作工艺的情况时就地要求改正
③ 要求限期改正	过程参数不良，控制图显示有问题时要求限期改正
④ 警告	发现员工偶尔违反操作规程，但未造成不良时给予警告
⑤ 发出"纠正措施要求单"	对于前面三种情况要发出"纠正措施要求单"
⑥ 跟踪效果	采取措施后，在适当的时间确认改正结果和效果
⑦ 通报反馈	将采取的措施向上级或关联部门反馈、通报

图 5-9　IPQC 的权力与责任

（二）QC 与 FQC

对于生产工序很复杂的产品来说，其最终产品的质量检验难度通常比较大，如果只在产品最终工位上设置一个 FQC 工位，显然做不到对产品的全面检验，所以应该在制程中间设置工序检验 QC 工位。QC 与 FQC 的位置关系如图 5-10 所示。

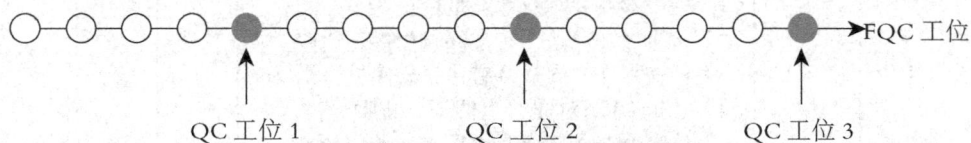

图 5-10 QC 与 FQC 的位置关系

如果生产工序比较简单的产品，可以将 QC 与 FQC 合二为一，即只设置一个检验工位。QC 与 FQC 工位的设计要考虑以下事项，如图 5-11 所示。

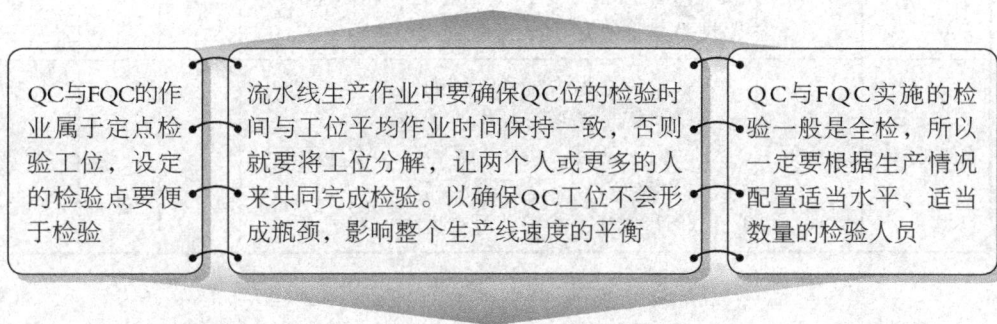

QC与FQC的作业属于定点检验工位，设定的检验点要便于检验

流水线生产作业中要确保QC位的检验时间与工位平均作业时间保持一致，否则就要将工位分解，让两个人或更多的人来共同完成检验。以确保QC工位不会形成瓶颈，影响整个生产线速度的平衡

QC与FQC实施的检验一般是全检，所以一定要根据生产情况配置适当水平、适当数量的检验人员

图 5-11 QC 与 FQC 工位的设计要素

对每一 QC 工位的检验项目及内容应预先确认，提前对 QC 人员进行培训。某公司生产线各 QC 工位的检验内容及记录表，如表 5-2 所示。

表 5-2 生产线 QC 工位检验内容及记录表

QC 工位	检验数	检验内容	MA	MI	备注
第一工位		（1）CHIP 焊锡情况 （2）CHIP 方向是否正确 （3）CHIP 脚与脚间是否正确 （4）SMT 料是否多件、少件、错件 （5）SMT 料是否焊锡良好 （6）SMT 料是否有损			

（续表）

QC 工位	检验数	检验内容	MA	MI	备注
第二工位		（1）检查零件外观及焊点是否良好 （2）检查后加料是否有多件、少件、错件 （3）检查零件方向是否有错，极性是否相反 （4）检查 DRAM 是否有假焊、断脚 （5）检查 PCBA 板上是否留有锡渣、锡珠			
第三工位		（1）BIOS 插入方向及脚距宽度是否适当 （2）铁片是否变形、松动，螺丝是否滑牙 （3）检查外观及焊点是否良好 （4）检查机板上所有 IC 脚是否有假焊、弯脚 （5）检查螺丝是否用错 （6）检查 PCB 板上所有 IC，金手指是否有短路现象			
第四工位		（1）核对规格是否符合制品内容 （2）核对标志是否符合作业规范 （3）核对包装袋（或箱）是否符合作业规范 （4）检查包装成品是否有污渍不洁 （5）检查贴纸、标签是否有破损、有污渍			

第二节　制程检验控制

产品质量贯穿于产品生产的全过程中，为了保证最终出厂产品的质量，企业必须对产品制造工艺流程中的各道工序进行检验，严格把关。

制程检验是指从投产加工到成品入库这一过程间的检验。制程检验系统如图 5-12 所示。

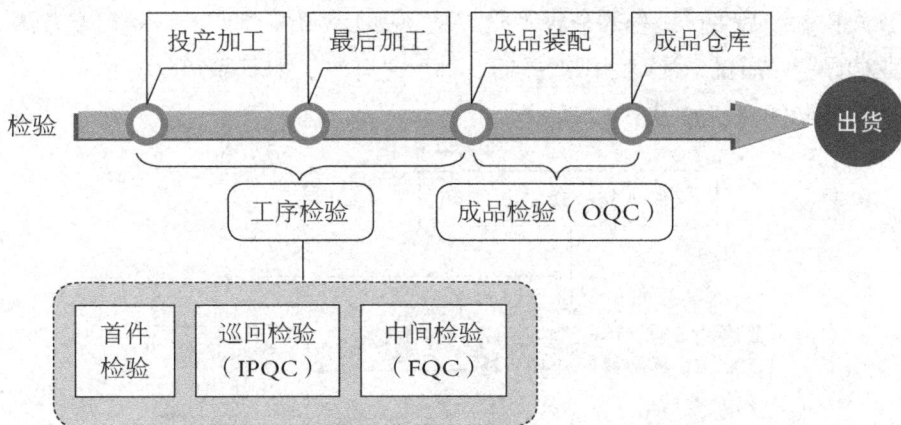

图 5-12 制程检验系统

一、首件检验

（一）首件及首件检验的定义

1. 首件

首件是指每个班次刚开始时或过程发生改变后（如人员的变动、换料及换工装、机床的调整、工装刀具的调换修磨等）加工的第一或前几件产品。对于大批量生产而言，"首件"往往是指一定数量的样品。

2. 首件检验

首件检验是指检验人员对每个班次刚开始时或过程发生改变后（如人员的变动、换料及换工装、机床的调整、工装刀具的调换修磨等）加工的第一或前几件产品进行的检验。一般要检验连续生产的 3 ~ 5 件产品，这些产品合格后方可继续加工后续产品。

在设备或制造工序发生变化以及每个工作班次开始加工前，检验人员都要严格进行首件检验。

（二）首件检验的目的

首件检验是为了尽早发现生产过程中影响产品质量的因素，预防批量性的不良或报废。产品经首件检验合格后方可进入正式生产。

生产过程中的首件检验主要是为了防止产品出现成批超差、返修、报废的情况，它是预先控制产品生产过程的一种手段，是产品工序质量控制的一种重要方法，也是企业确保产品质量、提高经济效益的一种行之有效、必不可少的方法。

首件检验的程序如图 5-13 所示。

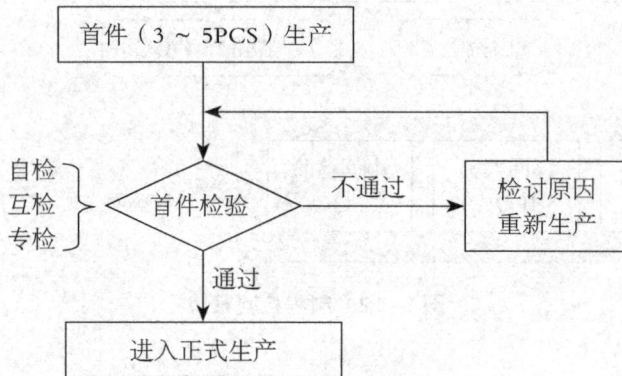

图 5-13　首件检验的程序

（三）首件检验的时机与场合

首件检验的时机与场合如图 5-14 所示。

1	每个工作班开始时
2	更换操作者时
3	更换或调整设备、工艺装备（包括刀具更换或刃磨）时
4	更改技术条件、工艺方法和工艺参数（如粗糙度要求变更、内孔铰孔更改为镗孔、数控程序中走刀量或转速等的改变）时
5	采用新材料或材料代用后（如加工过程中材料变更等）
6	更换或重新化验槽液等（如磷化、氮化等）时

图 5-14　首件检验的时机与场合

（四）首件检验的主要项目

首件检验的主要项目如图 5-15 所示。

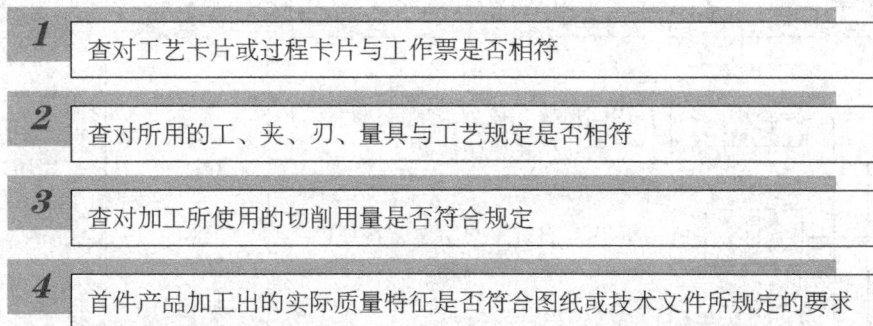

1 查对工艺卡片或过程卡片与工作票是否相符

2 查对所用的工、夹、刃、量具与工艺规定是否相符

3 查对加工所使用的切削用量是否符合规定

4 首件产品加工出的实际质量特征是否符合图纸或技术文件所规定的要求

图 5-15 首件检验的主要项目

（五）首件检验的要求

首件检验采用三检制，即自检、互检及专检。送检的产品必须先由操作人员进行"自检"，然后再由班组长或同事进行"互检"，最后由检验员进行"专检"，产品三检确定合格后方可继续加工后续产品。

1. 自检

自检是指操作者根据工序质量控制的技术标准，对自己加工的产品进行检验。自检的最显著特点是检验工作基本上和生产加工过程同步进行。自检运用目测的方式观察本工序的生产内容是否合格，如合格则继续生产，不合格则立即返工。

操作人员在实施自检时，一定要确保作业的内容全部到位，如果需要标记则在确认无误后打上规定的记号。自检的流程如图 5-16 所示。

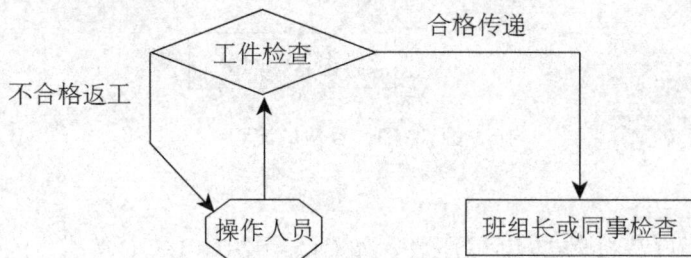

图 5-16 自检的流程

自检又可细分为"三自检制"，即操作人员"自检、自分、自记"，具体如图 5-17 所示。

责任者	项目	职能	管理内容	确认者	评议
操作人员	自检	首件自检（换刀、设备修理） 中间自检（按频次规定执行） 定量自检（班组实测）		检查员 班长 检查员	检查员 班长 质检员
	自分	不良品自分、自隔离、待处理		班长	车间主管
	自记	填写三检卡 检查各票证、签字		质检员 检查员	质管部

图 5-17　三自检制

2. 互检

互检是指互相检验，通常由班组长或下一道工序的操作人员，运用目检的方式确认首件产品是否合格，合格则开始作业，不合格则反馈或放在一边。确认后有时需要在操作合格的产品上做"合格"标记。互检的流程如图 5-18 所示。

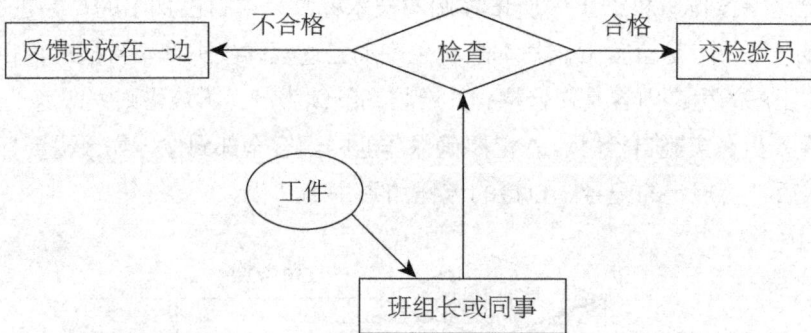

图 5-18　互检的流程

3. 专检

专检是指由专门设立的检验工位，如 QC、FQC、IPQC 等进行的检验。

首件检验是否合格，应得到专职检验人员的认可，检验员对检验合格的首件产品，应打上规定的标记，并保持到本班或一批产品加工完毕为止（所有首件产品必须留样，以作后续产品对比、查看首件产品生产过程是否发生变化之用，并用记号笔标记"√"以示产品通过首件检验）。

首件检验不合格的，相关部门和人员应一起查明原因、采取措施，排除故障后再重新进行加工、三检，直到产品合格后才可以定为首件。

（六）首检的记录

检验人员在实施检验后必须做好检验记录，以保证产品质量的可追溯性。首检记录的内容应包括检验数量、检验对象和不合格原因等。

····【范本】▶▶▶ ···

下面是某企业的首件检验报告范本，仅供参考。

首件检验报告

首件检验报告（一）

首件信息	代码号		产品名称		加工工艺		班组			生产日期	
	□开机首检　□修模首件 □转产首件　□生产参数变更 □材料变更　□其他：_____				检验依据	□工程图纸　□标准样件 □制程检验标准 □产品标准　□其他				检验时间		时分
检查记录	项目	检验标准	实测值					判定		备注		
			1	2	3	4	5					
	尺寸											
	外观	□少孔　□开裂　□变形　□起皱、叠料　□孔毛刺　□边毛刺　□划伤 □压痕　□拉痕　□缺料　□尺寸　□焊渣										

（续表）

最终判定结果	□合格　□不合格	是否同意量产： □是　□否		检验员签名：
注意事项	1. 所有项目均需连续检查至少5件 2. 根据质量统计的不良项目进行持续跟进			
填写说明	1. 产品新开机生产时，由最终工序准备好5个样件置于待检区，并通知IPQC检验员，检查判定合格后方可正式生产 2. 检验员判定合格后从样品中随机挑选1个样件，进行首件标识，并连同巡检记录表一起置于生产线最终检查工位 3. 适用范围：产品新开机、开线、修模、变更工艺/参数、变更材料等情况均需要进行首件检查 4. 检查结果：合格项目打"√"，不合格项目打"×"，无此检查项目打"○"；本表单保留一年			

首件检验报告（二）

生产日期：　　　　　　　　　　　　　　　　　　班别：□白班　□夜班

首件时机：1. 换模　2. 换材质　3. 产能在100PCS以上　4.其他

品名		规格		生产数量	
送检数		线别		机台号	
送检时间		QC确定时间		模具编号	
检测工具	□投影仪　□二次元　□卡尺　□厚度规　□菲林尺　□硬度计				
检验项目	标准/公差	1	2	3	4	5
尺寸检测						
外观						
结构						
材质						
综合判定	1. 可生产	2. 待改进		3. 不合格		4. 其他
备注：						
认可人员	检验员：	质量组长：			线别组长：	

（七）首检的注意点

1.注意检测手法

检测产品的方式、方法、部位都需要标准化，如图 5-19 所示。

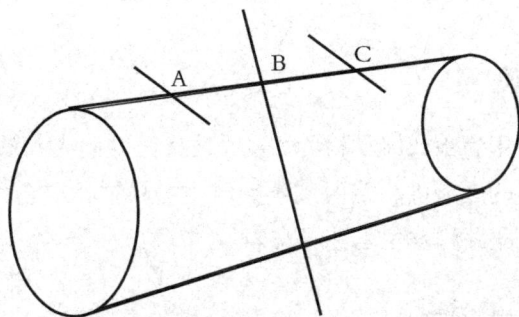

图 5-19　检测手法示意图

参照图 5-19，图上有 A、B、C 三点，如果要检测该产品的直径，到底检测哪一点呢？如果产品是以 B 为标准，而检测的是 A 点，该产品就会被判定为不合格。这种检测产品的方法显然是错误的。所以，为了保证产品检测的准确性，一定要在检测前设定好标准。

2.注意检测工具

如果检测工具失灵了，其检测的结果也会出错，如图 5-20 所示。

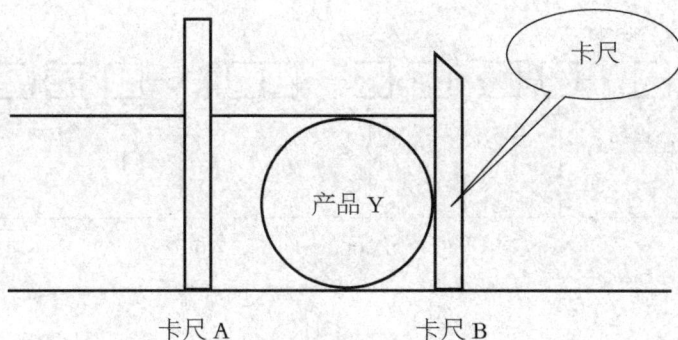

图 5-20　检测工具示意图

在生产现场，经常出现这样的情况，两个质管员对产品 Y 进行检验，一个用卡尺 A 进行测量，一个用卡尺 B 进行测量，结果发现检测的结果不一样：一个显示合格，另一个显示不合格。到底是什么原因呢？除了我们上面分析的检测方式可能不一样外，还有可能是其中一个卡尺存在误差。所以，在检测前，保证检测工具的精确度非常重要。

二、巡回检验

巡回检验又称临床检验或流动检验，一般适宜在成批或大量生产的过程中采用。巡回检验员在所负责的区域内，定时或不定时地随机抽检或全检。这么做的目的是为了防止出现成批不良品和发生工艺异常。

（一）巡检方法的分类

在生产现场，巡检可分为按时检验法与按量检验法。

1. 按时检验法

按时检验法是指在进行批量生产时，车间生产员工和质管员按照生产员工 X 次 / 时、质管员 Y 次 / 时（由各企业根据具体情况而定）的方式对产品实施抽检，每次的抽检数为 5 个；巡检的间隔时间必须在合理的范围之内，一般不应超过 30 分钟，如图 5-21 所示。

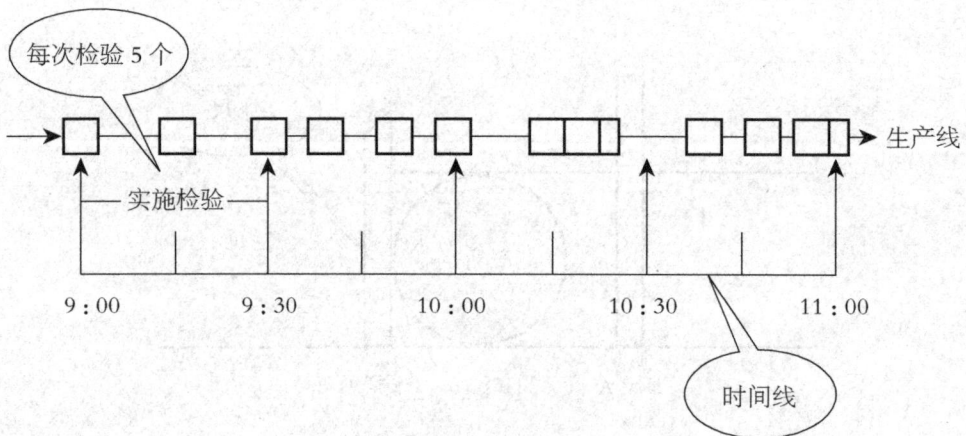

图 5-21　按时检验法

2. 按量检验法

按量检验法是指在进行批量生产时，车间生产员工和质管员按照生产员工间隔 X 个、质管员间隔 Y 个（由各企业根据具体情况而定）进行抽检，每次的抽检数为 1 个产品；巡检的间隔时间根据产品来确定，如图 5-22 所示。

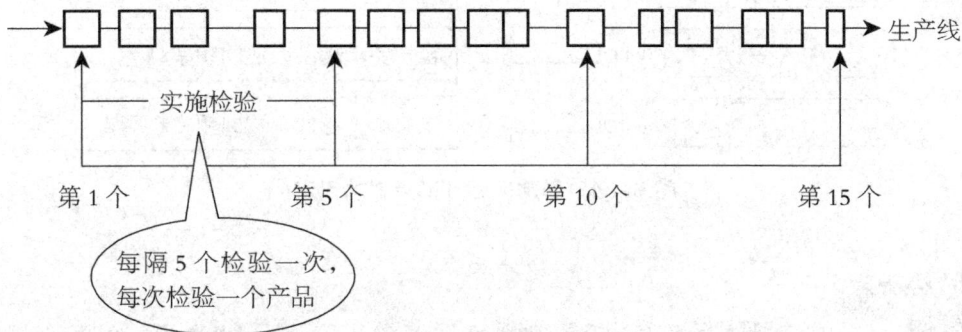

图 5-22　按量检验法

（二）巡检人数设置

在车间现场到底需要配置多少 IPQC 人员呢？一般来说，IPQC 的人数没有固定的标准。行业不同，巡检的设置也不同，巡检设置应主要考虑图 5-23 所示的因素。

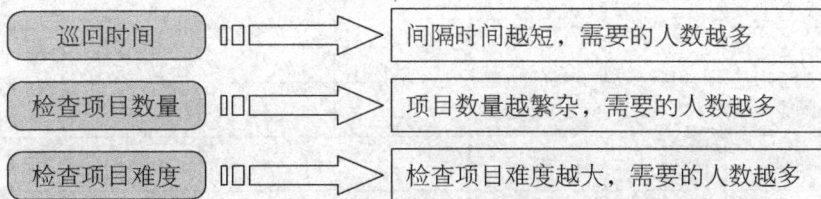

图 5-23　巡检设置考虑的因素

一般企业的巡检员人数是根据巡检与作业人员的比例来决定的。

（三）巡回频率设置

企业在设置巡回频率时应主要考虑图 5-24 所示的因素，并根据现场的实际情况来决定。

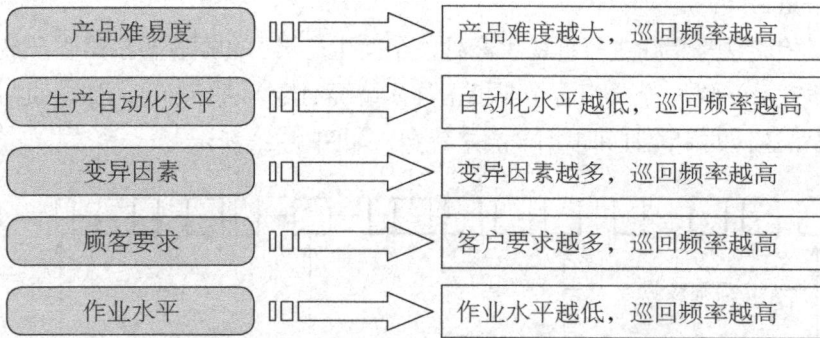

图 5-24　影响巡回频率设置的因素

案例

下面是某公司巡回频率设置的案例，仅供参考。

案例背景：

××公司为确定巡回频率设置要求，特制定了作业评分表，如下表所示。

作业评分表

项　目 ＼ 等　级	一级	二级	三级	四级	五级
产品难易度	1	2	3	4	5
生产自动化水平	5	4	3	2	1
变异因素	1	2	3	4	5
顾客要求	1	2	3	4	5
作业水平	5	4	3	2	1

得分的频率设置表

分职范围	频率设置
5～10	频率为 35 分钟／次
11～15	频率为 30 分钟／次

（续表）

分职范围	频率设置
16 ~ 20	频率为 25 分钟 / 次
21 ~ 25	频率为 20 分钟 / 次

设置方法：

如某产品的生产难易度为一级，生产自动化水平为一级，变异因素为二级，顾客要求为三级，作业水平为五级，则得分为12分。

所以，巡回频率应设置为30分钟/次。

（四）巡检的实施

1.巡检流程

巡检流程如图 5-25 所示。

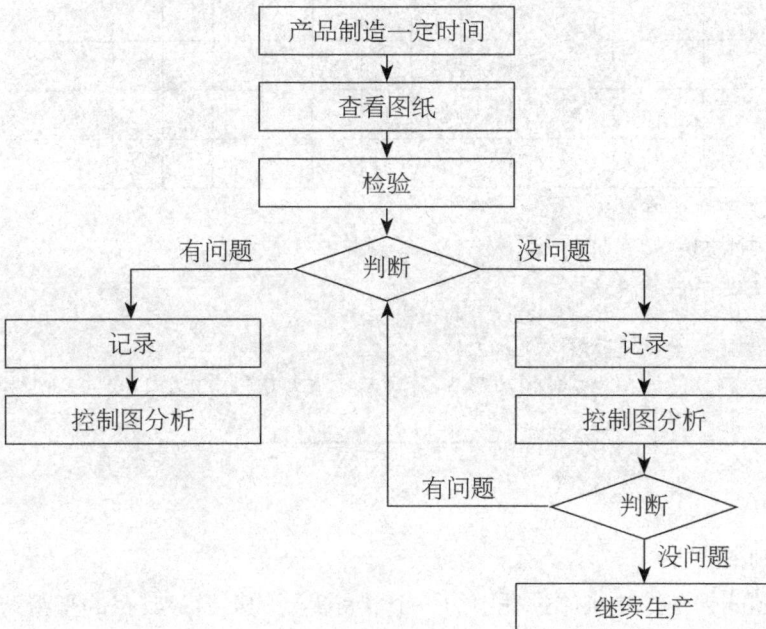

图 5-25 巡检流程

从图 5-25 中可以看出，巡检员在巡检时必须注意两个环节：一是要做好巡检记录，二是要做好控制图分析。

2. 巡检的记录

批量产品必须有巡检记录，记录内容包括工序名、抽检数、批量和实测数据等。

案例

某水龙头企业机加工车间的IPQC巡检记录如下表所示。

巡检记录表

产品名称			批量		日期： 年 月 日					班号	
项目	工序名	抽检数	图标数	实测数						温度920℃ ~1 000℃	备注
				一次	二次	三次	四次	五次	六次	七次	外观
备注	1. 表面不能有裂纹、缩水、砂孔 2. 剖件内不能有缩水、裂纹 3. 铸件皮层要均匀 4. 化学分析每天要有 2 次以上的检查 5. 溶液温度每天要有 3 次以上的检查 6. 所测数据依机加零件图的尺寸：外形尺寸放大 0.5 ~ 2 毫米，内孔尺寸缩小 0.5 ~ 2 毫米										

3. 控制图分析

控制图分析是巡检实施过程中的一个非常重要的项目，其目的是帮助作业者了解质量的未来状态，如图 5-26 所示。

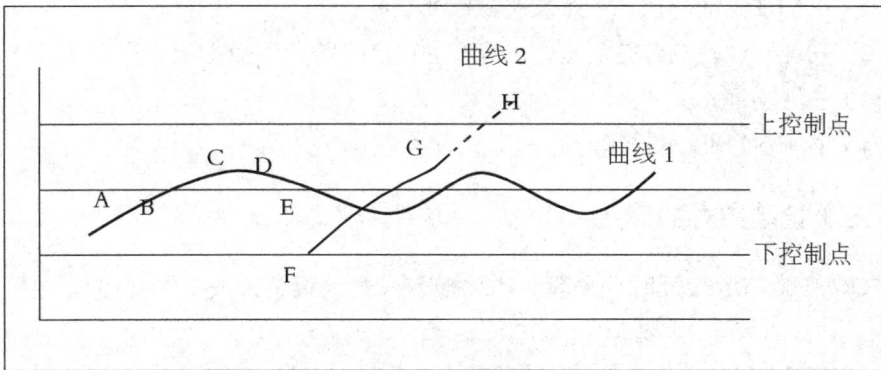

图 5-26　控制图

（1）如果巡检员测量的几个点呈图中曲线1的形式，这就是一种不规则的情况，但这几个点始终在控制范围之内，说明产品的质量控制没有问题。

（2）如果巡检员测量的几个点呈图中曲线2的形式，尽管曲线还在控制范围之内，但根据其趋势，曲线会向 H 点移动，说明产品的质量控制必须进行改善。

三、中间检验（工序制品检验）

中间检验又称为关卡检验或工序制品检验。这是一种在工程之间对整批零件进行的集中检验，目的是用来决定该批零件是否可以流转到下道工序。例如，零件机械加工后，在流转到热处理工序之前，就要作中间检验。中间检验通常由 FQC 负责。

（一）检验点的设置

FQC 的控制点一般都设在工序终点，具体包括以下内容。

（1）仓库出料的检验。

（2）半成品入仓的检验。

（3）新工艺、新材料投入批量生产时的检验。

（4）其他特殊工序点的检验。

（二）FQC 的检验项目与验证方法

FQC 除了重复 IPQC 对产品外观、尺寸、用料的质量验证外，还应特别注重以下几方面的验证。

（1）结构性验证，按工艺图及质量标准验证。

（2）功能性试装及公差测量，保证产品在装配阶段不受影响。

（3）特性验证。

（4）装箱数量准确性检查。

（三）检验方式的确定

FQC 在做质量验证时，一般采用抽样方式进行验货，按 AQL 值判定检验是否允收。

中间检验采用感官检验方法的项目较多。如视觉检验零件的毛刺、磕碰、裂纹、黑皮、表面粗糙度、弯曲变形等外观质量。

（四）质量异常的反馈与处理

1. 判定

（1）FQC 可判定的情况。FQC 可判定时，填制"FQC 检验问题报告"（见表 5-3），根据不合格程度，对不合格批产品做出返工、重检、退料、挑选、报废等处理决定。

（2）FQC 不可判定的情况。对此类不合格品，FQC 可请求上级判定，按判定意见予以标示，并监督相关部门对不合格产品进行隔离存放。

表 5-3　FQC 检验问题报告

产品名称		编号		工单编号		机号	
生产部			抽检时间				
抽检数量			不合格品数量				
不合格描述：							
判定结果： 　　□返工　□重检　□挑选　□报废							
生产部回复：							
QC：				审核：			

2. 填制日报

FQC 根据当班的验货结果，填制"FQC 半成品抽查日报表"（见表 5-4）。经被检部门签认后，一联交质管部存档，另一联交被检部门保存。

表 5-4 FQC 半成品抽查日报表

报告编号：

生产部／班组：　　　　　机号/组长：　　　　　班次：□白班　　□晚班　　　日期：

生产单编号	产品名称与规格	产品编号	颜色	生产单数量	起止追溯号	生产时间	生产数量	样本数	次品分类			判定结果				缺陷描述
									CR	MAJ	MIN	P	H	S	R	

副本分发：□QC　□生产部　□其他

检查员：　　　　　批检：　　　　　　　生产部：

说明：CR 为严重，MAJ 为主要，MIN 为次要，P 为合格，H 为冻结，S 为拣用/工厂加工，R 为退货。

（五）半成品例外放行

当因生产急需，一些半成品未经检验及试验就要转入下一制程时，须由质量部经理在检验报告签准后才能放行，IPQC 须在半成品标记上标明"例外放行"字样，生产部门需要保证该批物品上的批次明确，以确保能可靠追溯（见图 5-27）。

所有经过例外放行方式送到生产线的半成品必须由检验人员按照质量部经理签发的界限样品拣出良品，并经过 IPQC 确认才可用于生产，拣出的不良品经确认后应退回来源部门。

```
            ┌─────────────────────┐
            │  未经检验及试验的半成品  │
            └─────────────────────┘
                      │
                      ▼
┌───────┐   否   ◇─────────────◇
│ 检验  │◄───────│ 核批是否可放行 │
└───────┘        ◇─────────────◇
                      │
                      │ 是
                      ▼
            ┌─────────────────────┐
            │   直接进入下一制程    │
            └─────────────────────┘
```

◆ 半成品标记上标明"例外放行"字样
◆ 生产部门需要保证该批物品上的批次明确
◆ 按界限样品拣出良品用于生产

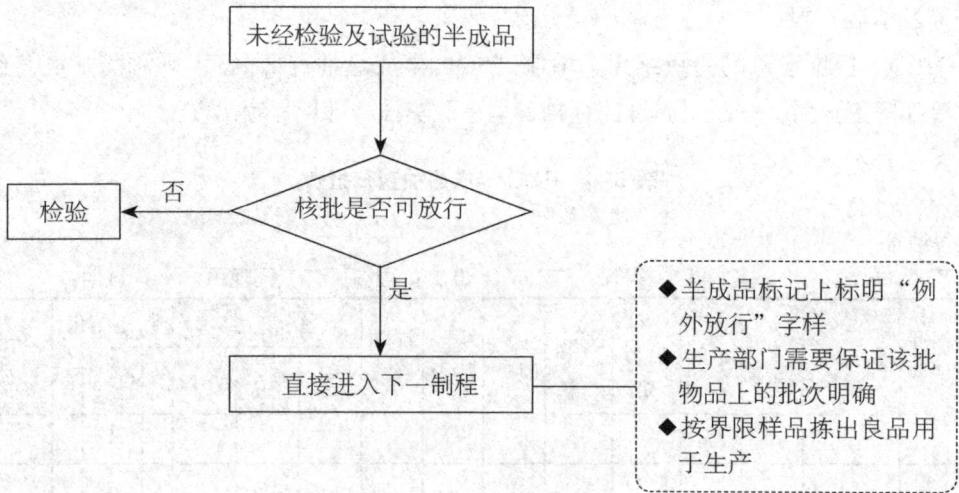

图 5-27　半成品例外放行的控制

四、成品检验

成品检验包括的检验项目较多，一般有组装检验及对产品外观、完整性、性能、精度、清洁度、喷漆、包装和可靠性的检验。

成品检验的目的是防止有缺陷的产品交库或出厂。因此，检验人员要对成品外观、性能、精度以及完整性等项目进行全面的检验。这是把好产品质量的最后一关，一定要从严从细。

（一）包装检验

产品包装是生产过程的最后一道工序。

产品包装是指包装产品的器具和包装物，其作用是保护产品的制造质量，便于装卸、运输和储存，其质量是产品质量的重要组成部分。

包装检验的项目与要求如图 5-28 所示。

包装

成品包装检验要求

（1）检查包装材料是否正确，包装箱是否牢靠并符合规定
（2）包装前是否按文件要求对产品进行了油封、油漆、润滑（必要时）及外观的检验
（3）成品合格证书（或标志）的编号与包装箱编号是否相符
（4）包装箱上客户名称、地址、邮编及防雨、堆放等标志是否正确
（5）按装箱清单核对产品说明书、产品合格证书、附件、备件工具

包装检验的项目

— 包装材料
— 包装方法
— 包装外观
— 标志（起吊重心、防潮、防震动、放置方向等标志）
— 随机文件
— 随机附件
— 备件等

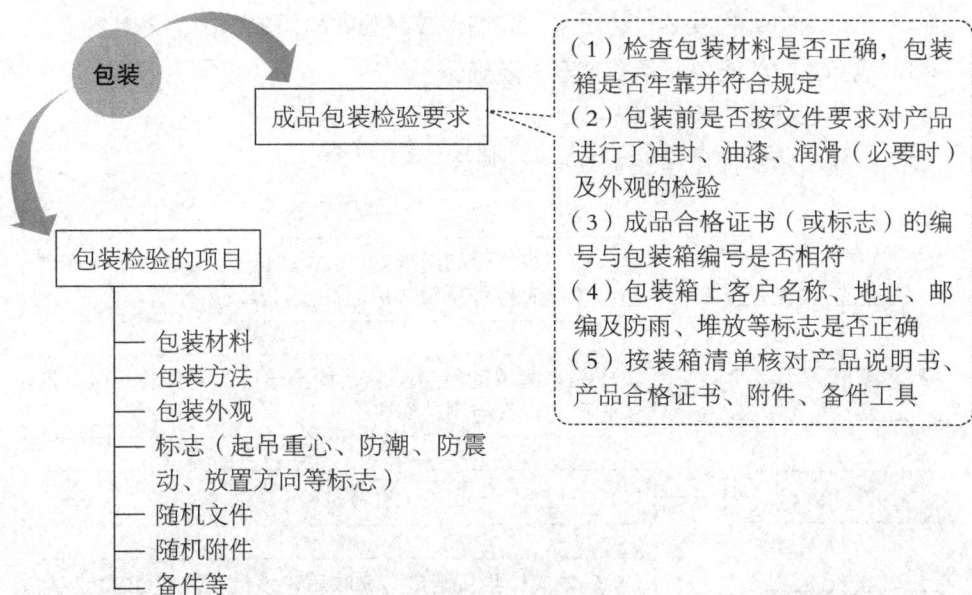

图 5-28　包装检验的项目与要求

　　有的产品（特别是机械产品）入库时不进行包装，到出厂时才进行包装，此时应单独就包装进行检验。检验人员应对照合同要求（合同要求的条款可能写在"出货单"上）及包装检验作业指导书的要求检验包装的是否符合要求。

（二）成品入库检查

1. 检验的项目

成品入库检验的项目包括产品功能、产品外观、产品结构、尺寸检验（安装尺寸、连接尺寸）、易于检验的性能、包装及包装物。

2. 成品入库检验的要求

（1）按照产品标准或检验作业指导书规定的入库验收项目，逐条逐项进行检验。

（2）随产品供应的附件、备件，应纳入成品验收检验的范围。

（3）产品的合格证（或其他质量证明文件）、随机技术文件，应纳入成品验收的范围，进行核对与验收。

（4）产品的包装物及其包装质量，应纳入成品验收检验的范围。

（5）成品验收检验的记录应齐全、准确。

3. 成品入库检验的操作程序

成品入库检验的操作程序如图 5-29 所示。

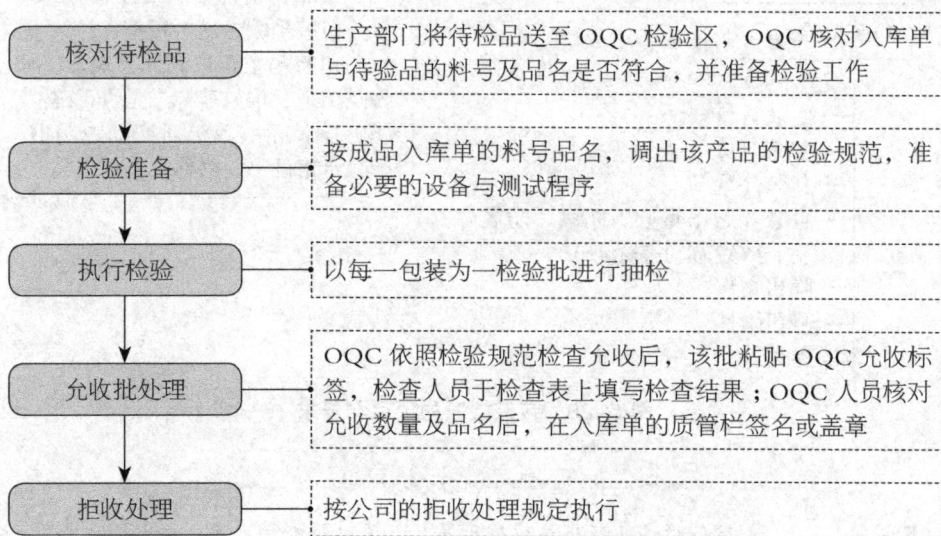

| 核对待检品 | 生产部门将待检品送至 OQC 检验区，OQC 核对入库单与待验品的料号及品名是否符合，并准备检验工作 |

| 检验准备 | 按成品入库单的料号品名，调出该产品的检验规范，准备必要的设备与测试程序 |

| 执行检验 | 以每一包装为一检验批进行抽检 |

| 允收批处理 | OQC 依照检验规范检查允收后，该批粘贴 OQC 允收标签，检查人员于检查表上填写检查结果；OQC 人员核对允收数量及品名后，在入库单的质管栏签名或盖章 |

| 拒收处理 | 按公司的拒收处理规定执行 |

图 5-29 成品入库检验的操作程序

拒收处理应遵守以下要点。

（1）OQC 按检验规范检验后，检验批达退货水准时，OQC 即拒收该批，并于该批产品上粘贴 OQC 拒收标签标示。

（2）OQC 对该拒收批产品填写"OQC 抽验不良品分析表"（见表 5-5），随拒收批产品退回生产部门，生产部门收到退货批后，应对退货批进行全检处理，将不良原因及改善方式填入分析表。

表 5-5　OQC 抽验不良品分析表

致：	产品：
序号：	检验日期：
检验者：	原测试者：
不良现象：	回复期限：

（续表）

分析与说明：	责任单位：□生产部 □生技部 □其他
生产部分析：　　　　　　　生产部：	生技部：
责任部门对策： 　　　　　　　　　　　　　　责任部门主管：	
返工结果： 　　　　　　　　　　　　　生产部主管：	
对策确认： 　□结案　□继续追踪	OQC检验员：
回复日期：	OQC工程师
分发：□生产部　□生技部　□_____	

（3）生产部门针对该批退货产品，应先判断是否为人员疏忽所致，若属人员疏忽应立即改善。若不属人员疏忽，则转由生技部分析，由责任部门拟订改善方案并填写分析表。

（4）责任部门填妥对策并将不良品分析表送回 OQC，由 OQC 确认改善对策能否有效执行，经 OQC 确认核准后，生产部门方可进行返工。

（5）OQC 对已处理的退货品重新检验。

（6）由业务单位发出"成品质量异常联络单"（见表 5-6），经相关部门会签，由质量部裁决。正本送回业务部门，业务部门再分发给相关部门。

表 5-6　成品质量异常联络单

料号		品名		业务部申请者	
产品		数量		主管	
提出异常联络单原因：					

（续表）

会签部门	同意	不同意	条件同意	说明

核决：

分发：

（7）如裁决允收，OQC人员应将OQC拒收标签改贴OQC允收标签，并在原查检表注明"成品质量异常联络单"的单号，若未核准则维持前述拒收批处理方式。

（8）质量部须将"成品质量异常联络单"归档，作为日后追踪的依据，保存期限至少为一年。

入库送验的流程如图5-30所示。

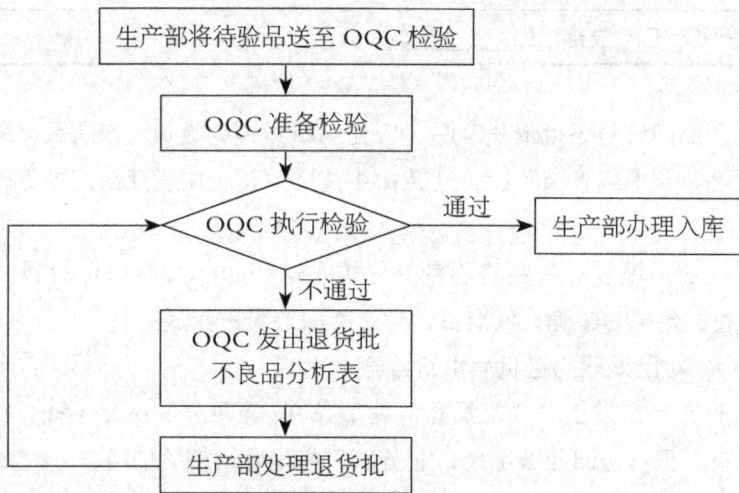

图5-30　入库送验的流程

（三）成品检验验收记录

为了防止因漏检致使有缺陷产品出厂，企业应编制成品检验的标准程序并遵循，还应认真填写成品检验验收登记台账（见表5-7），明确记载生产、检验责任人，并存档备查。

表 5-7　成品检验验收登记台账

产品型号及产品名称		交检批号			交检批量		验收日期	
验收条件					验收项目及要求			
机器编号	检测（试验）结果				合格判定结论	装配工	检验员	备注
	A项	B项	C项	D项				

第三节　不合格品管理

一、什么是不合格品

不合格品是指未满足规定要求的产品。不合格品管理的目的是规范不合格品（包含原材料），由权责单位迅速加以管制，防止不良品流出，确保出货产品质量符合客户要求。

不合格判定是指检验和测试后发现产品质量不符合规定要求时，将产品判定为不合格。

二、检验不合格品的处理

巡检员在每个过程巡查检验时，如发现产品出现质量问题，可采取以下方式处理。

（1）可口头通知相关人员改善跟进（如通知生产主管、工具师傅等）。

（2）发现反复出现的质量问题时，发出"质量异常现象通知单"（见表5-8）并交相关人员改善处理。

表5-8　质量异常现象通知单

致：　　　　　　　　　分派：　　　　　　　　　记录编号：

产品名称／编号	生产日期	检验时间	巡检记录编号
异常现象描述： 　　　　　　　　　　　检验员：　　　　　　复核：			
问题部门改善措施： 　　　　　　　　　　部门负责人：　　　　　复核：			
确认改善效果： 　　　　　　　　　提出人／验证人：　　　　复核：			

（3）发现严重不合格品（如功能不良／存在安全问题等）或该不合格品存在普遍性问题时，应填写"不合格产品处理报告"（见表5-9）并交相关人员改善处理。

表5-9　不合格产品处理报告

供方/来源部门：	采购单/生产单编号：		不合格检验报告编号：
产品编号/名称：	批量：	样品数量：	收货（办）日期：
不合格内容描述（质管部填写）： 　　　　　　　　　　　　　　检查员／日期：			
处理方法（来源或责任部门填写）：			□立即处理 □计划（完成时）： 填写人、日期：
□退回来源部门　□返工　□返修　□拣用　□报废　□让步接受（数量）：			

（续表）

不合格原因分析（来源或责任部门填写）	是否需要采取纠正预防措施： □需要　□不需要	填写人、日期： 批核人、日期：
纠正预防措施（来源或责任部门填写）		填写人、日期： 批核人、日期：
纠正预防措施效果验证： □符合要求　□不符合要求　□其他		质管部验证 验证人、日期： 批核人、日期：

（4）产品经返工、返修、拣用完成后需重新检验，合格后方可进入下道生产工序或出货；重检仍不合格的按不合格品的相关规定处理。

三、测试不合格品的处理

客户或内部测试出现不合格时，QA 发出"产品测试申请及报告表"与"不合格产品处理报告"，通知相关部门和人员进行改善。

成品测试不合格时要求生产部门或货仓对该批产品进行隔离，并做出纠正及预防行动。上述工作完成后，QA 需重新对产品进行相关测试，测试合格后方可出货。

四、不合格品的处理办法

（一）不合格品的标示

不合格品标示主要用于以下两个方面。

1. 原材料或产品不合格的标示

判定为不合格品的原材料或产品，应由各检测作业人员按规定予以标示。

2. 各阶段不合格品的标示

（1）来料不合格品以 IQC 拒收标签标示。

（2）制程不合格品、半成品、成品以 IPQC 拒收标签标示。

（3）包装入库前及出货不合格品以 OQC 拒收标签标示。

（二）不合格品的隔离

不合格品隔离的操作要点如图 5-31 所示。

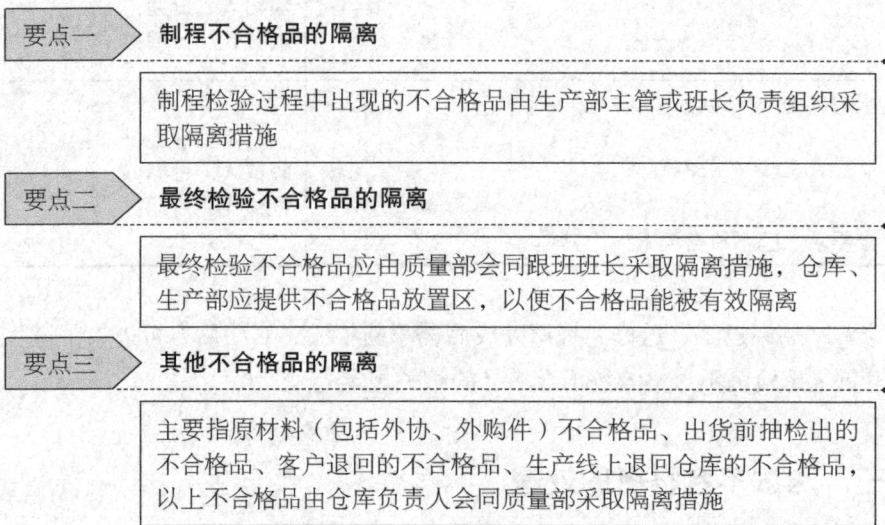

要点一 > **制程不合格品的隔离**

制程检验过程中出现的不合格品由生产部主管或班长负责组织采取隔离措施

要点二 > **最终检验不合格品的隔离**

最终检验不合格品应由质量部会同跟班班长采取隔离措施，仓库、生产部应提供不合格品放置区，以便不合格品能被有效隔离

要点三 > **其他不合格品的隔离**

主要指原材料（包括外协、外购件）不合格品、出货前抽检出的不合格品、客户退回的不合格品、生产线上退回仓库的不合格品，以上不合格品由仓库负责人会同质量部采取隔离措施

图 5-31　不合格品隔离的操作要点

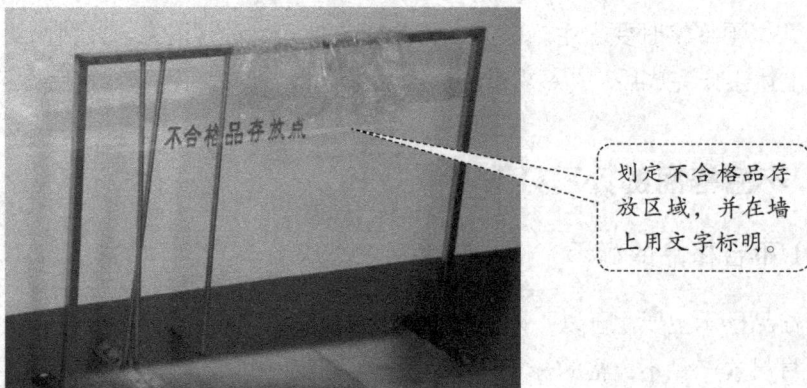

> 划定不合格品存放区域，并在墙上用文字标明。

（三）不合格品的处理作业

不合格品处理作业要点如下。

（1）作业人员或制程检验人员发现产品不合格时，应依据检验规范的规定对其标示区分或移离生产线。

（2）当发现不合格品属制程不良，或有重复不良产品发生时，应立即向主管报告。如由生产单位的作业人员发现，应立即将不合格情形报告主管，经生产线主管确认后立即进行改善。

（3）如为制程本身或材料问题，必须采取纠正措施以防止事件再发生，生产单位应立即向相关责任单位发出"生产异常报告单"（见表5-10），并要求其在规定期限内处理完毕。

表 5-10　生产异常报告单

部门：　　　　　　班组：　　　　　　　　　　发文日期：

客户		批号			作业者	
品名		检查水准	n＝	c＝		pn＝

问题描述：

　　　　　核准：　　　　　确认：　　　　　检验：

原因分析：

纠正预防措施：

改善对策：

　　　　　核准：　　　　　拟订：

效果追踪：

　　　　　核准：　　　　　确认：

（4）当制程变异对产品质量有不良影响时，经生产线主管确认后立即停止生产或采取其他相应措施，待问题解决并经生技部人员确认后才可恢复生产。

（5）生产单位发出"生产异常单"后，应主动跟催处理结果，并将"生产异常单"的处理结果归档，作为质量回馈与分析改善的资料。

（6）如决定返工时，应依据返工处理作业程序（见图 5-32）的相关规定办理，返工的产品应再行检验与测试，合格后才可出货。

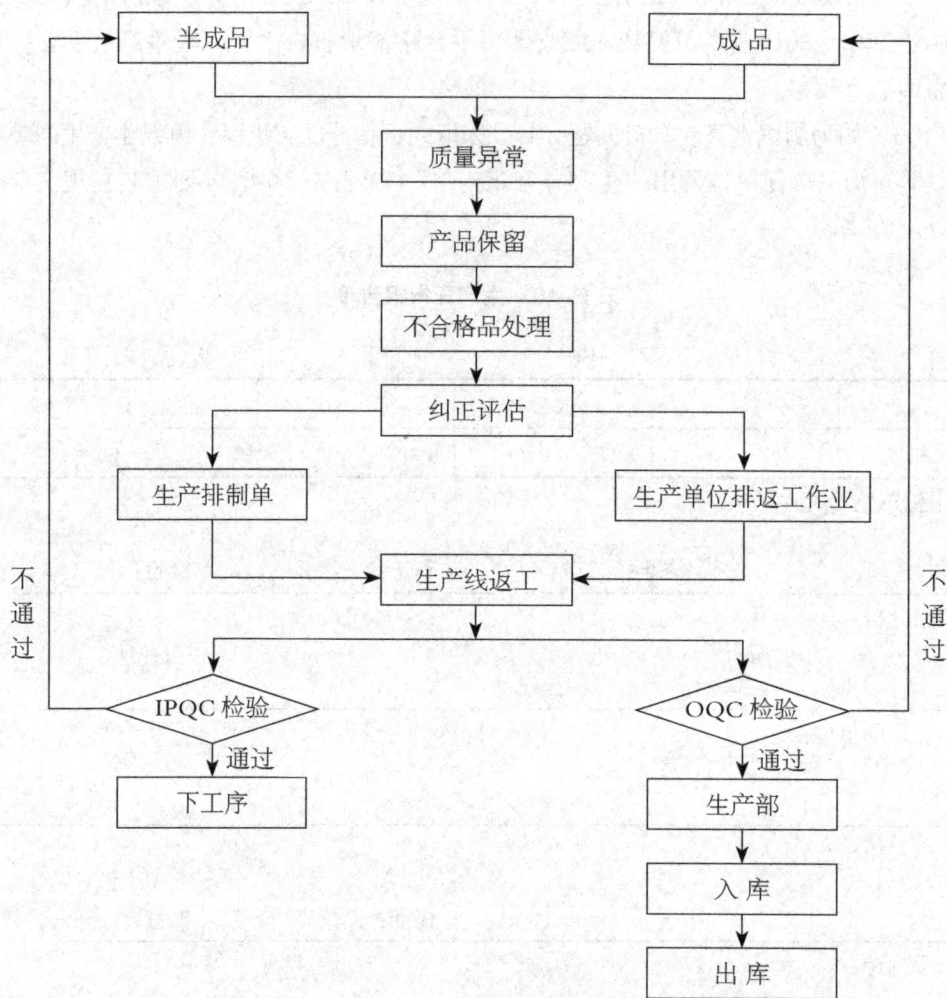

图 5-32　返工处理作业程序

（四）复检修理品

对 FQC 剔除的不合格品在实施修理后，一定要经过 FQC 复检，合格后才可以放行，但修理和复检的次数应该有所限制。生产单位对修理品也要认真做好记录，这将对以后不合格品的统计分析非常有用。修理记录表如表 5-11 所示。

表 5-11　修理记录表

修理日期		生产拉别	产品编号与名称	生产制令号与数量	
序号	不良品名称	不良症状	原因解析	修理数量	修理结果检验

记录员：　　　　　　　　FQC：　　　　　　　　审核人：

五、不合格品的统计与分析

开展不合格品统计和分析的目的，一方面是可将分析结果作为衡量工作质量和经济效果的指标，对企业、车间、班组和个人进行考核；另一方面是为了掌握产品加工的质量情况，找出产生不合格品的原因和责任人，发现不合格品产生和变化的规律，抓准关键问题，采取有效措施降低不合格品数量。

为了便于研究和分析，企业必须将不合格品按其产生原因和责任人进行分类统计。建立和健全产品质量的原始记录是做好不合格品统计和分析的基础，企业必须认真填写原始票证并妥善留存。

（一）不合格品统计分析

废品、返修品、回用品均需由检验部门根据废品通知单、返修品通知单、回用申请单等原始票证定期进行分类汇总统计，并按月对生产车间进行考核，为财会部门的质量成本核算、供应部门的材料利用率统计、生产部门的在制品盘查提供依据。车间生产班组还应对不良品进行日汇总统计，将结果填入相应的表单中，以便企业掌握与分析质量问题的波动趋势，及时采取改进措施。

案例

某企业的不合格品统计分析表如下。

不合格品统计分析表

编号：HT-8.4-01   时间：2016年3月9日—2016年3月31日

不合格事项	数控折弯高度不足	后门板折弯宽度不足	油箱上盖板剪板尺寸不足	发电机装卸时摔在地上	水箱风叶因安装不到位风页损坏
不合格品数量	1片	1片	1片	1台	1次

不合格品排列图	

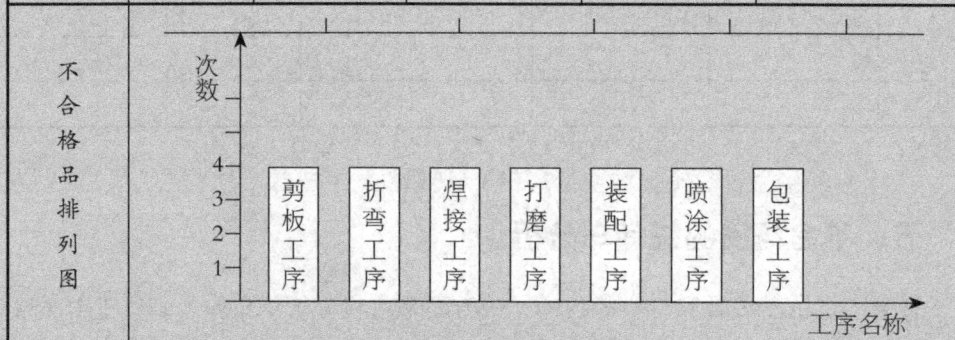

不合格品原因分析	本次不合格品统计中发现以下问题。 （1）折弯工序在不到一个月的时间内，出现2次不合格品；在处理过程中发现这是由于折弯人员的工作责任心不够造成的，即使经过质管人员现场确认了，但是折弯人员自检力度不够，班长的跟踪力度欠缺。从统计中发现，问题集中出现在折弯工序 （2）剪板工序对原材料板材的下料、复核手续不重视；所用测量工具精度需要改善，使用较高精度的测量工具 （3）发电机掉在地上，据查，装卸时只有运输公司司机一个人在吊装，公司没有人员现场指挥和采取保护措施 （4）装配工序造成安装不到位，未按照工艺执行文件安装螺丝，操作人员未按照工艺文件执行复核流程，班长以及现场质管人员存在侥幸心理

不合格品原因分析	

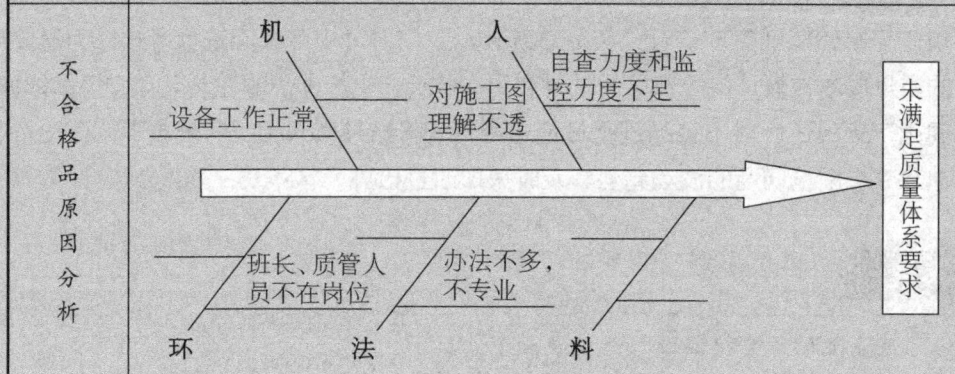

（续表）

措施建议	（1）加强对操作人员的技术培训，增强员工熟悉图纸和理解图纸的能力 （2）技术部门和车间负责人要加强施工前的图纸交底，同时加强现场制造工艺、操作程序的监督力度 （3）加强操作人员的质量意识，并要求质检员在下料、折弯前进行认真的审查，帮助操作人员掌握钣金工序、装配工序、折弯工序等方面的要求，杜绝此类不合格现象再发生

副总： 经理： 制表人：谢××

（二）废品分析

废品分析是不合格品分析中的重点环节，是一项很复杂、很细致的工作。为了做好废品分析工作，企业在充分发挥检验部门作用的同时，还要积极组织有关部门和生产工人参与。废品分析的形式包括如下两种。

1. 现场废品分析会

现场废品分析会是组织相关部门，发动员工参加废品分析的一种形式，特别是遇到废品原因不清、责任不明确的情况时，可采用现场废品分析会，按"三不放过"（见图5-33）原则追查和分析，这样做效果显著。

图5-33 "三不放过"原则

2. 废品分析报告

检验部门、车间和班组要将每月相关的废品统计数据汇总，运用排列图、因果分析图等统计工具进行分析，出具当月废品统计分析报告。报告要指明当月废品中的关键项目是哪些，着重分析废品数量升降的原因，以帮助有关部门抓准关键问题，采取有效措施降低废品数量。

第四节　做好产品防护

产品处于放置阶段时，需要进行质量控制吗？答案是肯定的。无论何种产品，均需要产品防护，在食品工业中尤应如此。产品防护是削减不合格品的一个重点环节。

一、产品防护的内容

产品防护是指在搬运、储存、包装、交付产品的过程中加强保护，以避免零组件、在制品、成品于待用或待出货期间发生质量异常。

我国一些地方发生的烟花爆竹爆炸和化学品泄漏等的重大恶性事故；在企业内部出现的产品堆叠高度过高而倒塌破损；食品因为包装破损而导致变质不能食用；产品因为放在户外被雨水淋湿而发霉；玻璃制品因其外包装纸箱上没有易碎品标识而在搬运时被撞碎；出口食品包装由于材质不符合要求被国外通报、退运和索赔……这些情况均是因产品防护没有做到位而导致的。

二、产品的搬运防护

在搬运工作中没有使用适当的搬运工具，搬运的方法和路线出错，吊车等搬吊器具没有定期维护检查，操作人员未经培训上岗，对特殊产品没有按照要求进行搬运，这些情况都会造成产品的损坏、变质或污染。

产品的搬运防护有以下几点可供参考。

（1）企业应制定明确的搬运管理要求和搬运作业指导书。

（2）选择适合的搬运方式，减少重复性的搬运，尽量降低搬运难度（见图5-34）。

自动流水线传送带，难度系数为1

有轮子可以推，难度系数为2

箱子推起来相对较难，难度系数为3

没有任何辅助工具，需要捡起来抱走，难度系数为4

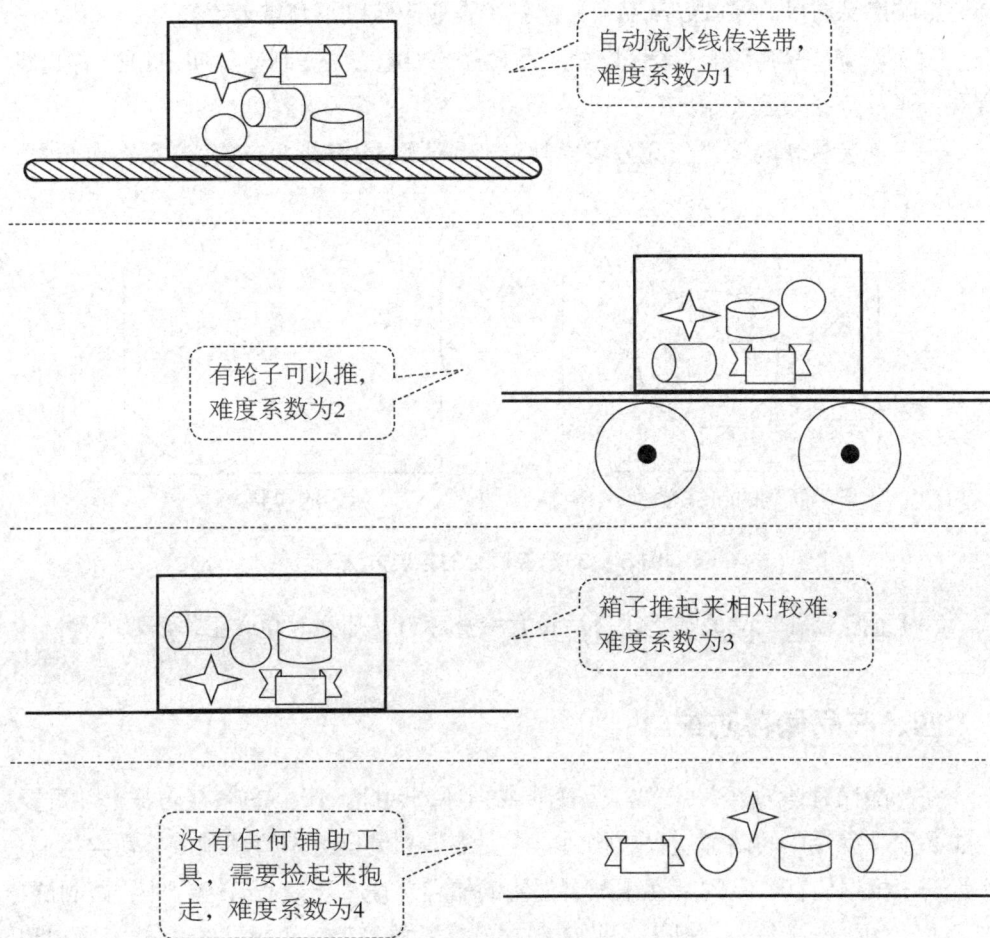

图 5-34　搬运方式难度示意图

从图 5-34 中可知，选用传送带或者用车搬运，明显比人工搬运的效率高，而且能更好地保护产品。

（3）对相关工作人员进行教育培训，特殊工种工作人员应持证上岗。

（4）对搬吊工具应定期或不定期进行巡检及维护。

（5）采取责任追究制度，防止野蛮装卸和搬运。

三、产品包装防护

产品包装的材质、方法如果设计不适当，或者包装箱没有必需的、清晰的标识，都会影响产品质量。要做好产品包装防护，企业应从以下几点入手。

（1）明确产品包装上的标识，如产品名称、数量、规格、制造日期、批号、有效期、合同号码及特殊搬运条件。

（2）包装材料的选择应充分考虑其对产品质量的影响，应避免产品在包装中因滑动而受损（见图5-35）。

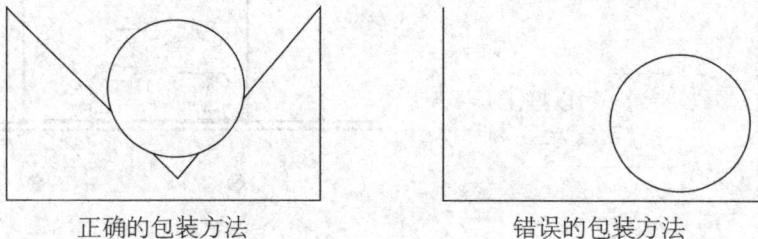

正确的包装方法　　　　　　　　　错误的包装方法

图5-35　选择适合的包装方法

（3）企业须在产品的包装工序后设立检查环节，加强对包装工作质量的控制。

四、产品储存防护

在产品储存阶段容易出现产品变质或损坏，因此，产品的储存防护十分重要，企业必须设置专门的储存室存放物料。企业应建立健全仓库管理制度，切实规范仓库管理；根据储存产品的特性来配置适宜的储存环境；要建立管理台账，做到储存产品账、物、卡相符。另外，企业应制定产品堆放管理标准并进行仓储区域规划，保证产品堆放的位置、高度或使用的容器符合产品的特点或其本身标识的要求。

第六章

出货与退货、投诉处理

为了确保客户和企业自身的利益，制造企业还应对出货及出货以后可能面临的退货、投诉认真处理，这样才能确保客户满意，才是全过程质量管理的完美结束。

第一节　出货质量控制

一、出货检验

出货检验是指将仓库中的产品送交客户前进行的检验。

（一）需进行出货检验的情形

产品在入库前已经进行了严格的检验，所以一般没必要进行出货检验。但以下情况需进行出货检验。

（1）仓库储存环境（如温度、湿度）对产品有影响。

（2）对保质期有要求的行业，如食品业。

（二）出货检验流程

出货检验流程如图6-1所示。

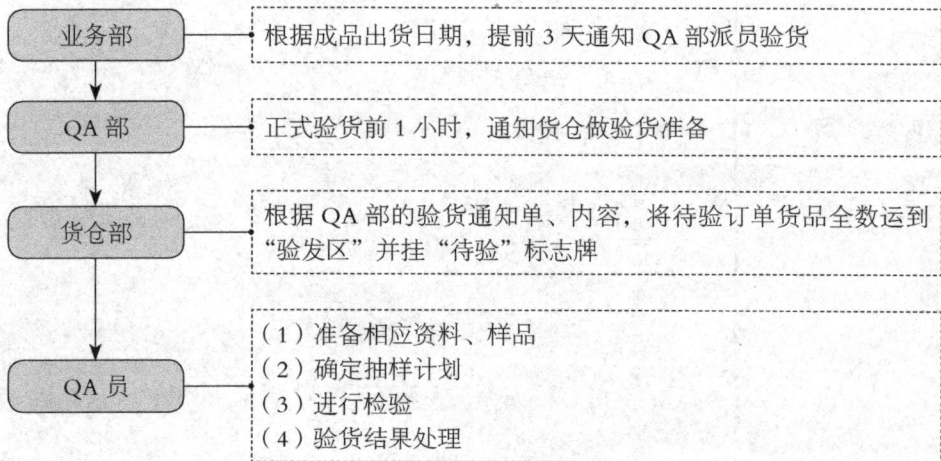

业务部	根据成品出货日期，提前3天通知QA部派员验货
QA部	正式验货前1小时，通知货仓做验货准备
货仓部	根据QA部的验货通知单、内容，将待验订单货品全数运到"验发区"并挂"待验"标志牌
QA员	（1）准备相应资料、样品 （2）确定抽样计划 （3）进行检验 （4）验货结果处理

图6-1　出货检验流程

（三）出货检验内容

出货检验的项目与入库检验相同，也可从入库检验的项目中选择一部分进行。

1. 外观检查

检查产品是否变形、受损，配件、组件、零件是否松动、脱落或遗失。

2. 尺寸检验

测试产品是否符合规格，零配件尺寸是否符合要求，包装袋 / 盒、外箱尺寸是否符合要求。

3. 特性验证

检验产品的物理、化学特性是否产生变化及对产品的影响程度。

4. 寿命试验

在模拟状况下和破坏性试验状态下，检测产品的寿命期限。

5. 测定产品抗衡能力

测定产品抗拉力、抗扭力、抗压力、抗震力等方面是否符合质量要求。

6. 产品包装和标志的检查

（1）检查产品的包装方式、包装数量、包装材料的使用是否规范，单箱装数是否符合要求。

（2）标志纸的粘贴位置、标志纸的书写内容、外箱的填写是否规范。

（3）纸箱外包装是否有质检"QC PASSED"印章。

（四）不合格品的判定

QA 应根据"产品质量标准"判定抽检中出现的不合格品数量，对无法判定的产品，可填写"质量抽查报告"连同不合格样品交 QA 主管判定。QA 根据最终仲裁结果，确定不合格品的处理意见。

（五）验货结果的判定与标示

QA 根据不合格品的确认结果，判定该批产品是否允收。

1. 对允收产品

对允收批（单）产品，QA 在其外箱逐一盖"QA PASSED"印章，并通知货仓部入库。

2. 对拒收产品

对拒收批（单）产品，QA 应挂"待处理"牌。货仓不得擅自移动此类产品。

（六）产品的补数、返工、返修和报废

QA 部根据检验结果确定送检批产品的允收情况，并书面通知生产部进行补数、返工、返修直至报废。

（七）验货记录

1. QA 验货

QA 在完成所有验货后，应及时填制成品"出货检验报告"（见表 6-1、表 6-2、表 6-3）交 QA 主管签批，并将此期间产生的所有表单一起交 QA 部存档，QA 只保留"QA 工作日志"。

表 6-1　出货检验报告（1）

客户名称：			客户型号：		本厂型号：		报告编号：	
抽样水准： 严重（MA）级：AQL：0收、1退 ACC　　REJ 轻微（MI）级：AQL：0.4 ACC　　　REJ						数量：		抽查数量：

类别	序号	检查项目	标准	方法	数量	检查结果		不良描述
						OK	NG	
外观部分	1	产品型号	M.I.	目视	AQL QTY			
	2	板材型号	M.I.	目视	AQL QTY			
	3	UL 番号	M.I.	目视	AQL QTY			
	4	标记	清楚、齐全	目视	AQL QTY			
	5	周期形式	M.I.	目视	AQL QTY			
	6	表面处理	M.I.	目视	AQL QTY			
	7	崩孔及压伤	IPC	目视	AQL QTY			
	8	V 坑线数	图纸	目视	AQL QTY			
	9	非沉铜孔是否有铜	无不良	目视	AQL QTY			
	10	阻焊颜色	M.I.	目视	AQL QTY			
	11	文字颜色	M.I.	目视	AQL QTY			
	12	板弯曲	1%OF "L"	针视	AQL QTY			
	13	UL 级别	M.I.	目视	AQL QTY			

（续表）

类别	序号	检查项目	标准	方法	数量	检查结果		不良描述
						OK	NG	
外观部分	14	其他外观不良	IPC/FQA 作业指导书	目视	AQL QTY			
功能测试	1	电气测试	无不良	测试机/目视	AQL QTY			
	2	碳油阻值测量	设计标准	万用表	30 ~ 50pcs			
可靠性试验	1	胶纸试验	信赖度试验作业指导书	测试	5pcs			
	2	热冲击试验	信赖度试验作业指导书	测试	1 ~ 2pcs			
	3	浸锡试验	信赖度试验作业指导书	试验	1 ~ 2pcs			
	4	孔内铜厚	M.I.	切片	1 ~ 5pcs			
机械数据测量	1	自插管位尺寸	图纸	针视	20 ~ 30			
	2	V 坑深度	M.I.	10X镜/V坑表	5			
	3	板厚	M.I.	千分尺	1 ~ 2			
	4	孔径及机械数据量度	图纸	针视/卡尺	1 ~ 2			
	5	其他数据测量						
包装部分	1	包装数量	PCS/ 包	目视	AQL QTY			
	2	包装混板	样品	目视	AQL QTY			
	3	写错板号	样品	目视	AQL QTY			
	4	包装方式	□真空 □普通	目视	AQL QTY			
	5	其他包装不良						

结果判定：□ 合格接受　　□ 不合格拒收　　□ 特采	备注：孔内铜厚如需要，附切片报告；孔径及机械数据量度附量度报告
检查员：　　　　　　　核准：　　　　　　　日期：	

表 6-2　出货检验报告（2）

日期：_____　　箱数：_____　　每箱____PCS

订单号：_____　　产品编号名称：_____

批量数：_____　　抽查数_____　　生产拉：_____

问题描述	极严重	严重	轻微

备注：

	AQL	ACC	REJ	FOUND	核对箱唛是否正确	正唛：□正确　□错误
CRI						侧唛：□正确　□错误
MAJ					检验结果：□合格　□不合格	
MIN					此批货：□接受　□不接受	

QA/日期：　　　　审核/日期：　　　　生产部/FQC承认上述问题，签名：

表 6-3　QA 出货检验记录表

客户	品名	型号	出货数量	出货箱数	检验箱数	检验项目					不良状况说明
						品名	型号	唛头	数量	包装	
总计											确认： 检验人员：

2. 客户 QC 验货

如有客户要求进行 QC 验货时，由 QA 部派员陪同，验货程序同 QA 验货一样，但要使用客户 QC 验货记录单，验货完成后，由陪同的 QA 将客户 QC 验货记录单（一式两份）交 QA 主管签名，一份由 QA 部自行保存，另一份交客户 QC。

（八）出货检验质量状况的统计与分析

与 IQC、IPQC 及 QA 一样，对于检验产品的质量状况也要定期进行统计与分析。统计与分析的结果可用于质量改善及质量绩效评价。成品出货检查月统计管制表如表 6-4 所示。

表 6-4　成品出货检查月统计管制表

日期：　年　　月

核准	审查	制表

项目　＼　拉别	A1 拉	A2 拉	B1 拉	B2 拉	C1 拉	C2 拉	其他
送检批数							
合格批数							
合格率							
不合格批数							
不合格品的主要问题点							
备注							

二、DOCK CHECK

DOCK CHECK 的意思是码头检查、装船确认的意思，它是出货过程中进行的最后一次产品审核。其目的之一是防止出错货，预防所发出的产品与订单要求的产品有差错，检查内容包括产品型号、规格、数量、种类等，尤其是当有多个客户的产品同时生产、同阶段入库并出库的情况下，通过 DOCK CHECK 可以避免将 A 客户的货发给 B 客户。第二个目的是确认产品的标志状态和防护情况等是否与出货目的地国家或地区的要求相符合。

> 由于货物的交运方式不同，实施DOCK CHECK的地点不一定就在码头，比如，当货柜车到工厂来拉货时，DOCK CHECK的地点就是本工厂的货仓门口。

DOCK CHECK 的作业内容主要是产品的外包装等关联事项，因此一定要确认出货文件与所出货物一致，要确认唛头、标贴纸的正确性，确认所出产品是否全部经过 OQC 检验合格，确认产品的流水号码是否正确，并检查产品包装的完好性。

DOCK CHECK 后也要填写记录单，以便追溯（见表 6-5）。

表 6-5　DOCK CHECK 记录单

订单号：		客户：		目的地：
品名：		型号：		流水起止号：
数量：		箱数：		

序号	检查项目	确认内容	检查事项记录
1	出货文件	品名、规格、型号	
		地点、数量	
		运输方式、收货人	
2	标记	品名、规格、型号	
		地点、数量、号码	
		条码、箱号	

（续表）

序号	检查项目	确认内容	检查事项记录
3	标志	安全标志	
		搬运标志	
		运输贴纸	
4	包装	箱体完好	
		封口良好	
		码垛合理	
		标记清晰	
		防护性能足够	
检查要点事项记录：			
特别事项说明：		检查结果：	
检查人：		仓库主管：	

　　进行 DOCK CHECK 并非一定要专业的检验人员，最关键的是要求检查人员有责任心、做事细心。许多工厂在实施 DOCK CHECK 的时候往往派仓库管理人员来负责，有的工厂则由业务跟单员来负责。

第二节　客户退货处理

　　由于质量问题，客户退货的情形在很多工厂都难以避免。对于退货，相关部门应积极予以应对，因为，如果退货问题不能圆满解决，可能就会将客户丢掉。

一、客户退货处理的一般程序

　　（1）计划部在收到客户退货后，填写退货报告通知 QA 部，QA 部收到通知后应在第一时间内处理。客户退货通知书如表 6-6 所示。

表 6-6　客户退货通知书

客户				
产品型号		生产编号		
退货数量		客户退货文件		
客户要求补货时间		客户要求取回退货时间		
质管部经理		日期		
公司发票及客户 PO.				
需/否出发票或其他文件： 　　　　　　　　　　　　市场部经理：　　　　　　　日期：				
可否在要求时间内取回退货：　□可　　□否 原因： 　　　　　　　　　　　　计划部经理：　　　　　　　日期：				
备注：				

（2）QA 负责人针对退货问题及不良品进行分析调查并填写退货处理报告（见表 6-7），报告要求写出相应处理措施。

表 6-7　退货处理报告

编号：＿＿＿＿＿＿＿＿
日期：＿＿年＿月＿日

客户		退货单号		生产编号	
型号		退货数量		实收数量	
退货原因： 					

QA&工艺填写	原因分析：
	退货处理方式： □全检 □返工 □报废 □其他：
	退货返工方案（若不需返工此栏不用填写，必要时可附页）：
	长期改善建议（此栏有必要时才填写）：
	退货计划完成时间：___年__月__日
返工填写	返工/翻检结果：
	填写人：_____　　日期：___年__月__日 经理：_____　　日期：___年__月__日

（3）退货如需进行生产工序返工，则将退货处理报告转交工艺部，工艺部针对问题制定相应返工措施。

（4）计划部根据工艺部制定的返工方案通知相关部门进行工具准备及生产返工准备。

（5）所有返工生产工具均须按正常生产流程准备，投产前应进行确认。

（6）所有返工首件均须有 QA 确认并贴上合格标签。

（7）所有退货返工产品均须有退货处理报告、返工处理方案，生产线在没有收到返工处理单及"退货分析报告"前，有权拒绝返工。

（8）所有退货返工后的产品均须经 IPQC 100% 全检。

（9）退货不需要生产线返工时，QA 将退货处理报告直接交由计划部，计划部转交质管部，由质管部安排 FQC 针对退货问题进行全检。

二、退货处理流程

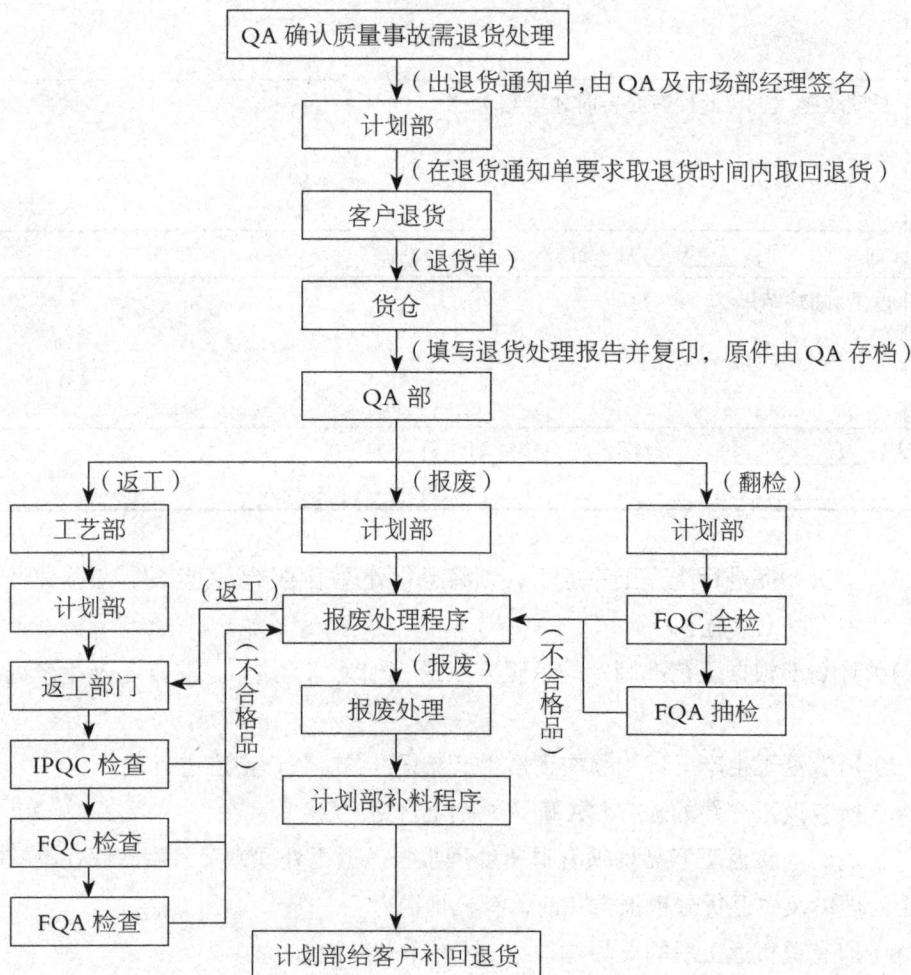

对于客户退货的处理企业应规定好工作流程，并让相关部门和人员知晓，以便按程序办事。下面提供一个范本，仅供参考。

·····【范本1】▶▶▶···

退货处理流程

```
          QA 确认质量事故需退货处理
                    │（出退货通知单，由QA及市场部经理签名）
                    ▼
                  计划部
                    │（在退货通知单要求取退货时间内取回退货）
                    ▼
                 客户退货
                    │（退货单）
                    ▼
                   货仓
                    │（填写退货处理报告并复印，原件由QA存档）
                    ▼
                  QA 部
    │（返工）         │（报废）          │（翻检）
    ▼                ▼                 ▼
  工艺部           计划部             计划部
    │       （返工）  │                 │
    ▼       ┌──────►报废处理程序◄────── FQC 全检
  计划部    │        │（报废）            │
    │       │        ▼                  ▼
    ▼    （不合格品） 报废处理         FQA 抽检
  返工部门  │        │
    │       │        ▼
    ▼       │    计划部补料程序
  IPQC 检查─┤        │
    │       │        ▼
    ▼       │  计划部给客户补回退货
  FQC 检查──┤
    │       │
    ▼       │
  FQA 检查──┘
```

···

第三节 客户投诉处理

一、处理客户投诉的态度问题

每个公司都逃不过客户投诉的经历，被投诉的可能是员工的服务态度和能力问题，可能是无法按时发货的问题，可能是产品的质量问题，等等。

对于客户的投诉，企业应该积极地予以回应并迅速地解决。

处理客户投诉，不仅要找出症结所在，满足客户需要，同时还必须努力恢复客户的信赖，要为客户真正地解决问题。

其实，客户在出现问题时向企业投诉，是给企业一个改进的机会。而出现问题却没有投诉的一个可能的结果是，客户不再向企业下订单，而将订单转发给企业的竞争对手了。所以，针对客户投诉的处理，一定要特别强调，公司内不管是谁接到客户的投诉，都要在第一时间报告责任部门。

二、客户投诉的处理部门及处理流程

客户投诉主要由质量工程部（QE 部）或客户服务部处理，参与部门有技术部、生产部和质管部。

对于客户投诉处理涉及的相关部门及处理流程，可根据企业自身的组织架构、业务分工及责任分担情况设计一个合适的流程。某公司的客户投诉处理流程如图 6-2 所示。

```
                        ┌──────────────┐
                        │   客户投诉    │
                        └──────┬───────┘
                               │            ┌────────────────────┐
                               ├───────────▶│ 如有在线产品要立即通知暂停 │
                               │            └────────────────────┘
                        ┌──────▼────────┐
                        │ 登记"客户投诉记录" │
                        └──────┬────────┘
                               │                客户问题    ┌──────────────┐
                        ┌──────▼──────┐────────────────────▶│  出文件回复客户  │
                        │   分析原因    │                    └──────┬───────┘
                        └──────┬──────┘                           │
                               │ 本公司问题                  ┌──────▼──────┐
                               │                            │  客户确认     │
                               │                            └──────┬──────┘
                 ┌─────────────▼─────────────┐           ┌─────────▼──────────┐
                 │  发"客户投诉通知"给相关部门    │           │ 通知在线产品可继续生产  │
                 └──┬──────────────┬──────────┘           └────────────────────┘
                    │              │              │
      ┌─────────────▼──┐   ┌───────▼──────┐  ┌────▼────────┐
  ┌──▶│ 制定相关的改善措施， │   │ 货仓对库存产品  │  │ 生产线对在线   │
  │   │ 必要时召集相关部门开会│   │ 进行隔离      │  │ 产品进行隔离   │
  │   └───────┬────────┘   └──────┬───────┘  └────┬────────┘
  │       ┌───▼───┐               └──────┬────────┘
  │       │ 回复客户 │              ┌───────▼────────────┐
  │       └───┬───┘               │ QA填写"不合格品返工返修单"│
  │       ┌───▼───┐               └───────┬────────────┘
  │  否   │ 跟进措施 │              ┌───────▼────────┐
  └───────│ 是否有效 │              │  工艺部填写返工方案 │
          └───┬───┘               └───────┬────────┘
              │是                  ┌───────▼────────┐
      ┌───────▼────────┐          │  计划部安排返工    │
      │ 在线产品可继续生产  │          └───────┬────────┘
      └───────┬────────┘          ┌───────▼────────┐
          ┌───▼───┐               │ 按照客户退货的    │
          │ 结案存档 │               │ 返工指引执行返工   │
          └───────┘               └───────┬────────┘
                              ┌───────────┴──────────┐
                        ┌─────▼──────┐        ┌───────▼──────┐
                        │ 库存产品可    │        │ 在线返工产品可  │
                        │ 正常储存     │        │ 转入下道工序   │
                        └────────────┘        └──────────────┘
```

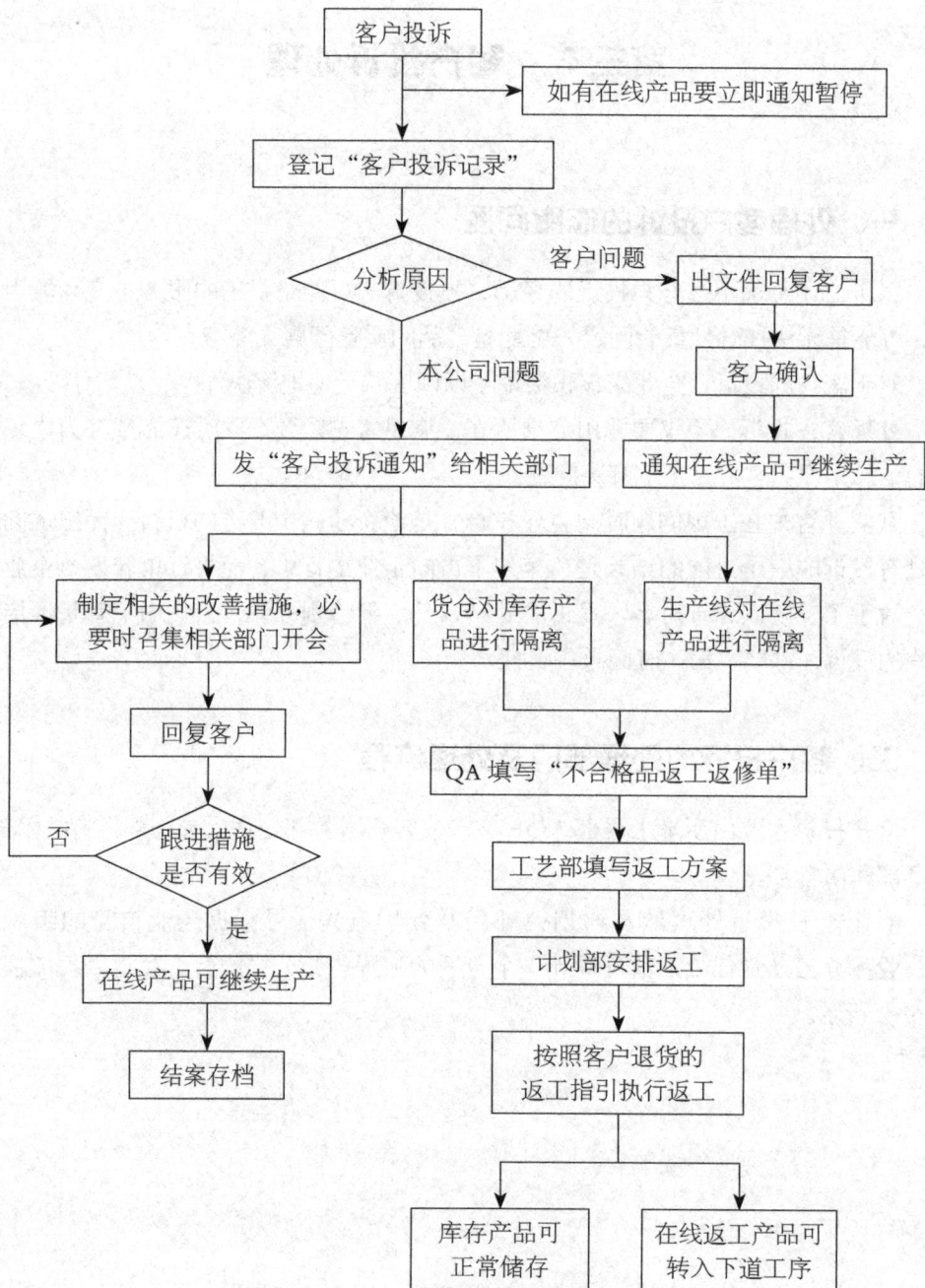

图 6-2　客户投诉处理流程图

三、客户投诉的内部处理办法

客户向企业投诉产品质量的处理，应该确定一个主要负责部门。一般在工厂内，如果设立了 QA 质保部，则由 QA 质保部来负责，如果没有，往往就由质管部牵头来处理。由于客户投诉的内容可能涉及好几个部门，如生产部、工程部、计划部、质管部，所以，为了避免互相推诿责任而拖延处理时间，有必要制定客户投诉处理办法来进行规范。以下是某公司的客户投诉处理办法，仅供参考。

·····【范本 2】▶▶▶ ··

客户投诉处理办法

1. 目的

为了规范对客户投诉的处理，特制定本办法。

2. 适用范围

适用于本公司对客户投诉的处理。

3. 职责

3.1 质管部：负责对客户投诉的处理及跟进。

3.2 生产部：负责对不合格品进行隔离返工或修理。

3.3 计划部：负责安排对不合格品的处理。

3.4 工艺部：负责制定相关的返工方案。

4. 处理程序

4.1 当 QA 部收到客户投诉后，应首先查看现时生产线是否正在生产，若有必要应立即通知停产，同时记录在"客户投诉记录"上。

4.2 QA 工程师根据客户投诉的内容，认真分析原因，查清责任归属是本公司问题还是客户方问题，必要时要到客户现场进行了解。

4.3 若经查明属客户问题，应及时出文件回复客户，待客户确认后再通知在线产品继续生产。

4.4 若经查明属本公司问题，应立即出"客户投诉通知"给相关部门，相关部门接到通知后，货仓应立即对库存品进行隔离，生产部门应对已生产出的产品进行隔离，由 QA 部填写"不合格品返工／返修单"交工艺部填写返工方案，再由计划部安排返工（若无须返工可直接交给责任部门挑选或修理），最后再按照"客户退货返工指引"进行返工。

4.5 QA 部工程师应立即召集工艺部及其他相关部门开会，分析具体原因，制定相应的改善措施，再将措施回复给客户。

4.6 由 QA 工程师验证措施是否有效，若有效，在线产品可继续生产；若无效，则要召集相关人员重新开会讨论改善措施，直到跟进有效为止。

5. 支持文件

客户退货返工指引。

6. 记录与表格

客户投诉记录、客户投诉通知、不合格返工／返修单。

第七章

质量的持续改进

持续改进的意义就是：利用一系列的改进活动使生产过程逐步走向完美（零缺陷，零浪费，利润最大化），这也是质量管理精益生产的宗旨。

第一节　持续进行质量管理培训

一、针对不同职务选择不同的培训内容

不同职务的员工所需的质量管理知识不同，所以应针对不同职务选择不同的培训内容和方法。

（一）经营者

经营者应了解质量管理的概念与做法，可能的话也要能够理解管制图的使用方法。企业能否顺利推行质量管理，与经营者对质量管理的重视程度有着密切的联系。要让经营者注意到自己在质量管理中所负的责任。

有些经营者总是很忙，无暇关注质量管理的问题，很多事情都靠自己的经验、想法或信念来判断。顾及这种情况，针对经营者选择的培训手段一般有：短期的教导（讲习、上课），提出意见书、报告书，参加公司内、外的研讨会或演讲，参阅专为经营者而写的质量管理书籍等。

（二）管理人员

企业必须把质量管理所使用的统计方法的概念及用法当作一般技术人员的必备知识来培训。国外很多公司在起用新人员时，先施行数月甚至一年的特别教育培训，这期间大部分的时间都用于培训有关统计方面的知识。

（三）一般作业人员

现场的组长、班长等负责人，要尽可能就质量管理的概念、七大 QC 手法、管制图的概念及使用方法，以及利用 5W1H 的方式等，对所有的作业人员进行讲习、教育，并且要写成讲义，切实地实行。

具体来说，讲义应包括相关的作业标准、作业指示书，相关的管制图，有关质量与作业改善的文件等。

一般作业人员主要以遵守作业标准、理解管制图为主，应该主要培训他们认识培训事项的重要性。在对组长的培训上尤其要注意以下几点。

（1）组长的人选应是有能力、自信的人。培训可帮助他们明白如何做才会对自己有帮助，如何才能活用长期以来的经验。

（2）不要"无用"的劳动。质量管理教育的第一步就是让组长明白自己以前做了哪些没有必要的、无意义的工作，并且使他们了解质量管理的目的就是避免"有浪费的作业"。

（3）让组长明确自己在生产一个优质产品的过程中应负的重要责任。

（4）明确作业标准的意义。

（5）必须明确组长应该发挥的能力。

（6）使组长了解所有的产品因为实施了质量管理而有了显著进步。

（7）组长的表达要井然有序。

（8）要有质量管理是企业的长期要求的意识。

（四）事务相关人员

计划、成本、采购、仓库、劳务、销售等，是以往质量管理难以推进的部门，随着企业对全员质量管理越来越重视，在引进 OA 之前就应该培训相关人员计算机操作的标准化，以及如何应用七大 QC 手法解决、改善工程不顺等的知识。

二、质量意识的提升教育

在质量管理的过程中，必须努力提高企业员工的质量意识，培养他们遵守重要的作业规范、程序，自主保持良好的质量意识。

（一）质量意识灌输的要求

对于初级、中级管理人员，以灌输质量意识为主，例如：

· 购入不好的材料，就难有好的成品；

· 不依照标准作业方法操作，不良率就会增高；

· 工作场所不讲究（清理），会造成更多的不良；

· 机器、工具、模具平时疏于保养，会影响产品的质量；

· 不良品多，效率就低，自己的奖金也会受影响；

· 不良品多，经常返修补货，交期有问题，就得加班赶生产。

基层员工占企业员工的大部分，如何提高基层员工的"质量意识"，是决定"质量管理"进行顺畅与否的重要前提。企业应与基层员工主要强调以下几点：你所做的工作，自己是否满意？你所做的工作，后工序的人是否满意？你所做的工作让自己及后工序的人满意，是你的"责任"。

（二）质量意识普及宣传的方法

质量意识普及宣传的方法如表 7-1 所示。

表 7-1　质量意识普及宣传的方法

序号	方法	具体说明
1	有关质量及质量管理的标语	从一般的作业人员中选出优秀者并给予奖励。进行奖励虽是小事，但一定要实施。至于质量管理宣传方面，必须正式对公司内外提出"质量口号"
2	发行"新闻刊物"	设置像公司报道或新闻那样的质量管理栏或发行质量管理特集等杂志。这些刊物要让一般的工作人员都能自由投稿
3	图示资料	除了定期的"新闻"之外，还可分发附有插图或漫画的小册子。这些可以在进行教育的时候分发，也可在工厂入口的地方将这些宣传资料与安全生产的小册子放在一起，让员工自由取阅
4	展示会、展览会的举办	用简单易懂的图形展示不良产品、不良发生的原因、企业采取的对策，以及不良引起的损害等，让一般的员工参观。用图形或工具等表示质量管理的概念及其变异的想法也是很有用的
5	展示或广播	展示海报或直方图、柏拉图、曲线图、管制图等。除了在工厂里广播有关安全等事项外，还要广播有关质量管理的宣传语与简单的注意事项
6	演讲会、大会、发表会及其他的相关会议	在工厂里，员工很少有机会从演讲会或研讨会上听取专家的见解，尤其是现场的工作人员几乎没有机会参与这类发表会。因此，这类的发表会有必要就同样题目、同样内容反复进行，可以用电影、幻灯片、录影带、现场实验等形式来引起员工的兴趣，帮助他们了解相关内容
7	质量管理实施的比赛汇报会	接受过教育的生产现场负责人，必须就自己作业范围内的管理改善实绩举行比赛汇报会。应让他们就自己在规定期间内所达成的效果提出报告，然后审查其效果，对业绩优良者进行奖励

第二节 申请产品认证

产品认证是由可以充分信任的第三方机构，证实某一产品符合规定要求（特定标准或技术规范）的程序或活动（合格评定活动）。

一、产品认证的主要作用

申请产品认证可起到以下作用：

（1）声明产品符合法律 / 法规、国际标准和行业标准的要求。

（2）促进市场竞争能力和提升企业形象。

（3）增强客户的信任。

（4）通过国际认证，证明企业已拿到国际市场的通行证。

（5）激励员工的士气和责任感。

（6）减少失误和质量事故，提高效益和生产力。

二、国内外主要产品认证介绍

国内外一些主要的产品认证如表 7-2 所示。

表 7-2 国内外主要产品认证

地区	认证标志	认证名称	认证性质	适用国家	适用产品
欧洲	CE	CE	强制性	欧洲各国	家用电器、灯具、音视频产品、ITE 及办公设备、电动工具、机械设备、医疗产品及个人防护产品
	GS geprüfte Sicherheit	GS	自愿性	欧洲各国	家用电器、灯具、音视频产品、ITE 及办公设备、体育运动用品、家具、电工工具、电机、电动工具，以及各类元器件、电器附件等

（续表）

地区	认证标志	认证名称	认证性质	适用国家	适用产品
欧洲	En/en	E/e mark	强制性	欧洲各国	整车、汽机车零配组件、汽机车附属配件及车载电子产品
	ENEC	ENEC	自愿性	欧洲各国	信息设备、变压器、照明灯饰和相关部件、电器开关等产品
	VDE	VDE	自愿性	欧洲各国	电热和电动器具、灯具及电子产品、医疗设备、电缆及绝缘材料、安装器材及控制器件、电子零部件等
北美洲	FC	FCC15	强制性	美国	计算机及周边产品等信息技术设备、音视频产品以及无线遥控产品
		FCC18	强制性	美国	工业、医疗设备及科学仪器（ISM）
		FCC68	强制性	美国	通讯终端设备
	UL	UL	自愿性	美国及加拿大	家用电器、灯具、音视频产品、ITE及办公设备、电工工具、电机、电动工具，以及各类元器件、电器附件
	FDA	FDA	强制性	美国	电视机、CRT 显示器，DVD、CD、激光类产品，微波炉等
	ETL	ETL	自愿性	美国及加拿大	家用电器、灯具、音视频产品、ITE及办公设备、电工工具、电机、电动工具
	CSA	CSA	强制性	加拿大	家用电器、ITE 办公设备备
	IC	IC	强制性	加拿大	电脑及周边产品等信息技术设备、音视频产品、无线通信终端产品等

（续表）

地区	认证标志	认证名称	认证性质	适用国家	适用产品
亚洲		CCC	强制性	中国	家用电器、ITE 办公设备、音视频产品等
		PSE	强制性	日本	特定电器及材料、家用电器、ITE 办公设备、音视频产品、通信产品等
		VCCI	自愿性	日本	电脑产品等信息技术设备
		EK(K)	强制性	韩国	ITE 办公设备、音视频产品、家用电器等电气产品
		MIC	强制性	韩国	电脑及周边产品等信息技术设备
		SASO	强制性	大部分中东国家	家用电器、ITE 办公设备、音视频产品等
澳洲		C-TICK、SAA、RCM	强制性	澳大利亚、新西兰等澳洲国家	家用电器、ITE 办公设备、音视频产品等
拉丁美洲		IRAM	强制性	阿根廷	各类电器产品（家电、电气零部件）
		NOM	强制性	墨西哥	家用电器、ITE 办公设备、音视频产品等

233

三、产品认证的模式

一般产品的认证模式为"型式试验＋初始工厂审查＋获证后监督"，具体说明如下。

（一）型式试验

企业应制作申请认证产品的样品，送到由中国合格评定国家认可委员会（CNAL）授权的国家级产品检测机构，由其按产品标准进行型式试验。企业送出的产品样品通过型式试验检测后，经国家级产品检测机构认定是符合认证产品标准的。

（二）初始工厂审查

接下来，企业必须通过产品一致性审查和批量生产符合标准的工厂质量保证能力审查。具体内容如下。

（1）企业应配备满足批量生产符合标准的产品的基本生产条件（包括生产设备、检测设备、厂房、库房和人力资源等）。

（2）建立确保批量生产符合标准的产品的工厂质量保证体系，并初步实施。

（3）对认证产品一致性进行控制，确保企业现生产的申请认证产品，能达到认证产品标准的要求（即与通过型式试验的合格样品的一致性）。

初始工厂审查，认证机构要委派工厂审查组（含产品技术专家），对企业进行现场审查。如果审查认定满足认证产品一致性和工厂批量生产符合标准的产品质量保证能力要求，工厂审查通过（说明企业具备了批量生产符合标准的合格产品的质量保证能力），认证机构颁发认证证书，企业可以在产品上加施产品认证标志，通过标志向客户明示该产品已通过国家权威机构认定，达到产品标准要求。

（三）获证后监督

获得认证证书后，认证机构要定期对企业认证产品进行监督复查。

监督复查的目的是为了审查企业批量生产的认证产品是否能持续满足认证标准要求，确定认证证书是否能继续持有，产品是否能继续使用产品认证标志。

监督复查的内容包括：从上次工厂审查／监督复查到本次监督复查期间，企业是否严格按照建立的工厂质量保证体系的要求，对认证产品的质量控制以及控制是否有效实施审查，以及对认证产品的一致性进行检查（包含产品性能的现场见证性试验和对产品质量有质疑时抽样送到国家级检测机构的抽样检测试验）。

以上这些过程，是企业申请认证产品获得产品认证证书必须经历的过程。

第三节　建立ISO9000质量管理体系

一、为什么要建立 ISO9000 质量管理体系

实施 ISO9000 认证不仅可以向客户证明企业拥有一个能够提供优质服务的质量体系，还包括以下益处。

（1）质量形象改善带来的市场竞争优势。

（2）内部合格率提高（减少出错率及客户抱怨与投诉）。

（3）产品质量和所提供服务质量的改进。

（4）对持续改进的更多关注。

（5）改进了公司的经营状况。

（6）降低了公司成本，改进了设备性能。

（7）改进文件管理模式，防止使用作废文件造成工作失误。

（8）提升客户满意度。

二、认识 ISO9000 质量管理体系

（一）什么是 ISO

ISO 是国际标准化组织（International Organization for Standardization）的英文缩写。ISO 成立于 1946 年，总部位于瑞士的日内瓦，有一百多个会员国（包括中、英、美、日、法、德等世界主要工业国家）和两百多个技术委员会。各技术委员会负责制定不同专业领域的国际标准，包括农业、工业、金融、化工等各行各业。

ISO 是 IEC（国际电工协会）的姊妹组织，电子电机的国际标准由 IEC 负责制

定。国际标准至少需要 75% 会员团体投票通过方可正式颁布，并且每五年需重新审查修订一次。

（二）什么是 ISO9000

ISO9000 是国际质量管理体系标准，由 ISO TC176 质量保证技术委员会制订。首次颁布于 1987 年，分别于 1994 年、2000 年、2008 年、2015 年经修订后再次颁布。现阶段使用的是 2016 年 10 月 1 日颁布的第 5 版。近百个国家已正式将 ISO9000 系列的国际标准直接引用为自己的国家标准。全世界许多的大型公司均要求其在世界各地的分公司和供应商需要符合 ISO9000 的要求。

（三）ISO9000 系列标准

ISO9000 系列标准如图 7-1 所示。

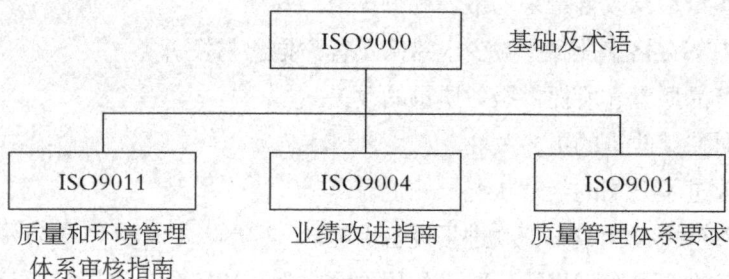

图 7-1　ISO9000 系列标准

（四）ISO9000 和 PDCA 的关系

ISO9000 和 PDCA 的关系如图 7-2 所示。简言之，推动 ISO9000 即公司所有人员在 ISO9000 的基础上运行 PDCA 的循环。

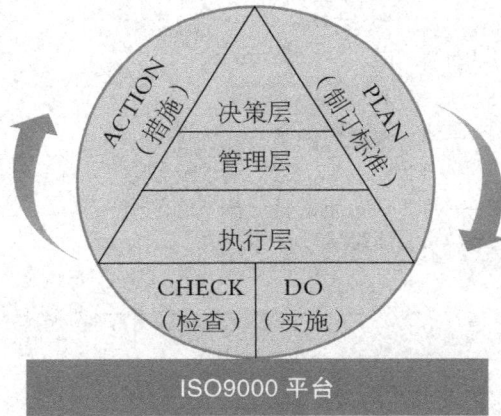

图 7-2　ISO9000 和 PDCA 的关系

（五）ISO9001 质量管理体系的推行模式

ISO9001 质量管理体系的推行模式如图 7-3 所示。

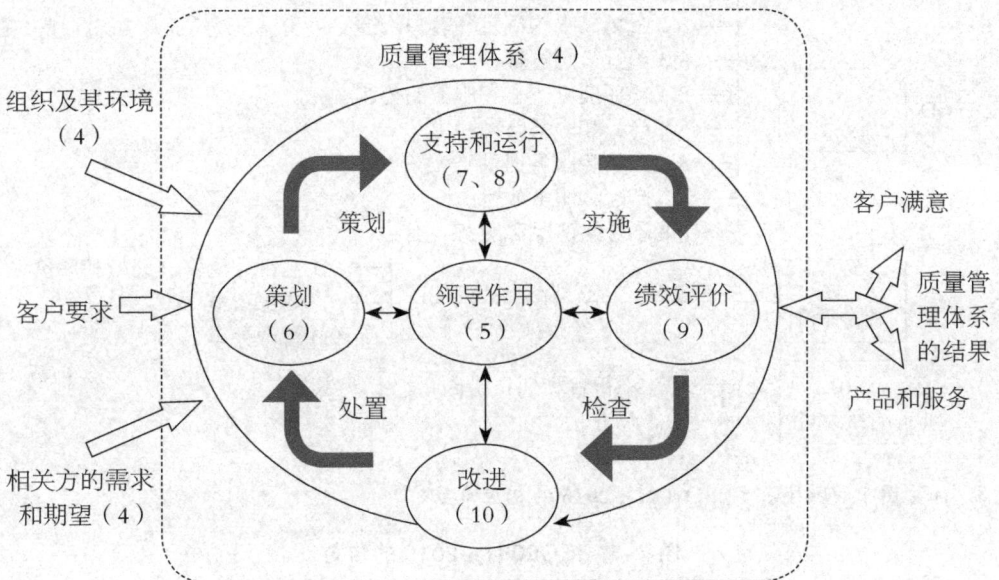

注：括号中的数字表示 ISO9001：2015 的相应章节。

图 7-3　ISO9001 质量管理体系的推行模式

（六）ISO9001：2015 的内容

ISO9001：2015 的内容如图 7-4 所示。

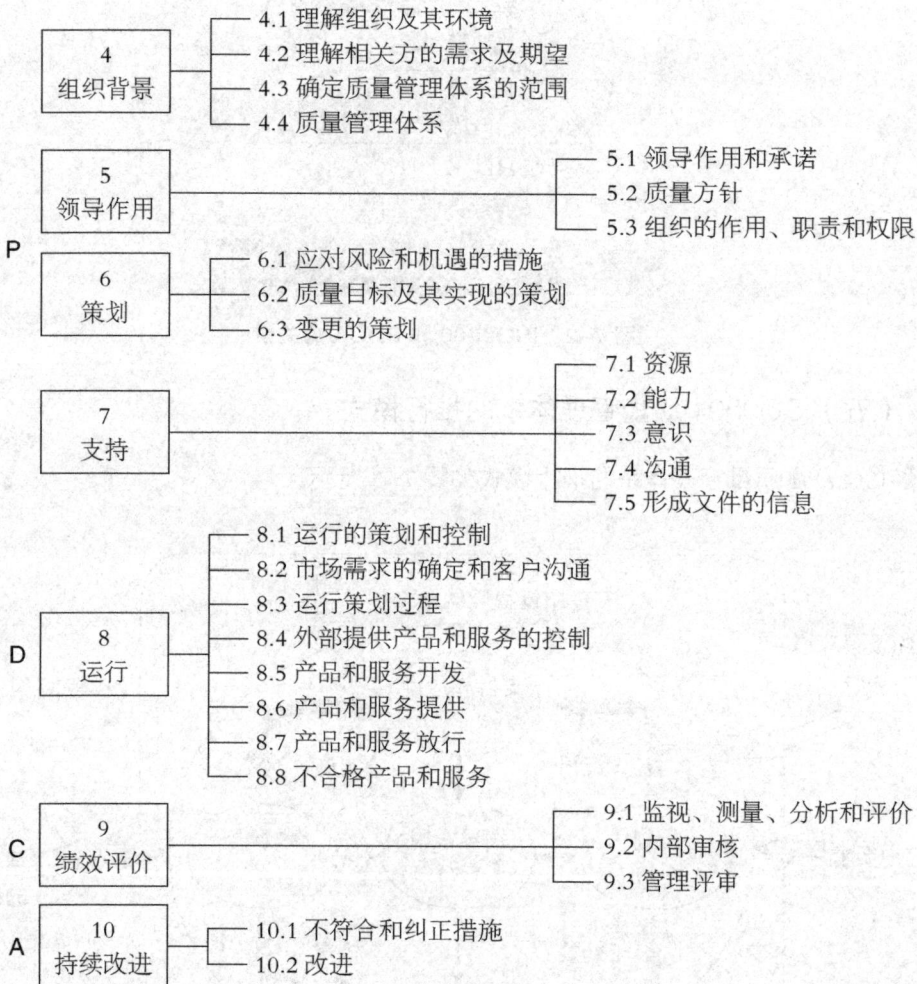

P
- **4 组织背景**
  - 4.1 理解组织及其环境
  - 4.2 理解相关方的需求及期望
  - 4.3 确定质量管理体系的范围
  - 4.4 质量管理体系
- **5 领导作用**
  - 5.1 领导作用和承诺
  - 5.2 质量方针
  - 5.3 组织的作用、职责和权限
- **6 策划**
  - 6.1 应对风险和机遇的措施
  - 6.2 质量目标及其实现的策划
  - 6.3 变更的策划
- **7 支持**
  - 7.1 资源
  - 7.2 能力
  - 7.3 意识
  - 7.4 沟通
  - 7.5 形成文件的信息

D
- **8 运行**
  - 8.1 运行的策划和控制
  - 8.2 市场需求的确定和客户沟通
  - 8.3 运行策划过程
  - 8.4 外部提供产品和服务的控制
  - 8.5 产品和服务开发
  - 8.6 产品和服务提供
  - 8.7 产品和服务放行
  - 8.8 不合格产品和服务

C
- **9 绩效评价**
  - 9.1 监视、测量、分析和评价
  - 9.2 内部审核
  - 9.3 管理评审

A
- **10 持续改进**
  - 10.1 不符合和纠正措施
  - 10.2 改进

注：图中的数字表示 ISO9001：2015 的相应章节。

图 7-4　ISO9001：2015 的结构

（七）ISO9001 质量管理体系的策划过程

ISO9001 质量管理体系的策划过程如图 7-5 所示。

```
┌─────────────────────┐
│     识别组织环境      │
└─────────────────────┘
          ↓
┌─────────────────────┐
│    质量方针 / 目标    │
└─────────────────────┘
          ↓
┌─────────────────────┐
│      质量策划        │
└─────────────────────┘
          │
   ┌──────┼──────────────┐
   ↓      ↓              ↓
┌────────┐ ┌──────────────┐ ┌────────────┐
│ 资源策划 │ │ 风险与机遇策划 │ │ 持续改进策划 │
└────────┘ └──────────────┘ └────────────┘
          │
          ↓
┌─────────────────────┐
│      产品实现        │
└─────────────────────┘
          ↓
┌─────────────────────┐
│   测量、分析、改进    │
└─────────────────────┘
          ↓
┌─────────────────────┐
│  管理审查 / 持续改进  │
└─────────────────────┘
```

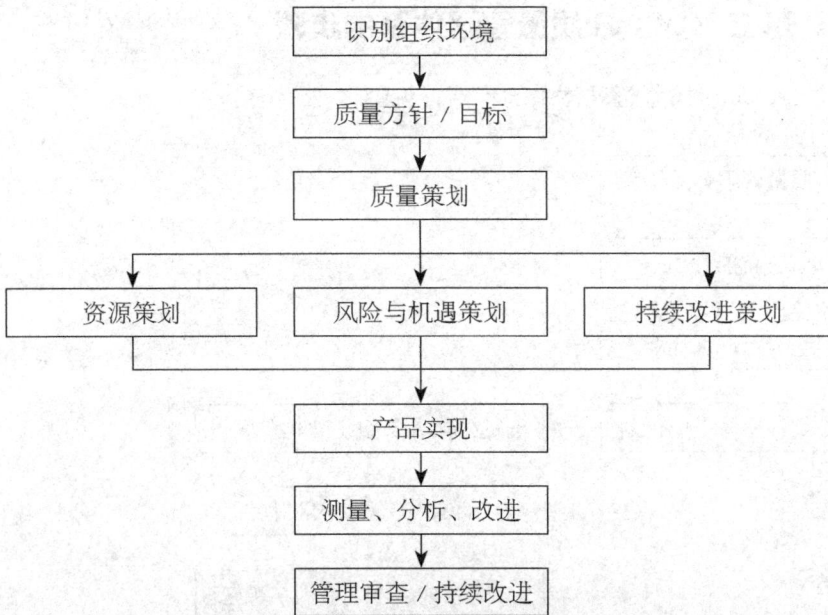

图 7-5　ISO9001 质量管理体系的策划过程

（八）ISO9001 质量管理体系的文件架构

ISO9001 质量管理体系的文件架构如图 7-6 所示。

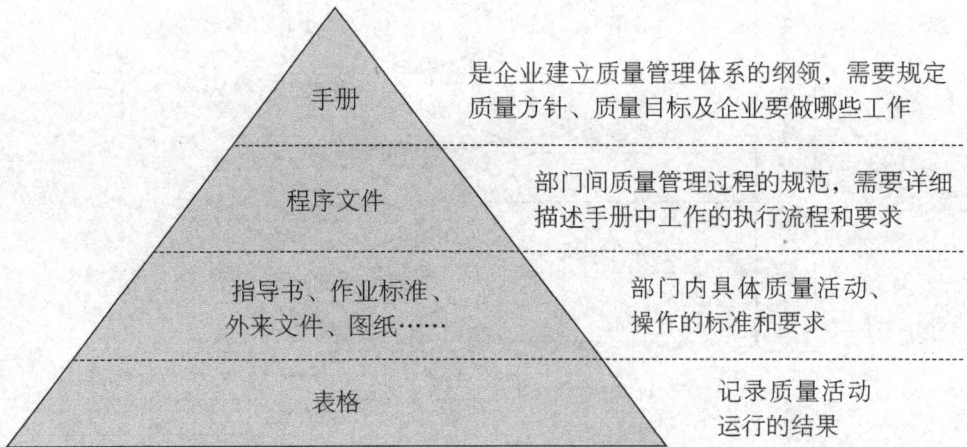

手册　　　　　是企业建立质量管理体系的纲领，需要规定
　　　　　　　质量方针、质量目标及企业要做哪些工作

程序文件　　　部门间质量管理过程的规范，需要详细
　　　　　　　描述手册中工作的执行流程和要求

指导书、作业标准、　部门内具体质量活动、
外来文件、图纸……　操作的标准和要求

表格　　　　　记录质量活动
　　　　　　　运行的结果

市场部　开发部　生产部　采购部　质管部　仓库　服务　培训　技术……

图 7-6　ISO9001 质量管理体系的文件架构

三、建立 ISO9001 质量管理体系的步骤

建立 ISO9001 质量管理体系的步骤，见图 7-7。

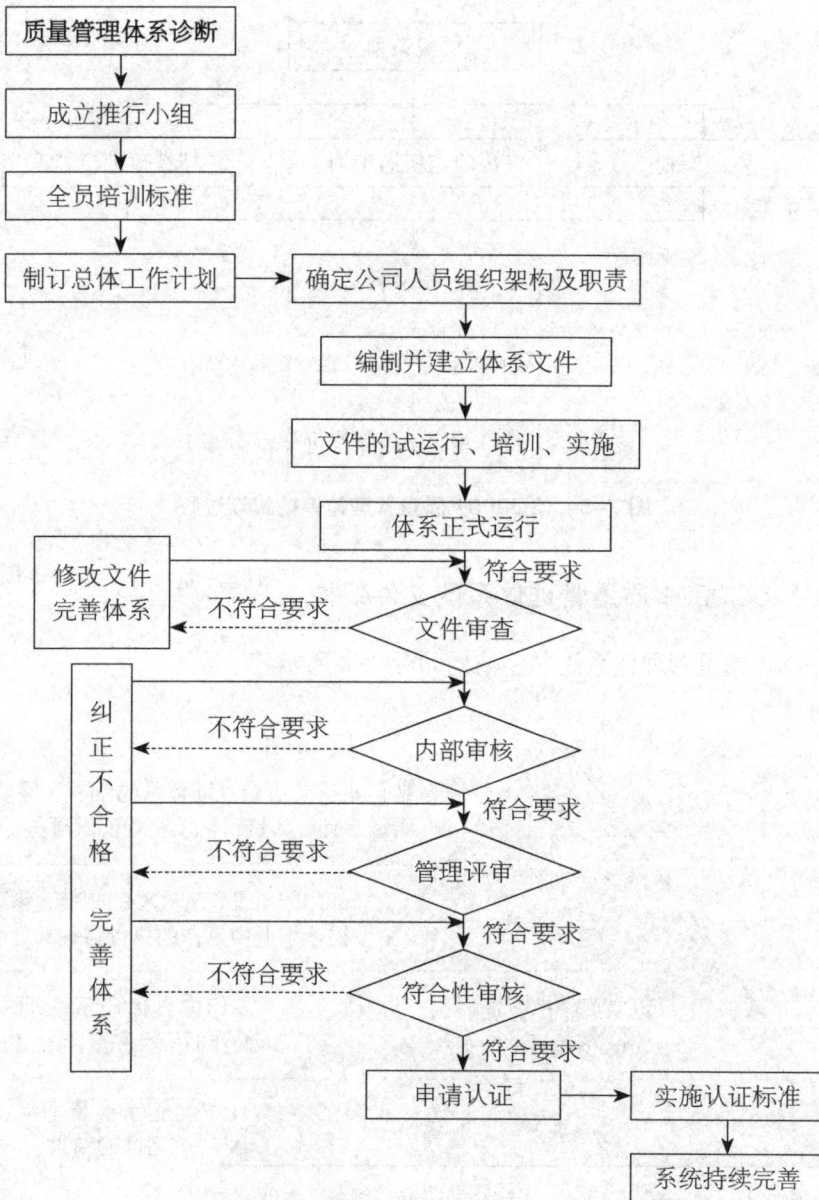

图 7-7　建立 ISO9001 质量管理体系的步骤

扫码听课

通过学习本书内容，想必您已经了解和掌握了不少相关知识，为了巩固您对本书内容的理解，便于今后工作中的应用，达到学以致用的目的，我们特意录制了相关视频课程，您可以扫描下面的二维码进行观看。

1. 质量管理的十大理念	2. 提高员工质量意识的五大方法	3. 何谓 TQM	4. 四全质量管理——全员与全方法
5. 用一个案例讲解QC 小组活动	6. 四全质量管理——全对象与全过程	7. "零缺陷"质量管理以预防为主	8. 质量问题预防的六大方法
9. 持续地质量改进	10. 提高员工质量意识的方法	11. 如何提升产品直通率	12. 不断提高一线员工的作业技能

13. 员工的四种意识、三种检验

14. 质量问题的改善

15. 品管人员的职责

16. 质量检验的功能

17. 首检与巡检

18. 关键工序控制与成品检验

19. 不合格的处理

20. 福特 8D

21.8D 案例

22. 一页纸 QCC 报告